2018 年河北大学一流大学建设应用经济学项目资助出版

THE DYNAMIC BALANCE
BETWEEN SUPPLY
AND DEMAND
OF ENDOWMENT RESOURCES
IN CHINA
Under the Background of
Rapid Ageing of
Chinese Population

中国养老资源供需动态平衡

——以快速老龄化为背景

胡耀岭　王媛　刘娜娜／著

社会科学文献出版社
SOCIAL SCIENCES ACADEMIC PRESS (CHINA)

摘　要

21 世纪是中国人口快速老龄化的时代。自 1999 年中国开始步入老龄化社会，2015 年全国 60 岁及以上老年人口数量达到 2.28 亿人，人口老龄化水平达到 16.15%，预计到 2050 年，老年人口规模将达到 4.25 亿人，人口老龄化率将快速升至 31.12%，中国将成为世界人口老龄化程度最高的国家之一。在劳动年龄人口持续减少和老年人口快速增加双重影响下，未来养老基金收支缺口问题将异常突出。

本书应用过程控制理论和时变动态平衡理论，将养老资源置于包含人口、社会、经济等要素的总体框架内进行统筹分析，系统研究经济社会发展过程中的养老资源供给需求变动特征，探寻养老资源供需动态平衡运行机理和传导机制，建立养老资源供需动态平衡模型，实证研究不同方案下的养老资源供需平衡状况以及养老资源达到供需动态平衡所对应的参量指标。以此为基础，提出实现养老资源供需动态平衡的基本路径。

本书还专门对养老保险制度运行过程中的养老保险制度不完善、参量指标设置欠规范、运行理念缺乏整体性和统筹性以及投资环境不利于养老基金保值增值等问题进行系统分析，基本结论是：在征缴收入和财政补贴难以挖潜的情况下，提高养老基金投资收益将是增加养老基金收入的重要途径；养老金可以通过储蓄进行积累，但养老服务只能由当期劳动就业人口提供；在劳动年龄人口供给乏力背景下，更需注重提升养老服务人员素质。在政策体系建设上，迫切需要从以下三个方面加强工作。一是由国家承担养老保险转制成本，尽快落实国有资本划转社保基金政策；二是归集养老保险基金全国统筹管理；三是加强证券市场监督管理，实现证券市场持续健康发展。

Contents
目　录

第一章

绪　论

第一节　选题依据和研究意义

一　选题依据

自 1999 年中国开始步入老龄化社会，21 世纪是中国人口快速老龄化的时代。随着 20 世纪 50 年代出生高峰期人口步入老年以及人口平均寿命延长，再加之 1980 年开始长期持续低生育水平，人口金字塔底部快速收缩、顶部持续加宽，中国人口驶入快速老龄化通道。2015 年全国 60 岁及以上老年人口数量达到 2.28 亿人，人口老龄化水平达到 16.15%。[①] 在持续了 30 多年低生育水平后，中国人口数量结构特征正在并将继续发生重大变化，人口发展战略也面临严峻考验和重大抉择。自 2016 年 1 月开始实施全面二孩生育政策，生育政策调整将使中国人口老龄化进程有所减缓，达到重度老龄化时间将向后推迟 10 年，从调整前的 2043 年推迟到 2053 年，但老年人口规模并不会因生育政策调整而减少。[②] 预计到 2050

[①] 国家统计局：《2015 年全国 1% 人口抽样调查数据公报》，2016 年 4 月 20 日，http://www.stats.gov.cn/tjsj/zxfb/201604/t20160420_1346151.html。

[②] 史佳颖、胡耀岭、原新：《缓解老龄化：适度放宽生育政策有效吗？》，《人口学刊》2013 年第 3 期，第 73～80 页。

年，中国老年人口规模达到 4.25 亿人，其中 80 岁及以上高龄老人有 8285 万人，全国人口老龄化率将快速升至 31.12%，中国将成为世界老龄化程度最高的国家之一，届时，人口总抚养比将增至 92.64，比当前水平提高八成以上，其中老年抚养比将从 2016 年的 24.73 增至 2050 年的 59.94，增幅为 142%，老年人口抚养负担逐年加重。

中国是人口规模和经济体量巨大的国家，属于典型的"未富先老"，应对人口结构变化的经济实力和社会政策还很脆弱，总体来看，人口老龄化对经济社会发展的影响是偏负面的，人口快速转变所带来的巨大银发浪潮使中国经济社会面临更大风险。劳动年龄人口规模由上升转为下降，劳动力成本上升使得制造业竞争优势有所削弱，经济增长减缓将不可避免。人口高度老龄化使储蓄率和投资率下降，而庞大老年群体对养老金、医疗保障和长期照护服务的刚性需求大幅上升，这将必然对教育、环保、国防和公共安全等财政支出的重要项目产生挤占效应。可以预见，未来我国养老资源供需失衡问题将非常突出。这就需要我们深入开展养老资源相关研究，从其供给能力和需求规模两个方面入手，引入过程控制理论和时变动态平衡理论构建养老资源供需动态平衡模型，将养老经济资源和养老服务资源的供给与需求置于同一框架内进行系统研究，探寻经济社会发展要素对养老资源供给需求的影响机理和传导机制，提出养老资源供需动态平衡的实现路径和政策选择。

二 研究意义

我国养老资源面临的问题是养老资源供给能力难以满足庞大老年群体对养老资源的基本需求，主要表现为养老基金缺口逐年扩大和养老服务能力严重缺乏。养老资源供需失衡将是我国未来较长一段时间面临的重大问题，在养老资源需求刚性条件下，迫切需要研究如何有效提升养老资源供给能力，实现并保持养老资源供需动态平衡。在理论上，本书将养老资源置于包含人口、社会、经济等要素的总体框架内进行统筹分析，系统研究经济社会发展过程中的养老资源供给需求变动特征，探寻经济社会发展要素对养老资源供给需求的影响机理和传导机制，对社会养老保障理论拓展具有积极意义。在实践上，应用过程控制理论和时变动态平衡理论，对养老资源供给需求过程进行全面考察，建立养老资源供需动态平衡模型，实证研究养老资源达到供需动态平衡所对应的参数条件，有效提升养老资源供给能力，对建立健全人口发展政策、社会保障政策、教育培训政策、证券监管政策具有重要的参考价值和指导意义。

第二节 文献综述

本书将养老资源界定为满足老年人经济保障、生活照料、医疗护理和精神慰藉等基本需求的养老经济资源和养老服务资源。养老经济资源是为老年人提供基本生活保障的物质基础。随着社会化大发展，家庭养老功能越来越弱，老年人收入来源为依靠家庭其他成员供养的比例越来越低，以离退休金养老金为其主要收入来源的老年人逐年增多，养老基金缺口问题难以回避。养老服务资源是为老年人提供生活照料、医疗护理和精神慰藉的服务基础，由于劳动年龄人口比例逐渐降低，社会服务力量不足和基层卫生技术人员匮乏，养老服务资源短缺问题将愈加严重。国内外相关研究成果颇多，并主要集中在养老保险制度选择、养老金隐性债务及其偿付方式和养老服务供给需求三个方面。

一 养老保险制度选择

养老保险制度是一种经济保障制度，是由国家、集体和职工共同出资为其日后年老提供生活保障的一种正式制度，其基本功能是保障一国居民老有所依，维护社会和谐稳定。根据养老保险制度的构架，采取不同的筹资和支付模式来实现养老金收支平衡，主要包括三种类型。

（一）现收现付制

现收现付制是指当年养老保险缴费收入全部用于当年养老金发放，先确定未来养老金水平，再根据养老金水平决定养老金缴费率。其主要特点是以支定收不留积累，基本上不受通货膨胀和投资风险影响，具有较强的社会共济性，政府在制度运行过程中承担着"兜底"责任。

有学者对现收现付制合理性持肯定态度。Barro 在世代交叠模型中充分考虑利他主义，如果养老保险制度实行现收现付制，制度本身不会通过代际转移对当期消费、投资、储蓄产生影响，其对经济增长的影响是中性的。[1] Becker 则认为父母通过对成本和孩子效用进行比较来选择子女数量，如果子女能够影响父母的效用水平和家庭决策，那么代与代之间会存在密切联系。[2] Kemnitz 和 Wigger 认为现收现付制反映了人力资本积累在代与代之间的正外部性，政府通过政策手段矫正市场失灵，刺激各代人为了提高下一代的生产能力而积累更多的人力资本，促进人力资本积累达到帕累托最优水平。[3] 黄莹、林金忠在内生增长 OLG 模型中引入养老保险制度，对现收现付制与经济增长关系进行实证研究，研究结果表明，现收现付制能有效促进经济长期稳定增长，但目前养老金还只能满足离退休人员最基本的生存需求，需要适当提高现收现付制在养老保险制度中的比重，不要对个人账户依赖过多或期望过高。[4]

也有一些学者认为应由现收现付制向基金积累制转变。彭浩然、申曙光利用世代交叠内生增长模型，将子女人力资本引入父母效用函数，利用中国 31 个地区数据考察现收现付制与生育率、储蓄率、人力资本投资、经济增长的相互关系，认为现收现付制降低了居民储蓄率和人力资本投资占居民收入的比例，从而不利于经济增长。[5] 林山君、孙祁祥从现收现付制的经济效应角度研究了其对中国跨越中等收入陷阱的影响，认为人口老龄化程度越高，以现收现付制为主要特征的养老保险制

---

① Robert J. Barro, "Are Government Bonds Net Wealth?" *Journal of Political Economy* 6 (1974): 1095 – 1117.

② Gary S. Becker, *A Treatise on the Family* (Cambridge: Harvard University Press, 1993).

③ Alexander Kemnitz and Berthold Wigger, "Growth and Social Security: The Role of Human Capital," *European Journal of Political Economy* 4 (2000): 673 – 683.

④ 黄莹、林金忠：《现收现付制与经济增长关系的实证研究》，《人口与经济》2009 年第 6 期，第 84~89 页。

⑤ 彭浩然、申曙光：《现收现付制养老保险与经济增长：理论模型与中国经验》，《世界经济》2007 年第 10 期，第 67~75 页。

度对经济的负面影响越大，由此将增大中国落入中等收入陷阱的风险，中国养老保险制度应从现收现付制向基金积累制转变。①

还有一些学者认为两种制度各有利弊、互为补充。李绍光认为，现收现付制具有基金积累制所不具备的收入再分配的功能，可以在资本积累过度时发挥稀释资本的作用，无论是从收入再分配的角度来看，还是从经济适度增长的角度来看，现收现付制和基金积累制在功能上互为补充。② 袁志刚认为现收现付制不会因人口老龄化而出现养老金支付危机，人口老龄化程度提高不能作为中国养老保险和医疗保险实行基金积累制的理论根据。③ 程永宏详细分析了现收现付制与人口老龄化的关系，给出人口老龄化是否导致现收现付制发生支付危机的定量判别条件，给出了现收现付制度下养老金缴费率和人均养老金水平增长率的确定原则，认为通常所提及的现收现付制弊端并不必然发生，人口老龄化并不是放弃现收现付制的合理依据。④

（二）基金积累制

基金积累制是指在任何时点积累的养老保险费总额连同其投资收益，能够以现值清偿未来的养老保险金给付的需要。其主要特点是强调长期平衡，提前预筹养老金，但基金互济性较弱，存在贬值风险。在养老基金出现收支缺口时，政府财政负有一定的补偿责任。随着人口老龄化程度逐渐加重，养老保险制度由现收现付制向基金积累制转变的呼声越来越高。

Feldstein 认为在现收现付制下，养老金回报率依赖于实际工资增长率，

---

① 林山君、孙祁祥：《人口老龄化、现收现付制与中等收入陷阱》，《金融研究》2015 年第 6 期，第 48～63 页。
② 李绍光：《养老金：现收现付制和基金制的比较》，《经济研究》1998 年第 1 期，第 59～65 页。
③ 袁志刚：《中国养老保险体系选择的经济学分析》，《经济研究》2001 年第 5 期，第 13～19 页。
④ 程永宏：《现收现付制与人口老龄化关系定量分析》，《经济研究》2005 年第 3 期，第 57～68 页。

在老龄化社会到来后,中国应从现收现付制的待遇确定型转变为基金积累制的缴费确定型,但并没有详细说明如何解决转轨过程中的养老金隐性债务问题。[①] 赵耀辉、徐建国认为基金积累制对个人有明显的激励作用,不仅可以避免人口老龄化可能带来的养老基金支付风险,还可以形成大量强制性长期储蓄,为经济发展提供有力资金支持。[②] 郭树清认为采用基金积累制可以实现"一石三鸟",建立完全积累制是基本养老保险制度改革路径的最佳选择。[③] 郑秉文对美国联邦政府补充养老计划"TSP模式"进行剖析,认为现收现付制的"制度特性"和"制度条件"是其根本制度缺陷,只有改革现收现付制社保制度才能从根本上克服国家财政负担的制度羁绊,应该建立一个合理的制度安排,利用资本市场实现财政可持续性。[④]

一些学者对上述观点进行了进一步反驳。袁志刚、葛劲峰比较了现收现付制和基金积累制养老保险体系的运行机制以及两种制度下的风险收益情况,探讨了帕累托最优储蓄率与养老保险体系之间关系,认为中国养老保险体系从现收现付制向混合制过渡时机尚不成熟,还有许多棘手的问题需要解决。[⑤] 与此结论相类似,邵挺认为,目前尚处在省级统筹层次的养老保险体系还不具备从现收现付制向基金积累制转变的条件,只有提高统筹层次,尽快建立起全国统筹的养老保险体系,才能为如此重大的制度转轨奠定坚实基础。[⑥] 李时宇在考虑转轨带来的养老金隐性债务的前提下,运用世代交叠模型检验转轨后的收益,在不影响代际分配的前提下,由现收现付制向基金积累制转变不会产生任何收益,两种养老保险制度是等价

---

① Martin Feldstein, "Social Security Pension Reform in China," *China Economic Review* 10 (1999): 99 – 107.

② 赵耀辉、徐建国:《我国城镇养老保险体制改革中的激励机制问题》,《经济学》(季刊) 2001年第1期,第193~206页。

③ 郭树清:《建立完全积累型的基本养老保险制度是最佳选择》,《经济社会体制比较》 2000年第1期,第41~41页。

④ 郑秉文:《DC型积累制社保基金的优势与投资策略》,《中国社会科学院研究生院学报》 2004年第1期,第27~40页。

⑤ 袁志刚、葛劲峰:《由现收现付制向基金制转轨的经济学分析》,《复旦学报》(社会科学版) 2003年第4期,第45~51页。

⑥ 邵挺:《养老保险体系从现收现付制向基金制转变的时机到了吗?》,《财贸经济》2010年第11期,第71~76页。

的，只有在允许代际再分配的情况下，从现收现付制转变为基金积累制才会提高整体社会福利。① 刘昌平、孙静通过对现收现付制和基金积累制的再分配效应、经济增长效应及其风险性进行对比分析，认为两种制度具有天然互补性，在改革过程中应对两种制度进行合理搭配。②

（三）名义账户制

名义账户制是指现收现付制与基金积累制、待遇确定型与缴费确定型的一种混合模式，从融资方式看，名义账户制是建立在现收现付制基础上，但又不同于传统待遇确定型的现收现付制。虽然个人账户中的资产是名义性质的，但可以作为未来养老金计发依据，并将在退休时变得具有实际意义。目前，主要有7个国家实行名义账户制，瑞典是名义账户制度执行最成功的国家，基本完成了从现收现付制向名义账户制平稳过渡。

一些学者赞同并呼吁国家实行名义账户制。郑秉文分析了名义账户制对中国的适用性问题，认为名义账户制既有传统的现收现付制的优点，体现社会互济的国家责任，又具有基金积累制精算特征，可解决在养老金给付尤其是缴费方面的搭便车问题和逆向选择问题，有利于提高缴费比例和扩大保险覆盖面。③ 万树、蔡霞认为，做实个人养老金账户将抬高储蓄率并抑制投资和消费需求，对经济发展产生挤出效应，可以通过名义账户制从根本上体现企业职工的财产权和社会养老权，解决做实个人养老金账户所出现的效用损耗问题，化解养老金贬值风险和支付危机，从而使得社会统筹和个人账户相结合的基本养老保险制度臻于完善。④ 王振军构建了个人账户资金支付模型，对我国社会养老保险待遇标准和财务

---

① 李时宇：《从现收现付制转轨为基金积累制的收益研究——隐性债务下世代交叠一般均衡模型的理论分析及模拟》，《财经研究》2010年第8期，第111～121页。

② 刘昌平、孙静：《再分配效应、经济增长效应、风险性》，《财经理论与实践》2002年第4期，第15～20页。

③ 郑秉文：《名义账户制：我国养老保障制度的一个理性选择》，《管理世界》2003年第8期，第33～45页。

④ 万树、蔡霞：《基本养老保险基金：做实账户制还是名义账户制》，《南京审计学院学报》2014年第4期，第75～82页。

收支状况进行测算，分析认为，名义账户制在降低单位投保费率的同时提升社会养老保险的待遇标准，在收支相抵的情况下还有一定的基金积累，并且资金结余率能够自动调节社会养老保险短期财政平衡，减缓社会养老保险在体制转型中的各种风险影响。[①]

部分学者反对实行名义账户制。李珍对瑞典名义账户制度改革运行情况进行考察后认为，将宏观经济和人口条件内置于制度之中的名义账户制到目前和可以预见的未来，在解决财务可持续性问题和劳动力市场效率损失方面并没有表现得比改革前的公共年金制度更优越，而且，从个人退休收入保障的角度看，名义账户制显得更为脆弱，在人口老龄化背景下，对中国养老保险制度进行参量改革会更加行之有效。[②] 另外，韩克庆对我国养老保险制度改革及做实个人账户政策演进历程进行考察，认为名义账户制是统账结合养老保险制度改革的倒退，实行名义账户制将会背离改革初衷，混淆个人账户的产权性质，抑制个人参保动力，降低对企业缴费的监督制约，最终导致制度混乱和政府信任危机。[③]

二　养老金隐性债务及其偿付方式

养老金隐性债务是养老保险制度转轨过程中形成、应由政府财政负担的转制成本，国内亦将其称之为"养老基金缺口"。但两者之间具有一定区别，前者是为了兑现承诺的养老保险待遇而显性化在个人账户中的应该积累但却没有积累基金支撑的资金现值，主要体现为养老基金存量不足，而后者更加强调当期收不抵支状态。现有文献对养老金隐性债务研究主要集中在三个方面。

[①]　王振军：《名义账户制下我国社会养老保险设计研究》，《西北人口》2015 年第 5 期，第 85 ~ 90 页。

[②]　李珍：《基本养老保险制度分析与评估——基于养老金水平的视角》，人民出版社，2013，第 206 ~ 221 页。

[③]　韩克庆：《名义账户制：养老保险制度改革的倒退》，《探索与争鸣》2015 年第 5 期，第 57 ~ 62 页。

（一）隐性债务影响因素

林宝认为延迟退休年龄对于在职职工养老金隐性债务减少有着重要影响，并可在一定程度上减少退休职工养老金隐性债务，在解决人口老龄化所带来的巨大养老压力时，提高退休年龄可以作为一项切实可行的改革措施，这在一定程度上将缓解公共养老金体系的支付压力，从而进一步增加制度的可延续性。[1] 赵耀辉、徐建国认为中央和地方之间的财政关系对养老金隐性债务具有一定影响，地方政府认为自己拥有国有企业所有权，如果国有股拍卖所得划归中央养老储备金，而在实际使用中可能被拿去补贴其他省份的养老金亏空，那么地方政府就会阻止本省份企业新股发行或上市，或者采取办法保护自身利益。[2] 除此之外，储蓄利率、养老金调整率、工资增长率、养老金替代率等都对养老金隐性债务规模有着显著影响。[3]

（二）隐性债务规模测算

现有文献应用精算模型或动态 CGE 模型对养老金隐性债务规模进行测算，不同研究团队测算结果存在较大差异。宋晓梧以 1997 年全国统一基本养老保险制度为评估时点，对养老保险隐性债务进行测算，得到不同假设方案下的债务规模，从 18301 亿元到 108260 亿元不等[4]；房海燕采用了给付配置精算成本法来估算 1997 年我国养老金隐性债务的规模，得到基本养老保险总的精算债务为 18439 亿元[5]；何平在对测算时限内人均工资增长率、利率、新退休人员替代率进行预测假定条件下，得到养老金隐性债务规模

---

① 林宝：《提高退休年龄对中国养老金隐性债务的影响》，《中国人口科学》2003 年第 6 期，第 48 ~ 52 页。

② 赵耀辉、徐建国：《我国城镇养老保险体制改革中的激励机制问题》，《经济学》（季刊）2001 年第 1 期，第 193 ~ 206 页。

③ 田丰：《养老金隐性债务的构成、预测与影响因素分析》，硕士学位论文，中南大学数学与统计学院，2013。

④ 宋晓梧：《我国社会保障制度面临的严峻形势》，《经济与管理研究》2001 年第 3 期，第 3 ~ 14 页。

⑤ 房海燕：《对我国隐性公共养老债务的测算》，《统计研究》1998 年第 4 期，第 61 ~ 63 页。

为 28753 亿元①；汪朝霞通过对显性化养老金隐性债务进行测算和模拟，认为在 2024 年前后若干年间，既是中国人口老龄化发展速度最快的时期，也是偿还债务的高峰期②。

（三）隐性债务偿付方式

偿付养老金隐性债务是养老保险制度持续稳定发展的关键，现有文献提出了一些解决养老金隐性债务的方案。Feldstein 提出了一步到位式和渐近式两种方案，前者适合于养老金隐性债务规模不大的国家，后者适合于养老金隐性债务规模庞大的国家。③ Murphy 和 Welch 提出通过代际再分配来平衡转轨成本负担，一种方案是降低养老福利，使上一代人承担部分转轨成本；另一种方案是通过短期内的高税率，偿还转轨中新发行政府债务。④ Kotlikoff 提出养老保险转轨过程中改变课税对象可能会使效益增加，但所增加的大部分福利将以就业一代人福利降低为代价。⑤ 李时宇提出在允许代际再分配的前提下，征收固定一揽子税收偿还隐性债务，以此来保持养老保险制度可持续发展。⑥ 孙祁祥以及王燕等认为，国家应该采取有效措施筹措资金以解决转轨造成的巨大养老基金缺口，并分别提出了发行国债和增加税收的政策建议。⑦

---

① 何平：《加入 WTO 对中国社会保障的影响与对策》，《宏观经济研究》2002 年第 3 期，第 17～22 页。

② 汪朝霞：《我国养老金隐性债务显性化部分的测算与分析》，《财贸研究》2009 年第 1 期，第 80～85 页。

③ Martin Feldstein, "A New Era of Social Security," *The Public Interest* 130 (1998): 102 - 125.

④ Kevin Murphy and Finis Welch, "Perspectives on the Social Security Crisis and Proposed Solutions," *American Economic Review* 88 (1998): 142 - 150.

⑤ Laurence J. Kotlikoff, "Privatization of Social Security: How It Works and Why It Matters," *Tax Policy and the Economy* 10 (1996): 1 - 32.

⑥ 李时宇：《从现收现付制转轨为基金积累制的收益研究——隐性债务下世代交叠一般均衡模型的理论分析及模拟》，《财经研究》2010 年第 8 期，第 111～121 页。

⑦ 孙祁祥：《空账与转轨成本——中国养老保险体制改革的效应分析》，《经济研究》2001 年第 5 期，第 20～27 页；王燕、徐滇庆、王直、翟凡：《中国养老金隐性债务、转轨成本、改革方式及其影响——可计算一般均衡分析》，《经济研究》2001 年第 5 期，第 3～12 页。

三　养老服务供给需求

就业一代人提供产品和服务以满足退休老年人维持基本生活的需要。随着人口老龄化形势日趋严峻，老年人生活面对的问题不仅仅是"钱"的匮乏，更是"人"的短缺。伴随人口预期寿命延长，慢性病及其并发症发病率提高，残障失能老人的规模快速增加，老年人长期照护问题将变得更加突出。长期照护给少子化家庭带来沉重负担，单靠家庭已经无法满足老年人的正常需求，迫切需要社会提供长期照护服务。现有文献的研究主要集中在以下三个方面。

（一）养老服务模式

专家学者分别从人口学、社会学和公共管理学等角度对养老服务模式展开研究，在家庭少子化、劳动力短缺背景下，既不能走政府包办的老路，也不能将其全部推向市场，需要创造非营利性社会服务"准市场"，使养老服务有效覆盖全体中低收入老年人口。① 研究认为，居家养老是家庭养老和社会养老的有机结合，推行居家养老是我国当前较为适宜的养老模式。张孝廷、张旭升根据居家养老服务需求的渐增性和异质性，以养老服务结构理论为指导，在总结国内一些地方实践经验基础上，探求破解居家养老服务结构困境路径和方法，形成以家庭为基础、政府为主导、各种社会服务组织协同参与的居家养老服务体系，并在不断互动中整合成文化共识，适应老年社会现实需要。② 张宗光等认为应通过医疗卫生和养老服务一体化资源配置，积极推进医疗卫生与养老服务相结合，鼓励社会力量、民间资本投入到医疗养老服务业，构建医疗卫生与养老服务相结合的

---

① 邬沧萍：《积极应对人口老龄化理论诠释》，《老龄科学研究》2013 年第 1 期，第 4～13 页；郑秉文：《提高养老保险统筹层次化解多重风险》，《经济参考报》2017 年 7 月 5 日；陆杰华、王笑非：《我国城市居家养老照护体系的时代创新》，《上海城市管理》2013 年第 7 期，第 8～13 页。

② 张孝廷、张旭升：《居家养老服务的结构困境及破解之道》，《浙江社会科学》2012 年第 8 期，第 81～86 页。

医疗养老模式，制定出台一系列具体、细化、可操作的优惠政策，减少民
营企业及个人投资医疗养老服务的成本，解决当前养老服务机构中医疗卫
生服务供给缺乏的问题。①

（二）养老服务主体

李兵等认为发展基本养老服务是政府的主要职责，在做出社会化养老
计划之前，需要首先明确政府所承担的养老服务职责，不能将本应由政府
承担的职责转交给社会，模糊政府与社会、市场的边界，要促进养老服务
事业健康发展。② 陈友华就政府、市场、社会与家庭在居家养老服务中的
责任定位以及居家养老与机构养老之间关系进行探讨，认为政府在保障经
济困难、失能和半失能老人养老服务中具有不可推卸的责任，居家养老与
机构养老不存在孰轻孰重问题，无须每个社区单独建立居家养老服务中
心。③ 魏文斌等构建并剖析政府主导下的"三维度多层次"社会养老服务
体系建设模式，通过完善养老保障制度，建立养老机构准入监管和退出机
制，培育多层次养老机构，加强养老服务职业教育等实现社会化养老服务
体系路径建设。④ 倪东生、张艳芳从中国养老服务供求的定量研究入手，
对全国养老服务供求水平进行测算，认为应该首先规范政府购买养老服务
行为，建立以省级政府为主导的购买经费分担机制，培育社会组织承接能
力，健全养老服务专业人员培养机制，有效缓解养老服务供求失衡矛
盾。⑤ 越来越多的国家开始出台相关政策，提高养老服务人员尤其是长期
照护服务人员待遇，如德国和澳大利亚的长期照护者可享受养老金待遇，
西班牙为长期照护者提供特殊养老金，英国鼓励更多劳动力进入或重返长

① 张宗光、孙梦露、高上雅、杜秀芳：《对医疗卫生和养老服务实行一体化模式的思考》，
《中国卫生经济》2014 年第 9 期，第 8 ~ 10 页。
② 李兵、张航空、陈谊：《基本养老服务制度建设的理论阐释和政策框架》，《人口研究》
2015 年第 2 期，第 91 ~ 99 页。
③ 陈友华：《居家养老及其相关的几个问题》，《人口学刊》2012 年第 4 期，第 51 ~ 59 页。
④ 魏文斌、李永根、高伟江：《社会养老服务体系的模式构建及其实现路径》，《苏州大学
学报》2013 年第 2 期，第 48 ~ 52 页。
⑤ 倪东生、张艳芳：《养老服务供求失衡下政府购买养老服务政策研究》，《中央财经大学
学报》2015 年第 11 期，第 3 ~ 13 页。

期照护市场，加强对全科医生或其他专业人员的培训，以充足的人力资本配置保证长期照护质量。[①]

(三) 养老服务需求

王琼利用中国老龄科学研究中心 2010 年"中国城乡老年人口状况追踪调查"的城市老年人数据，研究城市老年人社区居家养老服务的需求现状及其影响因素，发现城市老年人有较高的社区居家养老服务需求，然而需求被满足的程度却较低，这与中国人崇尚节俭和为子女着想等传统文化因素有着密切关系，而且儿子和女儿在为父母提供养老服务方面所起作用不同。[②] 田北海、王彩云基于嵌入性分析视角，分析城乡老年人的社会养老服务需求特征及其影响因素，认为老年人社会养老服务需求的总体水平较低，医疗护理和精神慰藉服务需求水平相对较高；家庭人口数或接受高等教育成员越多、代际数或儿子数越少，老年人社会养老服务需求水平越高；身体机能较差的高龄老年人的社会养老服务需求是一种刚性的现实需求，以身体机能较差的高龄、鳏寡老人为重点对象建设社会养老服务体系应成为当务之急。[③]

四 简要述评

养老保险制度本身并没有优劣之分，只能说哪种方式更符合社会经济实际，在养老保险制度改革和方向选择上，应充分考察养老金制度转轨的实质及其对经济的影响。现收现付制存在"挤出效应"的结论来自新古典经济增长理论，当存在代际财富转移或在新经济增长理论下，这一结论变得不再成立。在收入再分配效率方面，主张实行基金积累制的观点忽略

[①] OECD, "Help Wanted? Providing and Paying for Long – Term Care (Chapter 5: Long – Term Care Workers: Needed but Often Undervalued)," 2011, http://www.oecd.org/els/health – systems/47884921.pdf.

[②] 王琼:《城市社区居家养老服务需求及其影响因素》,《人口研究》2016 年第 1 期, 第 98~112 页。

[③] 田北海、王彩云:《城乡老年人社会养老服务需求特征及其影响因素》,《中国农村观察》2014 年第 4 期, 第 2~17 页。

了转轨成本，考虑到转轨成本，两种筹资模式的收益率并无差异。其实，从现收现付制向基金积累制转轨并不能应对人口老龄化形势，却使得国家在财政政策运用上陷入被动，带来挤出效应、市场扭曲等诸多负面影响。[①] 由此可见，基金积累制不是养老金制度改革需要达到的真正目的，名义账户制不失为一个可供选择的过渡性制度安排。

从现收现付制转轨为基金积累制必然会产生转轨成本，这是由养老保险制度的不同模式所决定的。在现收现付制下，每代人交纳的养老保险费被用来支付上一代人的养老金，而在基金积累制下，每代人交纳的养老保险费记入个人账户，作为其退休后的养老金。如果从现收现付制转轨成基金积累制，不仅没有账户积累，还要解决上一代人的养老金问题，由此产生了养老金隐性债务。在养老金隐性债务规模测算上，对隐性债务范围界定、计算方法、抽取样本和参数选定不同，其测算结果也将大相径庭。无论规模大小如何，我们的最根本目标是提出解决养老金隐性债务的有效路径，分析认为，国家负有筹措养老资金不可推卸的责任，但也不必耗用财政资金完全做实个人账户空账。在目前养老基金投资收益率仅为2%的情况下，即便做实了个人账户也作用甚微，何况这会使财政难以承受。可采取的解决路径是加快国有资本划转养老保险基金，有效扩大养老基金存量规模，养老基金存量不能用于支付当期养老金费用，只有投资收益才可支付当期养老金支出。

养老服务供需状况是养老资源供给需求动态平衡研究的重要方面。老年人的养老服务需求是多样的，涉及生活照料、医疗护理、精神慰藉、文化娱乐等方面，从目前养老资源供给情况看，确实难以满足老年人的多样化服务需求。我国老年人的日常生活照料基本上是由家庭成员承担，90%以上由配偶、子女和孙子女提供生活照料，但随着家庭少子化和人们养老观念转变，寻求社会化养老服务的人数将会增多，但仅仅依靠养老机构或社会组织（团体）是不现实的。另外，随着人口预期寿命延长，由慢性病及其并发症造成的残障和失能老人群体，其年龄结构有向中高龄发展的

---

① 龙朝阳、申曙光：《中国城镇养老保险制度改革方向：基金积累制抑或名义账户制》，《学术月刊》2011年第6期，第86~93页。

趋势，长期照护服务人员短缺将成为养老服务供给的另一个重大问题，有必要借鉴国内外成功经验，着重扩大和稳定服务队伍，加强法律法规和监管机制建设，优化全国长期护理机构护理人员配置比例，为养老护理服务供给提供有力保障。

综上所述，国内外专家学者对养老经济资源和养老服务资源的研究已经比较成熟，但是，将养老经济资源和养老服务资源的供给与需求置于同一框架内进行系统研究的成果并不多见。在人口转变、社会转型、经济增速放缓的大背景下，经济社会因素对养老资源供给需求的影响错综复杂，有必要将其置于同一框架内进行系统研究。基于前人研究成果，结合我国快速老龄化和劳动力持续减少的人口特征，采用新的研究思路和研究方法，分析养老资源供给需求与经济社会发展要素之间的关联性，研究养老资源达到供需动态平衡所需的参数条件，探寻提高养老资源供给能力的有效途径和主要方式，提出与养老资源供需动态平衡相适应的政策支持体系。

第三节　研究内容和研究方法

一　研究内容

（一）养老资源供给能力研究

通过对养老资源供给能力相关因素进行分析，建立包含人口老龄化因素的世代交叠模型，并根据未来生育政策调整、延迟退休年龄、经济增长速度等条件设定不同假设方案，分别计算不同方案下的养老资源供给能力，揭示经济社会发展要素对养老资源供给的影响，探寻提高养老资源供给能力（特别是养老基金增值水平和养老服务业劳动效率）的有效途径。

（二）养老资源需求变动研究

采用规范研究方法，分析养老资源需求与经济社会发展要素之间关联性，以及老年人口规模结构变动对养老资源需求的影响机理，揭示养老资源需求与经济社会发展要素之间的双向反馈作用；运用微观仿真法预测未来老年人口规模结构，测算不同方案下养老资源需求变动趋势；应用时变动态模型，定量分析延迟退休年龄后的未来退休人口规模变动及其养老资源需求情况，实证研究经济社会因素对养老资源需求的影响及其影响程度。

（三） 养老资源供需平衡研究

通过系统归纳法，分析经济社会发展因素变动对养老资源供需平衡的影响，并应用过程控制理论和时变动态平衡理论，构建养老资源供需动态平衡模型，全面考察经济社会因素对养老金和养老服务的影响，测算不同生育水平、退休年龄和经济增速下的养老资源供需状况，研究实现和保持养老资源供需动态平衡所需的参数条件，提出与之相适应的经济社会政策支持体系。

二 研究框架

本研究致力于解决快速老龄化背景下养老资源供需失衡问题，通过提高养老资源供给能力来满足老年人经济保障和长期照护服务需求。为此，本研究将沿两条主线展开：一是养老资源供给能力研究；二是养老资源需求变动研究。具体研究路径如图 1－1 所示。在养老资源供需动态平衡研究中，坚持以统筹分析经济社会相关因素为基础，以有效提升养老资源供给能力为核心，以建立健全经济社会相关政策为关键，科学研究，全面分析，重点突破。

（一） 将统筹分析经济社会相关因素作为研究养老资源供需动态平衡的基础

人口生育政策、经济增长速度、社会发展水平、人口发展特征、国家养老相关政策将直接影响养老资源供给需求状况，各因素对养老经济资源和养老服务资源的影响错综复杂，需要将各变量纳入一个包含人口、社会、经济等要素的总体分析框架内进行研究，依据相关因素影响机理构建

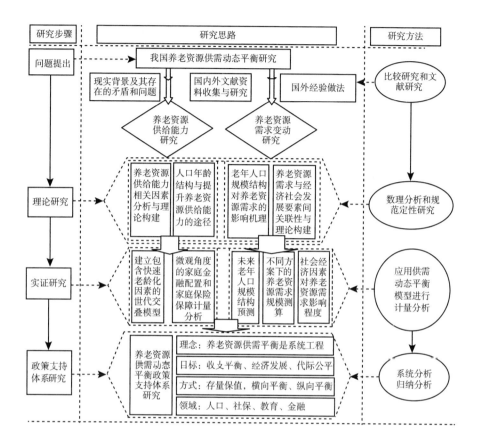

图 1 - 1　养老资源供需动态平衡研究框架

养老资源供需动态平衡模型，对养老资源供需状况进行全面系统分析，得到实现和保持养老资源供需动态平衡的参数条件。

（二）将有效提升养老资源供给能力作为研究养老资源供需动态平衡的核心

养老资源需求具有一定刚性，提升养老资源供给能力是实现供需平衡的重要途径，这将取决于人口生育政策下的未来劳动力供应量、教育政策下的劳动者人力资本水平和金融政策下的资本投资收益率。受现阶段实体经济和就业结构制约，单纯延迟退休年龄并不能从根本上解决养老资源供需失衡问题。这就需要在延迟退休年龄的同时，采取有效措施增强养老资源供给能力，一是提高养老基金投资收益率，增强养老基金存量保值增值能力；二是加大人力资本投资力度，提升包括养老服务业在内的全员劳动生产率。

（三）将建立健全经济社会相关政策作为研究养老资源供需动态平衡的关键

养老资源供需平衡过程具有动态性和系统性，老年群体是一个动态的不断更新的群体，不同出生队列老年群体在变老过程中并非完全相同，而老年群体变化与社会结构变迁密切相关。因此，需要以未来人口年龄结构预测为基础，多视角、多变量统筹分析保持养老资源供需动态平衡的参数条件，建立与养老资源供需动态平衡相适应的经济社会政策支持体系，比如，人口发展政策、社会保障政策、教育培训政策、证券监管政策等，有效促进养老资源供需动态平衡的实现。

三　研究方法

（一）数理分析法

采用数理分析和规范研究方法，分析经济社会因素对养老资源供给需求的影响机理，揭示养老资源需求与经济社会发展要素之间的双向反馈作用，并应用过程控制理论和时变动态平衡理论，构建养老资源供需动态平衡模型。

（二）计量分析法

运用微观仿真法预测未来老年人口规模结构，测算不同方案下养老资源需求变动趋势；运用养老资源供需动态平衡模型，实证研究养老资源供给与需求达到动态平衡时的参数条件。

（三）系统归纳法

通过系统研究、比较研究和归纳研究，对包括人口发展政策、社会保障政策、教育培训政策和证券监管政策等在内的养老资源供需动态平衡政策支持体系进行分析，针对养老资源供需动态平衡问题，提出相应的对策建议。

第四节　体系结构和创新点

一　体系结构

从章节分布来看，本书共分为十章。

第一章，绪论。主要包括选题依据、研究意义、研究内容、研究方法和研究框架。

第二章，中国人口老龄化历史、现状及未来变动趋势。改革开放以来，人口生育率和死亡率双双下降以及平均出生预期寿命延长，使得高年龄人口比重上升和低年龄人口比重下降，再加上 20 世纪 50 年代出生高峰人口逐渐步入老龄行列，全国老年人口规模快速扩大，人口老龄化率已经并将继续呈现快速上升趋势。

第三章，养老保险制度及其参量指标分析。当前养老资源相关政策存在着一些掣肘养老事业发展之处，这不仅会影响未来养老资源需求规模，还将给养老资源供给带来严峻挑战，有必要对缴费率、替代率、退休年龄等养老资源供需参数指标进行系统梳理和分析，并对养老保险制度运行情况做出基本判断，以有效促进养老基金可持续发展，实现养老资源供需动态平衡。

第四章，养老资源供给需求要素分析。主要对养老资源供给需求要素及其相关方面进行分析，养老金可以通过储蓄进行积累，但养老服务不能提前储蓄，只能由当期劳动就业人口提供，以此为基本出发点，对养老资源供给需求构成要素进行系统分析，提出关于养老资源的供给需求所面临并亟待解决的现实问题。

第五章，养老资源供需动态平衡运行机理。养老资源供需平衡的目标是实现养老基金账户收支平衡、促进国民经济合理增长、保持代际基本公平。重点考察养老资源同时保持纵向平衡和横向平衡条件下，不仅保障参保人在退休后得到与历史缴费贡献相对应的产品和服务，而且确保工作一代有能力为退休一代提供满足其基本生活需要的产品和服务。

第六章，养老资源供需动态平衡模型与参量选取。养老资源供需平衡是一个动态过程。根据各影响因素之间关联关系以及动态平衡运行机理，应用过程控制理论和时变动态平衡理论，建立养老资源供需动态平衡模型，具体分析保持养老资源供需动态平衡所需的参数条件，选取与动态平衡相适应的参量指标。

第七章，养老资源供需动态平衡实证测算。养老保险制度下的各项参数指标变动将对养老资源动态平衡产生直接影响。通过对各单项指标分别取值和多项指标组合取值，测算未来养老基金收支和养老服务供需情况，计算不同方案下的养老资源供需缺口变动情况，定量研究各参量指标对养老基金收支和养老服务供需的影响。

第八章，养老资源供需动态平衡实现路径。养老资源供需动态平衡是多因素共同作用的结果，单独调整某一参量指标无法从根本上解决养老资源供需不平衡问题，需要对多项参量指标进行优化和综合调整。通过对提高养老资源供给能力可行方案进行分析，借鉴国外成功经验做法，探寻养老资源供需动态平衡实现路径。

第九章，养老资源供需动态平衡政策支持体系。人口快速老龄化直接导致了劳动力供给量减少、消费储蓄水平下降和社会抚养比上升，这需要以经济社会相关政策分析为核心，构建与养老资源供需平衡相适应的政策支持体系，解决养老基金收支缺口和养老服务人员短缺问题，促使养老资源实现供需动态平衡。

第十章，主要结论。从三个方面对全书研究结论进行了归纳。一是养老保险制度及相关参量指标选择，明确名义账户制、领取养老金门槛和社会平均工资等参量；二是分析养老基金收支缺口问题实质，将提高养老基金投资收益作为解决途径；三是优化养老服务资源配置，不仅要扩大养老服务队伍，更要提高养老服务人员素质，鼓励低龄老人从事养老服务业。

二　主要创新点

本书主要在以下四个方面有所创新，形成的研究成果可望对养老保险制度改革和养老服务资源开发具有一定理论价值和实践指导意义。

（一）在影响机理上，将养老经济资源和养老服务资源的供给与需求置于同一框架内进行系统研究

以全新视角对养老经济资源和养老服务资源的供给与需求进行统筹分析，将之纳入由人口、社会、经济等要素构成的总体分析框架，充分考虑经济社会因素变动的错综复杂性，发现经济社会发展要素对养老资源供给需求的影响机理和传导路径，为科学构建实证研究模型奠定基础。

（二）在实证研究上，将过程控制理论和动态平衡理论引入养老资源供需平衡模型构建之中

人口生育水平、劳动退休年龄和经济增长速度等经济社会因素从不同方向影响着养老资源的供给和需求，本书将以现有相关研究模型为基础，应用过程控制理论和时变动态平衡理论，建立养老资源供需动态平衡模型，研究保持养老资源供需动态平衡所需的参数条件，为建立健全社会经济政策体系服务。

（三）在制度选择上，将名义账户制作为养老保险参量指标设定的制度基础

分析目前养老保险制度的经济实质，尽管实行的是社会统筹账户与个人账户相结合的部分积累制，但个人养老金账户长期处于空账运行状态，实际采取的仍然是现收现付制，个人养老金账户仅仅作为日后养老金计算的依据，按照实质重于形式原则，我们将名义账户制作为开展实证研究的制度基础。

（四）在实现路径上，将提高养老基金投资收益作为解决养老基金缺口问题的根本途径

提高投资收益率是增加养老基金收入的重要手段，这需要在全国层面上归集养老金结余，加大国有资本划转社保基金力度，夯实养老保险基金存量基础。以养老金全国层面归集为契机，建立或选择养老基金专业投资运营机构，采用被动投资策略分享经济发展成果，有效提升养老基金投资收益能力。

第二章
中国人口老龄化历史、现状
及未来变动趋势

改革开放以来，中国经济保持了长期高速增长，社会生活也发生了翻天覆地的变化，人口转变开始步入第三阶段，呈现出明显的低出生、低死亡、人口低速增长的"三低"特征。人口生育率和死亡率双双下降以及平均出生预期寿命延长，使得高年龄人口比重上升和低年龄人口比重下降，再加上20世纪50年代出生高峰人口逐渐步入老龄行列，全国老年人口规模快速扩大，人口老龄化水平已经并将继续呈现快速上升趋势。

第一节　中国人口老龄化历史与现状

新中国成立以来，我国人口年龄结构经历了先年轻化、后老年化的发展过程，并自1999年开始进入老龄化阶段，60岁及以上老年人口尤其是80岁及以上高龄老人规模快速增长，高龄化趋势愈发清晰明显，除此之外，老年人口群体还表现出特有的社会经济特征。

一　人口年龄结构经历了先年轻化、后老年化的发展过程

新中国成立以来，随着社会经济发展、人民生活水平提高和国家人口

政策调整，全国人口再生产类型发生了两次重大转变：第一次是 1949～
1977 年，由高出生、高死亡、低自然增长转变到高出生、低死亡、人口
快速增长；第二次是 1978 年至今，由高出生、低死亡、人口快速增长转
变到低出生、低死亡、人口低速增长。人口再生产模式转变伴随着人口平
均出生预期寿命延长、死亡率下降和出生率下降，从而进一步引发高年龄
人口比重上升和低年龄人口比重下降，在人口年龄结构变化方面，表现为
人口老龄化过程。衡量人口年龄结构有多种方法，其中一种方法就是把人
口年龄结构划分为年轻型、成年型和老年型（见表 2－1）。随着人口年龄
结构不断老化，人口年龄结构类型将会从年轻型进入成年型，之后再进入
老年型。

表 2－1　国际常用的判断人口年龄结构的指标

年龄结构类型	0～14 岁少儿人口比重	60 岁及以上老年人口比重	65 岁及以上老年人口比重	老少比*
年轻型	≥40%	≤5%	≤4%	≤15%
成年型	30%～40%	5%～10%	4%～7%	15%～30%
老年型	≤30%	≥10%	≥7%	≥30%

* 老少比 =（65 岁及以上人口数/0～14 岁人口数）×100%。

　　根据历次全国人口普查资料，中国人口年龄结构变化主要分为三个阶
段（见表 2－2）。

　　第一阶段：人口年龄结构年轻化阶段。新中国成立以来，人口出生率
和死亡率双双下降使人口年龄结构发生了根本性变化。1953 年第一次人口
普查时，0～14 岁少儿人口的比重高达 36.27%，60 岁及以上老年人口的比
重为 7.32%，65 岁及以上老年人口的比重为 4.41%，人口年龄结构各指标
中，除老少比为 12.16% 外，其余各指标均显示中国人口年龄结构属于成年
型。由于 20 世纪 50～60 年代出现生育高峰，出生人口数量激增，而且婴幼
儿死亡率锐降，从而使得少儿人口比重大幅上升，老年人口比重相对下降。
1964 年，全国 0～14 岁少儿人口的比重增至 40.69%，60 岁及以上老年人口
的比重降至 6.13%，65 岁及以上老年人口比重更是下降到 3.56%，老少比
为 8.76%，此时的人口年龄结构属于典型的年轻型。动态来看，1953～1964

年的人口年龄结构呈现年轻化特征。虽然缺乏 20 世纪 70 年代的人口年龄结构数据，但根据出生、死亡等资料进行推断，人口年轻化的过程应该一直持续到了 20 世纪 70 年代中期，在人口计划生育政策初显成效、生育率开始明显降低后，人口年龄结构才终止了年轻化进程。

表 2－2　1953～2010 年（普查年份）全国人口年龄结构

年份	老少比（%）	各年龄组人口（万人）				各年龄组人口比重（%）			
		0～14 岁	15～59 岁	60 岁及以上	65 岁及以上	0～14 岁	15～59 岁	60 岁及以上	65 岁及以上
1953	12.16	20584.09	32006.76	4153.84	2503.83	36.27	56.40	7.32	4.41
1964	8.76	28067.10	36677.93	4225.48	2458.33	40.69	53.18	6.13	3.56
1982	14.61	33725.12	59002.42	7663.85	4927.63	33.59	58.77	7.63	4.91
1990	20.13	31300.19	72053.92	9696.96	6299.34	27.69	63.74	8.58	5.57
2000	31.02	28452.76	82810.67	12997.79	8827.40	22.90	66.64	10.46	7.10
2010	53.72	22132.26	93389.38	17755.85	11889.12	16.61	70.07	13.32	8.92

资料来源：根据 1953 年、1964 年、1982 年、1990 年、2000 年和 2010 年全国人口普查资料整理计算。

第二阶段：人口年龄结构老年化阶段。20 世纪 70 年代中期以来，人口年龄结构从年轻型开始重回成年型，并进一步发展到老年型。随着国家全面推行计划生育政策，人口出生水平快速下降，人口年龄结构金字塔底部收缩，死亡率持续稳定在 4‰～5‰的极低水平，人口平均出生预期寿命得以有效延长。1982 年全国人口普查时，60 岁及以上老年人口占总人口的比重达到了 7.63%，65 岁及以上老年人口占总人口的比重达到了 4.91%，而 0～14 岁人口比重下降到 33.59%，老少比上升至 14.61%；1990 年人口普查时，60 岁及以上老年人口比重为 8.58%，65 岁及以上老年人口比重增至 5.57%，老少比进一步上升到 20.13%；2000 年人口普查时，60 岁及以上老年人口比重超过了 10%，达到 10.46%，65 岁及以上老年人口比重为 7.10%，老少比达到 31.02%，各项指标均显示人口年龄结构属于老年型。由此判断，1980～2000 年，成年型人口年龄结构得到强化，并逐步由成年型人口向老年型人口转变。

第三阶段：老年型人口年龄结构强化阶段。进入 21 世纪以来，人口老龄化进程开始加速，2010 年人口普查时，60 岁及以上老年人口比重为 13.32%，65 岁及以上老年人口比重上升至 8.92%，老少比为 53.72%。与 1990~2000 年相比，2000~2010 年的人口年龄结构老年型特征更为显著，而且其人口老龄化进程明显加快。2000~2010 年，60 岁及以上老年人口比重上升了 2.86 个百分点，65 岁及以上老年人口比重上升了 1.82 个百分点，老少比上升了 22.70 个百分点，而在 1990~2000 年这一时期，60 岁及以上老年人口比重、65 岁及以上老年人口比重、老少比分别上升了 1.88 个百分点、1.53 个百分点和 10.89 个百分点，2000~2010 年的增速明显快于后者，老年型人口年龄结构得到进一步强化。

中国人口年龄结构逐渐老化的过程也可以从历次人口普查年份的人口年龄结构金字塔变化情况得到印证（见图 2-1）。1953 年第一次人口普查和 1964 年第二次人口普查时，中国人口年龄结构表现为标准的金字塔形状，底部宽、顶部小，高出生率和低死亡率使得低龄人口快速增加。1982 年第三次人口普查、1990 年第四次人口普查和 2000 年第五次人口普查时，受生育政策影响，人口年龄结构金字塔底部开始收缩，出生高峰人口逐步上移，20 世纪 50~60 年代出生人口逐渐成长为劳动年龄人口，由此带来了长达 30 年的"人口红利"期，与改革开放政策相叠加，为国家经济社会发展提供了良好机遇。到 2010 年第六次人口普查时，劳动年龄人口逐渐老化，平均年龄逐渐增大，生育高峰期出生队列人口也开始步入老年，传统上认为的拥有大家庭和大量剩余劳动力的人口结构将不复存在。

二 老年人口增长最快并呈高龄化趋势

改革开放以来，受人口出生率下降和预期寿命延长双重影响，老年人口成为各年龄段人口中增长最快的群体，全国人口老龄化率快速上升，而且高龄化特点愈加明显，人口老龄化与高龄化相伴而行已经并将继续成为全国人口老龄化进程中的重要特征。

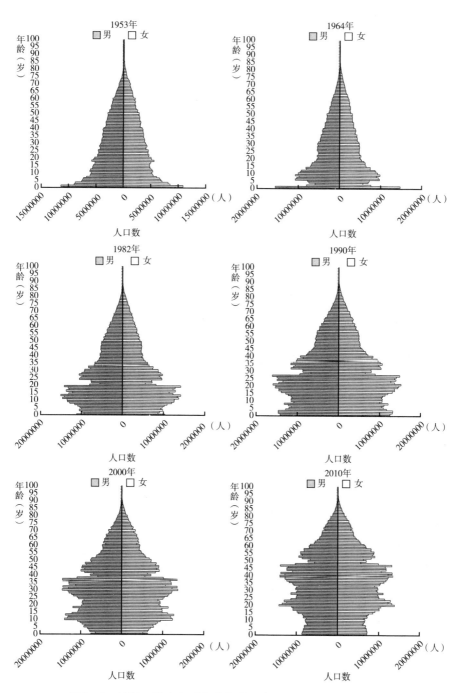

图 2 - 1　1953 ~ 2010 年（普查年份）全国人口年龄结构金字塔

第一，老年人口是增长最快的人群。1982～1990年，60岁及以上老年人口从7663.85万人增至9696.96万人，增长率为26.53%，而同期总人口仅增长了12.61%，15～59岁劳动年龄人口增长了22.12%，0～14岁少儿人口减少了7.19%。1990～2000年，老年人口增长了34.04%，而同期的总人口和劳动年龄人口仅分别增长了9.52%和14.93%，少儿人口减少了9.10%。2000～2010年，老年人口增长了36.61%，而同期的总人口和劳动年龄人口仅分别增长了6.10%和12.77%，少儿人口减少了22.21%，老年人口增长速度最快，60岁及以上老年人口数量增长了将近40%。从绝对数量来看，2000年时的老年人口规模为1.30亿人，2015年增至2.22亿人，首次突破2亿人，老年人口规模如此之大，是我们进行相关政策研究时不可忽视的重要参量。

第二，老年人口呈现渐次递增趋势。如果以全国人口普查年份为节点进行分段，自20世纪80年代以来，总人口年均增长率呈递减趋势，1982～1990年、1990～2000年和2000～2010年的总人口年均增长率分别为1.46%、0.91%和0.59%（见图2-2）。而同期老年人口年均增长率呈渐次递增趋势，1982～1990年、1990～2000年和2000～2010年的老年人口年均增长率分别为2.96%、2.97%和3.17%，其对应的老年人口年均增加量分别为254.14万人、330.08万人和475.81万人。特别是2010年以来，老年人口增长势头更加迅猛，2010～2015年，年均增加885.23万人，年均增长率为4.55%，比2000～2010年的年均增加量多出400多万人，年均增速高出1.38个百分点。

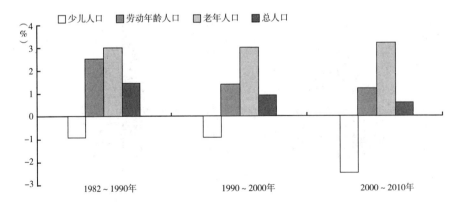

图2-2 1982～2010年各年龄群组人口年均增长速度对比情况

第三，人口老龄化率逐年上升。2000 年，60 岁及以上老年人口规模为 1.30 亿人，其占总人口的比重（以下简称人口老龄化率）为 10.46%，中国开始正式进入人口老龄化社会。到 2010 年，全国人口老龄化率上升至 13.32%，比 2000 年上升了 2.86 个百分点，10 年间，年均上升 0.29 个百分点。2015 年，全国人口老龄化率上升至 16.15%，比 2010 年上升了 2.83 个百分点，5 年间，年均上升 0.57 个百分点，与 2000 ~ 2010 年相比，呈现出加速上升态势。

第四，老年人口呈现高龄化趋势。高龄化是指 80 岁及以上老年人在老年人口中的比例逐年上升的过程。1982 ~ 2010 年，60 岁及以上老年人口从 7663.85 万人增至 17755.85 万人，年均增加 360.43 万人，年均增长率为 3.05%，同期，80 岁及以上高龄老人从 505.09 万人增至 2095.34 万人，年均增加 56.79 万人，年均增长率为 5.21%。高龄老人在老年人口中的比例从 1982 年的 6.59% 上升至 2010 年的 11.80%，也就是说，在 1982 年大约平均每 16 位老年人中有 1 位高龄老人，到 2010 年大约平均每 8 位老年人中就有 1 位高龄老人，高龄老人比例的增幅达 100%，高龄化趋势十分显著。从老年人口患病率和自理情况来看，高龄老人更需要医疗护理和社会照料，对医疗卫生服务资源的依赖性更强。因此，在养老资源供需平衡研究中，老年人口高龄化将是我们关注的重要方面。

三　老年人口社会经济特征显著

（一）老年人口健康状况随年龄增长而变差，农村老年人生活自理能力偏弱

全国第六次人口普查对 60 岁及以上老年人健康状况自评情况进行了调查，调查数据显示，中国老年人口健康状况存在显著的年龄差异和城乡差异。在 60 ~ 69 岁低龄老人中，自评为健康的老年人所占比例为 55.65%；在 70 ~ 79 岁中龄老人中，该比例下降到 32.14%；而在 80 岁及以上高龄老人中，该比例更是下降至 18.93%（见图 2 - 3）。与之形成鲜

明对照的是，生活不能自理老人的比例随年龄增长而快速上升。生活不能自理老人在 60～69 岁低龄老人中所占的比例为 1.14%，在 70～79 岁中龄老人中所占的比例上升到 3.37%，在 80 岁及以上高龄老人中的所占的比例更是上升至 10.45%，也就是说，平均每 10 位高龄老人中至少有 1 位老人生活不能自理，这不仅加重了家庭和社会的养老负担，而且给日益繁重的医疗服务工作带来巨大压力。

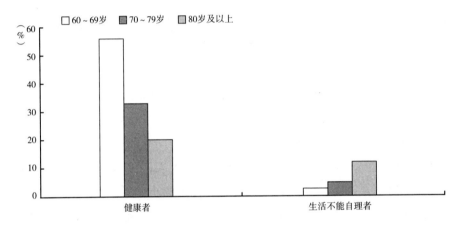

图 2-3　第六次人口普查各年龄组老年人口中健康者和生活不能自理者占比情况

在城市老年人中，有将近一半自评为健康，镇老年人自评为健康的比例达到 46.0%，而乡村老年人中有 40.4% 的老年人认为自己健康。城乡老年人自评为基本健康的比例非常接近，总体来看，城市人口自评为基本健康的比例略高一些，但也有一个例外，就是在低龄老人中，乡村老年人的相应比例略高于城镇，60～69 岁城市、镇、乡村老年人口自评为基本健康的比例分别为 33.44%、34.79% 和 36.47%（见表 2-3）。比较城乡不健康老年人的占比情况，无论是低龄老人，还是中高龄老人，自评为不健康但生活可以自理以及生活不自理的比例均表现为乡村高于城镇。因此，需要更加重视农村老年人的医疗服务和社会养老服务工作，特别是全国大部分的老年人口生活在农村，需要政府和社会给予格外关注。

表 2 - 3 2010 年中国分城乡老年人口健康状况

单位：%

类　目		健康	基本健康	不健康，但生活可以自理	生活不能自理
60～69 岁	城市	61.31	33.44	4.45	0.80
	镇	57.29	34.79	6.87	1.04
	乡村	52.64	36.47	9.57	1.32
70～79 岁	城市	39.58	46.93	10.86	2.63
	镇	34.60	45.97	16.45	2.97
	乡村	27.94	44.67	23.56	3.83
80 岁及以上	城市	24.49	46.81	19.59	9.11
	镇	20.67	42.79	27.12	9.42
	乡村	16.08	38.56	34.04	11.31

资料来源：根据全国第六次人口普查数据整理计算。

（二）低龄老人主要生活来源是劳动收入，高龄老人主要依靠家庭其他成员供养

不同年龄老年人在就业经历、身体状况、文化程度和家庭生活方面都不相同，从分年龄组的老年人生活来源构成来看，低龄老人和高龄老人的生活来源有明显差别，低龄老人主要生活来源是自身劳动收入，而高龄老人主要依靠家庭其他成员供养。从全国老年人总体情况看，低龄老人以劳动收入为主要生活来源的比例高达 42.55%，还有 23.82% 的低龄老人以离退休金养老金为主要生活来源，虽然以家庭其他成员供养为主要生活米源的比例为 28.75%，但与其他年龄组老年人相比其比例明显偏低，中龄老人和高龄老人依靠家庭其他成员供养的比例分别为 51.92% 和 67.63%（见表 2 - 4）。

分城乡来看，无论是低龄老人还是高龄老人，其在主要生活来源方面存在明显差异。城市老年人主要生活来源是离退休金养老金，城市的低龄老人、中龄老人和高龄老人依靠离退休金养老金生活的比例分别为 65.55%、

表 2 - 4　第六次人口普查全国老年人主要生活来源构成情况

单位：%

主要生活来源	低龄老人	中龄老人	高龄老人
合计	100.00	100.00	100.00
劳动收入	42.55	14.76	3.44
离退休金养老金	23.82	25.94	20.52
最低生活保障金	2.78	5.05	6.09
财产性收入	0.44	0.30	0.22
家庭其他成员供养	28.75	51.92	67.63
其他	1.66	2.03	2.10

资料来源：根据全国第六次人口普查数据整理计算。

69.80% 和 59.77% 。由于农村老人没有离退休金养老金或离退休金养老金较低，农村的低龄老人、中龄老人和高龄老人依靠离退休金养老金生活的仅占 4.44% 、5.05% 和 4.14% 。农村老人由家庭其他成员供养的比例较高，农村的低龄老人、中龄老人和高龄老人依靠家庭其他成员供养的比例分别为 30.97% 、64.61% 和 81.85% 。尤其需要说明的是，农村低龄老人以自身劳动收入为主要生活来源的比例为 59.77% 。由此可以看出，城市老年人主要依靠离退休金养老金生活，而农村老年人晚年生活的最重要经济支柱是家庭其他成员供养，其中农村低龄老人主要依靠自身劳动收入。

（三）老年人口受教育程度偏低

2010 年时的老年人口是 1950 年以前出生的，基本上是在 20 世纪 70 年代以前完成在校教育，当时教育条件十分有限，导致当前老年人口受教育状况较差。女性老年人口中有 30% 的人从未上过学，一半以上的男性老年人口仅接受了小学教育，接受高等教育的人口仅占 3.44% 。如果以受教育年限来衡量，全国 60 岁及以上老年人平均受教育年限为 5.98 年，60~69 岁低龄老人的平均受教育年限为 6.66 岁，仅相当于小学文化程度。从各出生队列人口平均受教育年限来看，出生越晚者的受教育年限越长，每晚出生一年，受教育年限增加 0.1 年（见图 2 - 4）。这对于研究延迟退休年龄能否以及如何发挥老年人口人力资本具有重要参考价值。

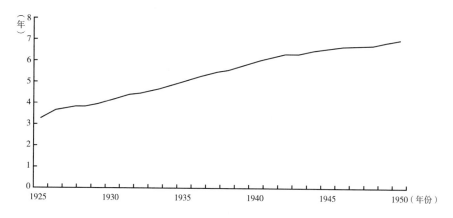

图 2-4　第六次人口普查全国各出生队列老年人口平均受教育年限

第二节　老年人口规模结构预测方法

本研究主要是对老年人口规模结构进行预测。事实上，2075 年之前的 60 岁及以上老年人口已经存活在世，未来老年人口规模只取决于人口死亡水平，而未来人口死亡水平将不会有太大变化，从这个意义上讲，老年人口规模预测属于基本确定性测算。但是，老年人口结构不仅取决于老年人口规模，还与少儿人口和劳动年龄人口规模直接相关。也就是说，在预测老年人口规模结构时，需要同时考虑出生率和死亡率。由于国际迁移人口在全国总人口中所占的比例较低，我们可以将全国人口近似作为一个封闭人口系统进行分析。

本预测周期为 2016～2050 年，属于中长周期预测，不仅预测老年人口数量，还将预测劳动年龄人口规模，前者是养老服务对象，后者是养老服务主体。关于人口基础数据，尽管在 2015 年开展了全国 1% 人口抽样调查，但其仅仅是抽样调查，无论是在数据完整性还是在准确性上，与人口普查均有较大差距。因此，本研究将采用 2010 年全国第六次人口普查数据，将其年龄别人口数据作为本次预测的基础人口数据，并以 2015 年作为预测基年。在具体预测过程中，首先是对全国人口发展现状进行深入细致分析，尤其是考虑 2010 年以来的生育政策调整因素，正确判断人口变动规律，准确把握人口发展特征，以此作为人口预测的基础。其次是考虑实施全面二孩生育政策对生育率的影响，着力分析各出生队列育龄妇女分孩次递进生育率变动情况，提出预测条件假设，包括生育水平和生育模式、死亡水平和死亡模式、出生人口性别比等参数。最后是采用年龄移算法，将全国人口作为一个封闭人口系统，通过模拟封闭系统的全国人口自然变动状况，得到2016～2050年人口规模结构变动情况。

表2-5　全国育龄妇女总和生育率假设

年份	高方案	中方案	低方案	年份	高方案	中方案	低方案
2016	2.00	1.85	1.70	2034	2.00	1.80	1.60
2017	2.45	2.35	2.25	2035	2.00	1.80	1.60
2018	2.47	2.37	2.27	2036	2.00	1.80	1.60
2019	2.45	2.35	2.25	2037	2.00	1.80	1.60
2020	2.34	2.24	2.14	2038	2.00	1.80	1.60
2021	2.29	2.19	2.09	2039	2.00	1.80	1.60
2022	2.10	1.90	1.75	2040	2.00	1.80	1.60
2023	2.10	1.90	1.75	2041	2.00	1.80	1.60
2024	2.10	1.90	1.75	2042	2.00	1.80	1.60
2025	2.10	1.90	1.75	2043	2.00	1.80	1.60
2026	2.05	1.85	1.70	2044	2.00	1.80	1.60
2027	2.05	1.85	1.70	2045	2.00	1.80	1.60
2028	2.05	1.85	1.70	2046	2.00	1.80	1.60
2029	2.05	1.85	1.70	2047	2.00	1.80	1.60
2030	2.05	1.85	1.70	2048	2.00	1.80	1.60
2031	2.00	1.80	1.60	2049	2.00	1.80	1.60
2032	2.00	1.80	1.60	2050	2.00	1.80	1.60
2033	2.00	1.80	1.60				

在预测参数选取上，主要包括以下三点。一是生育水平和生育模式。以未来人口结构、生育政策、生育意愿等因素为基础，选择平均育龄妇女总和生育率为指标，设定2016年1月开始实施全面二孩生育政策，此时的1→2孩次递进生育率不仅与0→1孩次递进生育率有关，还取决于1→2孩次递进生育意愿，并受其共同影响，考虑人口出生堆积因素，预计2017～2019年，1→2孩次递进生育率将在原有基础上进行累加。以总和

生育率为指标，设计高、中、低三个生育率方案，我们可以将中方案预测值作为均值，以高方案和低方案预测值作为上下限（见表 2 - 5）。在 2010 年人口普查年龄别生育率基础上进行适当调整，以此作为生育模式，预测期保持不变。二是死亡水平和死亡模式。选择平均出生预期寿命为指标。根据 2010 年全国平均出生预期寿命（男性 72.38 岁，女性 77.37 岁）推算得到基期（2015 年）的男性和女性平均出生预期寿命分别为男性 72.88 岁，女性 77.87 岁，未来平均出生预期寿命变化按照联合国平均出生预期寿命增长的经验步长法推算，即从 2016 年开始到 2030 年，平均每年增加 0.1 岁；2030 ~ 2050 年，按照高龄步长递减的原则，平均每年增加 0.05 岁（见表 2 - 6）。死亡模式参照 2010 年全国分性别年龄别死亡模式，并根据模型生命表做适当调整。三是出生人口性别比。根据 2010 ~ 2015 年全国人口出生性别比变动情况，以及国家解决出生性别比偏高问题规划部署，出生性别比每年下降 0.8 个百分点，到 2025 年降至正常范围内（见表 2 - 7）。

表 2 - 6 全国人口平均出生预期寿命假设

单位：岁

年份	男	女	年份	男	女
2016	72.98	77.97	2034	74.58	79.57
2017	73.08	78.07	2035	74.63	79.62
2018	73.18	78.17	2036	74.68	79.67
2019	73.28	78.27	2037	74.73	79.72
2020	73.38	78.37	2038	74.78	79.77
2021	73.48	78.47	2039	74.83	79.82
2022	73.58	78.57	2040	74.88	79.87
2023	73.68	78.67	2041	74.93	79.92
2024	73.78	78.77	2042	74.98	79.97
2025	73.88	78.87	2043	75.03	80.02
2026	73.98	78.97	2044	75.08	80.07
2027	74.08	79.07	2045	75.13	80.12
2028	74.18	79.17	2046	75.18	80.17
2029	74.28	79.27	2047	75.23	80.22
2030	74.38	79.37	2048	75.28	80.27
2031	74.43	79.42	2049	75.33	80.32
2032	74.48	79.47	2050	75.38	80.37
2032	74.53	79.52			

表 2-7   全国人口出生性别比假设

年份	出生性别比	年份	出生性别比	年份	出生性别比	年份	出生性别比
2016	113.94	2025	106.75	2034	105.95	2043	105.95
2017	113.14	2026	105.95	2035	105.95	2044	105.95
2018	112.34	2027	105.95	2036	105.95	2045	105.95
2019	111.54	2028	105.95	2037	105.95	2046	105.95
2020	110.75	2029	105.95	2038	105.95	2047	105.95
2021	109.95	2030	105.95	2039	105.95	2048	105.95
2022	109.15	2031	105.95	2040	105.95	2049	105.95
2023	108.35	2032	105.95	2041	105.95	2050	105.95
2024	107.55	2033	105.95	2042	105.95		

第三节   中国人口老龄化未来变动趋势

人口预测结果显示，中国老年人口将呈大幅增长态势，人口老龄化水平快速上升，劳动年龄人口逐年减少，老年抚养比快速升高，在庞大老年人口基数之上，老年人口抚养负担逐渐加重。人口快速老龄化将导致社会保障体系和公共服务体系压力加大，也给年轻人就业模式、社会医疗保障体系和社会养老保障制度造成冲击。

一   老年人口规模将大幅增加

预测期内的 60 岁及以上老年人口已经存活在世，老年人口规模只取决于人口死亡率高低，在人口出生预期寿命和死亡模式假设保持不变的前提下，无论是高方案还是低方案，老年人口规模及其变动趋势将保持一致。从这个意义上讲，老年人口规模预测是一项确定性测算。2016～2050 年，全国 60 岁及以上老年人口将从 22767.45 万人增至 42488.45 万人，全国老年人口规模将在未来 35 年时间里增长将近 86.62%，年均增加 580.03 万人，年均增长率为 1.85%。从全国老年人口增长趋势来看，可以分为两个阶段：一是快速增长阶段（2016~2035年），老年人口从2016年的22767.45万人增至2035年的38079.53万人，年均增加805.90万人，年均增长率为2.74%，2016~2025年，老年人口规模增速呈加快态势，2016~2020年和2021~2025年的老年人口年均增量分别为539.95万人和949.90万人，到2026~2030年，年均增量更是达到1092.53万人，"十五五"期间老年人口年均增量是"十三五"期间老年人口年均增量的2倍，老年人口规模快速增长所带来的社会经济问题将特别突出；二是平稳增长阶段（2036~2050年），老年人口从2036年的38592.39万人增至2050年的42488.45万人，年均增加278.29万人，年均增长0.69%，也就是说，2035年之后，老年人口规模增长问题将日趋常态化（见图2-5）。

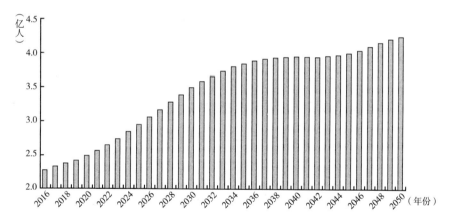

图2-5 中国未来老年人口规模预测（2016~2050年）

分年龄段进行考察，60~69岁低龄老人（以下简称低龄老人）将从2016年的13704.38万人增至2050年的20082.82万人，年均增加187.60万人，年均增长1.13%；70~79岁中龄老人（以下简称中龄老人）将从2016年的6461.44万人增至2050年的14121.11万人，年均增加225.28万人，年均增长2.33%；80岁及以上高龄老人（以下简称高龄老人）将从2016年的2601.63万人增至2050年的8284.52万人，年均增加167.14万人，年均增长3.47%，高龄老人增速是低龄老人增速的3倍

（见图 2 - 6）。由此可见，高龄老人是 21 世纪上半叶老年人口中增速最快的群体。

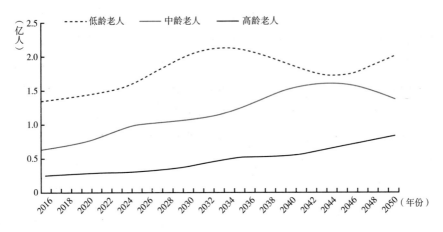

图 2 - 6　中国老年人口规模变动情况（2016～2050 年）

2016～2030 年是各年龄段老年人口增长最快时期。从低龄老人、中龄老人和高龄老人的各自增速①来看，主要表现为以下四个特点（见图 2 - 7）。①中龄老人增速先升后降，而低龄老人和高龄老人增速先降后升，中龄

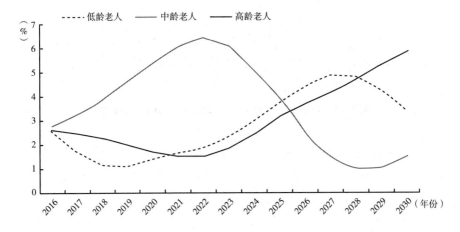

图 2 - 7　中国各年龄段老年人口增速变动情况（2016～2030 年）

---

①　增速 =（当年量 - 上年量）/上年量×100% 。

老人增速变动曲线与低龄老人和高龄老人增速变动曲线分别于 2025 年和 2026 年发生交叉。②2025 年之前，中龄老人平均增速快于低龄老人和高龄老人，中龄老人平均增速将保持在 5% 左右，比同期低龄老人和高龄老人平均增速高出两倍以上。③2019～2027 年，低龄老人增速持续上升，从 2019 年的 1.11% 上升至 2027 年的 4.87%，这是挖掘低龄老人人力资本潜力的黄金时期。④2022 年开始，高龄老人增速快速上升，从 2022 年的 1.55% 上升至 2030 年的 5.84%，2028 年之后，高龄老人将成为老年人口中增长最快的群体，高龄老人快速增加将使人口老龄化问题更加尖锐。

二　人口老龄化水平快速上升

预测结果显示，2050 年，高、中、低方案下的人口老龄化率分别为 29.79%、31.12% 和 32.42%，高方案和低方案下的预测值分别与中方案相差 1.33 个百分点和 1.30 个百分点，可以将低方案和高方案下的人口老龄化率作为上下限值，2050 年时的人口老龄化率将处于 30% 左右，达到重度老龄化程度。根据中方案预测结果，2016～2050 年，全国人口老龄化水平呈现快速上升趋势，人口老龄化率将从 2016 年的 16.47% 上升至 2050 年的 31.12%，并自 2025 年开始上升到 20% 以上，达到中度老龄化水平（见图 2-8）。我们可以将 21 世纪上半叶的人口老龄化进程分为三个阶段：一是缓慢上升阶段（2000～2015 年），人口老龄化率年均上升 0.19 个百分点；二是快速上升阶段（2016～2030 年），人口老龄化率年均上升 0.55 个百分点；三是稳步上升阶段（2031～2050 年），人口老龄化率年均上升 0.31 个百分点。

从未来 30 多年人口老龄化水平递增速率变动情况来看，其递增速率从 2017 年的 0.20 个百分点变动至 2050 年的 0.37 个百分点，其间于 2028 年达到最高值 0.80 个百分点，其变动分为三个阶段：一是大幅增长阶段（2017～2028 年），从 2017 年的 0.20 个百分点增至 2028 年的 0.80 个百分点；二是快速衰减阶段（2029～2042 年），从 2029 年的 0.79 个百分点降至 2042 年的 0.08 个百分点；三是恢复上升阶段（2043～2050 年），从 2043 年的 0.10 个百分点增至 2050 年的 0.37 个百分点（见图 2－9）。也就是说，中国人口快速老龄化进程已经启动，人口老龄化将经历一个快速发展过程，中国将处于一个不可逆转的老龄社会，而且，2017～2028 年是人口老龄化水平加速上升时期，人口老龄化问题以及由此带来的社会资源紧张和基本公共服务供给严重不足问题值得重点关注。

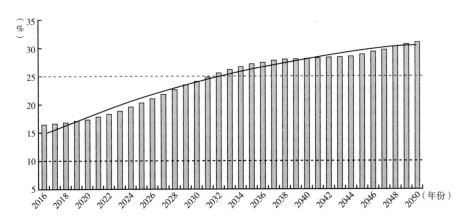

图 2－8　中国未来人口老龄化水平变动情况（2016～2050 年）

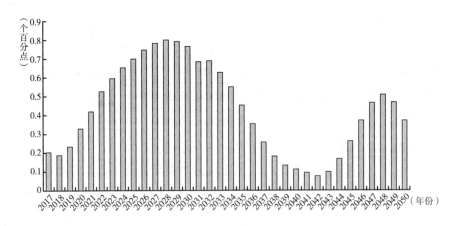

图 2－9　中国未来老龄化水平递增速率变动情况（2017～2050 年）

三　老年人口抚养负担逐渐加重

2016～2050 年，全国老年抚养比将从 2016 年的 24.73 上升至 2050 年的 59.94，呈现持续上升趋势，平均每年上升 1.04；少儿抚养比将从 2016 年的 25.39 上升至 2050 年的 32.70，其间呈现震荡上升趋势，并于 2026 年达到峰值 34.86；与之相对应，全国总抚养比将从 2016 年的 50.12 上升至 2050 年的 92.64，预测周期内其数值始终保持在 50 以上，"人口红利"不复存在，而且全国人口抚养负担越来越重，到 2050 年，平均每 100 名劳动年龄人口对应 93 名被抚养的老年以及少儿人口[①]。2025 年，少儿抚养比将与老年抚养比达到平衡，自 2025 年开始，被抚养对象将由以少儿人口为主转变为以老年人口为主（见图 2－10）。

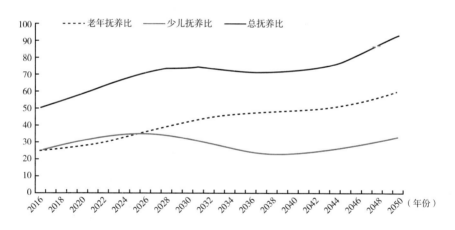

图 2－10　全国人口抚养比变动情况（2016～2050 年）

为了更好表达老年人口抚养负担情况，现考察全国老年人口潜在抚养比变动情况，潜在抚养比是指平均每名老年人所对应的劳动年龄人口数。2016～2050 年，中国老年人口潜在抚养比呈现显著下降趋势，从 2016 年

---

① 老年抚养比 = 60 岁及以上老年人口/15～59 岁劳动年龄人口 × 100；少儿抚养比 = 0～14 岁少儿人口/15～59 岁劳动年龄人口 × 100；总抚养比 = 少儿抚养比 + 老年抚养比。

的 4.04 人降至 2050 年的 1.67 人，降幅为 58.66%（见表 2 - 8）。也就是
说，2016 年时平均 4.04 名劳动年龄人口抚养 1 名老年人，到 2050 年时减
少到平均 1.67 名劳动年龄人口抚养 1 名老年人，老年人口抚养负担逐渐
加重，全国人口老龄化形势日益严峻。

表 2 - 8   全国老年人口潜在抚养比变化情况

年份	潜在抚养比	年份	潜在抚养比	年份	潜在抚养比
2016	4.04	2028	2.55	2040	2.06
2017	3.94	2029	2.46	2041	2.05
2018	3.84	2030	2.38	2042	2.03
2019	3.74	2031	2.31	2043	2.01
2020	3.62	2032	2.25	2044	1.98
2021	3.48	2033	2.21	2045	1.94
2022	3.34	2034	2.17	2046	1.89
2023	3.19	2035	2.14	2047	1.83
2024	3.05	2036	2.12	2048	1.76
2025	2.91	2037	2.10	2049	1.71
2026	2.78	2038	2.09	2050	1.67
2027	2.66	2039	2.08		

第四节   生育政策调整对人口老龄化的影响

人口老龄化是社会经济发展必然结果，并受人口生育率和死亡率下降
的共同影响。在人口死亡率下降到一定程度后，人口生育率下降成为人口
老龄化水平升高的主导因素，那么，提高妇女生育水平能否以及在多大程
度上影响未来人口老龄化水平？现以 2010 年全国第六次人口普查数据为
基础，考察育龄妇女不同生育水平对近期、中期和远期人口老龄化的影响
及其影响程度。

一 研究文献

人口老龄化及其相关问题是近十年来最为活跃的人口学研究领域之一，研究文献颇丰。就中国人口老龄化尤其是最近一段时期人口老龄化发展而言，中国人口老龄化属于底部老龄化，其根本原因是生育率下降引起少儿人口比重降低。由于未来妇女生育水平进一步下降的空间已经很小，考虑到人口出生预期寿命延长等因素，人口老龄化在未来将主要表现为由老年人口绝对数量增加而引起的顶部老龄化。正是从人口老龄化成因出发，一些研究把人口老龄化问题解决路径与生育政策调整联系起来，将缓解人口老龄化作为要求生育政策调整的论点之一，乔晓春、任强研究指出，为了避免人口达到零增长后的快速负增长、快速老龄化和人口规模迅速减少，国家应该密切关注人们生育意愿变化，必须在适当时候放开生育政策，使生育水平保持在 2.0 左右[①]；桂世勋认为适时调整现行生育政策，使育龄妇女的生育水平适度回升，将有利于减缓未来人口老龄化和老年抚养比升高的严重程度[②]；邓飞就"调整计划生育政策对于解决养老问题会起到哪些方面作用"对全国老龄委办公室政策研究部李志宏处长进行了专访，李志宏处长认为，需要积极应对人口老龄化，尤其是防范过度老龄化，生育政策必须要调整，而且宜早不宜迟[③]。还有其他一些研究将当前人口老龄化问题归咎于 1980 年以来实行的独生子女政策，并进而主张通过调整生育政策来解决人口老龄化问题，认为提高生育率可以扩大金字塔底部人口规模，增加未来劳动年龄人口，降低人口老龄化率，延缓人口老龄化进程。

二 数据与方法

现以 2010 年全国第六次人口普查数据和 2016 年《国民经济和社会发展

① 乔晓春、任强：《中国未来生育政策的选择》，《市场与人口分析》2006 年第 3 期。
② 桂世勋：《关于调整我国现行生育政策的思考》，《江苏社会科学》2008 年第 2 期。
③ 邓飞：《生育政策调整的时机不能再延误》，《中国经济导报》2012 年 10 月 23 日，第 B06 版。

统计公报》数据为基础开展研究。在具体研究方法上，主要采用两种方法
分析生育水平变化与人口老龄化之间关系。一是人口预测法，将全国人口
作为一个封闭人口系统，以年龄移算法模拟未来人口数量和人口结构变动
趋势，并以此为基础来研究不同生育水平下的老年人口规模和老龄化率变
化情况。关于生育水平，本研究主要包括高、中、低三个方案。高方案：
国家从 2016 年开始实施全面放开二孩生育政策，考虑少数民族、照顾性生
育、超生多胎生育、不孕不育、丁克等因素，在 2.0 基础上适当上浮，取总
和生育率 TFR = 2.20 作为生育水平上限值，预测期内保持总和生育率 2.20
不变。中方案：参照联合国 2011 年世界人口预测所采用的妇女生育率，将
TFR = 1.64 作为中方案生育水平，预测期内保持 1.64 不变。低方案：参考
最近两次全国人口普查（"五普"和"六普"）数据，以未调整的总和生育
率 TFR = 1.20 作为未来生育水平下限。二是替代法，利用反向推理开展研
究，由要达到的结论推知应满足的条件，具体到本研究来说，如果保持目
前（或固定）的老龄化水平，推算需要多高的生育水平与之相匹配，并进
而分析该生育水平下的老年人口规模、总人口规模、人口老龄化率以及老
年抚养比等，直观地表现保持一定老龄化水平时的人口数量结构变动情况。

三 发现与讨论

（一）不同生育水平下的老年人口与总人口

将妇女总和生育率设定为处于一定数值范围内，而非传统意义上的某
一特定水平，目的在于使假设的生育率能够更好地模拟未来生育水平，也
便于进行比较分析。关于生育水平的假设参考世界生育水平变化情况以及
国内生育政策调整后的生育水平变动情况，将其设定为 1.20～2.20，其
中的下限值与世界最低水平已经十分接近；上限值是在政策生育率基础上
做出的设定，尽管未来生育政策可能会适当调整，但调整生育政策并不是
放弃生育政策，就现实而言，全面二孩生育政策下的政策性总和生育率水
平不会超过更替水平的国际标准，更何况根据西方发达国家经验，年轻一

代的生育意愿和实际生育弹性极低，少生是一种不可抵挡的潮流。当前生育水平对未来60年内的老年人口规模不产生影响，但会即时影响并决定着总人口变动。根据中方案进行预测，在平均妇女总和生育率保持1.64的情况下，全国总人口规模将呈现总体下降趋势，从2016年的13.83亿人下降至2100年的8.00亿人，将比当前人口减少5亿多人，降幅为42.15%（见图2-11）。如果按照低方案进行预测，全国总人口规模下降速度更快，2100年时将仅剩4.41亿人，相当于中方案下总人口的55.13%。如果按照高方案生育水平进行计算，全国总人口将保持稳定上升趋势，从2016年的13.83亿人缓慢上升到2100年的15.12亿人，增加1亿多人。相对于老年人口规模而言，未来总人口对生育水平变动的反应要"灵敏"一些，生育水平不仅影响2070年之后的总人口规模，还会对2070年之前的总人口规模产生一定影响，预测条件下的生育水平越高，当年总人口规模越大。

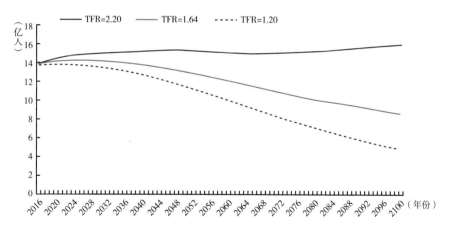

图2-11 不同生育水平下的全国总人口规模变化趋势

（二）不同生育水平下的人口老龄化水平

人口老龄化率用老年人口数量占总人口的比重来表示，是表征人口老龄化水平的重要指标。由生育水平决定的年出生人口数量会直接影响人口老龄化率计算公式的分母——总人口，但是，其分子——老年人口数量在最初的 60 年时间内却不会因为当前生育水平而发生任何变动。人口老龄化率与当期生育水平呈反方向变动关系，只要当期生育水平有所变动，人口老龄化率就会做出相应变化。如果按照中方案进行预测，根据预测结果，全国人口老龄化率将从 2016 年的 16.47% 上升至 2100 年的 31.44%，并于 2025 年上升至 20% 以上，达到中度老龄化社会，自 2046 年上升至 30% 以上，开始步入重度老龄化社会（见图 2 – 12）。如果按照低方案进行预测，人口老龄化水平提升速度更快，到 2100 年时达到 41.42%，平均每年上升 0.31 个百分点，并于 2037 年开始步入重度老龄化社会，比中方案下提前将近 10 年。如果按照高方案进行预测，全国人口老龄化水平将会有所下降，自 2026 年开始超过 20%，之后持续保持在 20% ~ 30% 范围内。调整生育政策仅对远期老年人口规模和老龄化水平具有一定影响。无论生育政策如何调整以及生育行为是否发生改变，2072 年之前的老年人口规模将保持不变。老年人口将从 2016 年的 2.28 亿人上升至 2072 年的 3.08 亿人，其中，2052 年达到峰值水平 4.01 亿人。由于未来 60 年的老年人口已经出生在世，提高生育水平不仅不会减少未来 60 年内的老年人口数量，还将增加 2072 年之后的老年人口规模，庞大老年人口队伍对经济社会有着巨大需求，是未来国家社会经济建设必须要考虑的重要因素。鉴于我国调整生育政策只可能微调，将不会放开自由生育，这对人口老龄化的影响程度十分有限。

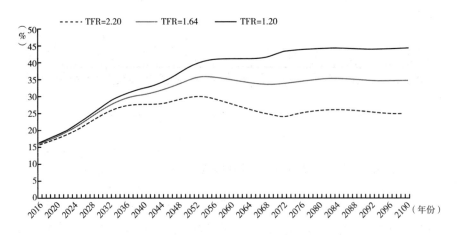

图 2 – 12　不同生育水平下的人口老龄化率变动情况

（三）保持当前老龄化水平的"替代性"生育率

即便是按高方案进行人口再生产，全国人口老龄化率仍将高居 20%以上，那么我们来引入一个"替代性问题"，如果保持"六普"时的人口老龄化水平（13.32%），需要多高的妇女生育水平以持维老龄化程度不变呢？根据未来各年度妇女数量结构变动情况，按照"六普"育龄妇女生育模式，对每年需要新出生孩子数量及其相应生育水平进行测算，结果表明：未来 20 年，如果人口老龄化率始终保持在 2010 年的水平，每年出生人口数量必须保持在 6000 万～8500 万人，其所对应的平均育龄妇女总和生育率为 5.70～11.60，达到并超过新中国成立初期的生育水平，甚至会超出人口生育力，如表 2-9 所示。在如此高的生育水平下，全国总人口规模必将大幅增加，2030 年将达到 25.43 亿人，比现行生育政策条件下多出生 10 多亿人口，这将会使我国来之不易的控制人口增长的计划生育成果丧失殆尽。同时，未来妇女生育意愿和社会经济条件也不支持这么高的出生人口规模和生育水平。由此可见，21 世纪上半叶，全国老年人口将达到 3 亿人以上，人口老龄化率持续快速升高趋势不可逆转，当前生育水平上升不足以有效降低人口老龄化程度，寄希望于通过提高生育水平来解决人口老龄化问题是不现实的。因此必须正视人口老龄化问题，从国家社会经济发展大局出发，在经济发展基础上不断解决人口结构问题。

表 2-9　保持"六普"人口老龄化率所需的最低妇女生育水平

年份	出生人数（万人）	总和生育率	年份	出生人数（万人）	总和生育率
2016	6075.11	5.78	2024	7738.64	10.53
2017	6066.24	5.98	2025	8043.26	11.24
2018	6123.17	6.28	2026	8284.19	11.59
2019	6255.32	6.71	2027	8435.76	11.59
2020	6462.45	7.30	2028	8477.85	11.15
2021	6735.04	8.12	2029	8397.42	10.34
2022	7055.38	8.82	2030	8189.65	9.27
2023	7399.35	9.61			

（四）提高妇女生育水平在微观家庭层面的积极意义

提高妇女生育水平可以在微观层面上改善未来家庭养老功能。根据全国第六次人口普查数据，主要生活来源是靠家庭其他成员供养的 60 岁及以上老年人口的比例为 40.72%，其中在城市老年人口中所占的比例为 31.36%，在农村老年人口中所占的比例为 47.74%，特别是在农村 80 岁及以上老年人口中所占的比例竟达到 81.85%。在全国 60 岁及以上老年人口中"生活不能自理"的占 2.95%，其中在 80 岁及以上年龄组老年人口中所占的比例为 10.45%。随着未来我国老年人口规模迅速增加和高龄老人比例不断上升，我国生活不能自理老年人口数的增加速度将明显快于老年人口数的增加速度。为了妥善解决我国未来的养老问题，提高城乡老年人的生活质量，要适时调整现行生育政策，允许一对夫妇可以生育两个孩子，这将有利于减少未来我国"四二一"家庭的比例，从家庭代际结构上增强家庭养老功能，相对减轻社会养老的巨大压力。同时，也有利于缓解家庭结构严重失衡现象，减少"倒金字塔"型家庭数量，提高家庭养老能力，降低家庭养老风险。

综上所述，以调整生育政策来缓解人口老龄化问题，只是一种愿望，中间真正起作用的变量是总和生育率，调整生育政策只是提供一种提高生育率的可能。解决人口老龄化问题需要经济社会政策和人口政策综合配套统筹应对，提高生育水平并非解决人口老龄化问题的有效途径。面对不可逆转的人口老龄化趋势，近期和中期只能以经济社会发展来适应人口老龄化的人口基础，而不可能反其道而行之，让人口老龄化去适应经济社会发展。在提高生育水平不能有效缓解人口老龄化问题的情况下，发挥老年人余热及其对社会发展的积极作用，开发低龄老人人力资源，推迟退休年龄，提高老年人的经济活动参与率和社会活动参与率，不失为一项适合中国国情的较优选择。

第五节　本章小结

本章应用历次全国人口普查资料和抽样调查数据，对人口发展形势尤其是老年人口变动趋势进行了深入分析，考虑实施全面二孩生育政策对生育率的影响，着力分析各出生队列育龄妇女分孩次递进生育率变动情况，提出生育水平和生育模式、死亡水平和死亡模式、出生人口性别比等参数假设，应用年龄移算法对未来人口老龄化发展趋势进行研究，得出相应结论，为进一步开展养老资源供需平衡研究奠定基础。

一是以历次人口普查数据为基础，深入分析中国老龄化发展历史和现状。分析认为，全国人口发展存在以下三大特征。①人口年龄结构经历了先年轻化、后老年化的发展过程。劳动年龄人口逐渐老化，生育高峰期出生队列人口也开始步入老年，传统上认为的拥有大家庭和大量剩余劳动力的人口结构将不复存在。②老年人口增长最快，并呈现高龄化趋势。老年人口规模快速增加，2015 年已经突破 2 亿人，人口老龄化与高龄化相伴而行，高龄老人更需要医疗护理和社会照料，对医疗卫生服务资源的依赖性更强。③老年人口在社会经济特征上存在较大差异。老年人健康状况随年龄增长而变差，农村老年人生活自理能力偏弱；低龄老人主要生活来源是劳动收入，高龄老人主要依靠家庭其他成员供养；老年人口的受教育程度偏低。

二是以人口预测分析数据为基础，对中国未来老年人口规模结构进行定量研究。分析认为，未来人口发展将表现出以下三个特点。①老年人口将大幅增长，高龄老人是 21 世纪上半叶老年人口中增速最快的群体。老年人口将经历 2016 ~ 2035 年的快速增长阶段和 2036 ~ 2050 年的平稳增长阶段，2050 年时将达到 4 亿人以上。②人口老龄化水平快速上升，2050 年达到重度老龄化程度。中国人口快速老龄化进程已经启动，人口老龄化将经历一个快速发展过程，中国将处于一个不可逆转的老龄社会，而且，2017 ~ 2028 年是人口老龄化水平加速上升时期。③老年人口抚养负担逐渐加重，2050 年时平均 1.67 名劳动年龄人口抚养 1 名老年人。全国老年抚养比将从 2016 年的 24.73 上升至 2050 年的 59.94，呈现持续上升趋势，并且自 2025 年开始，被抚养对象由以少儿人口为主转变为以老年人口为主。

三是调整生育政策并不能从根本上解决人口老龄化问题。面对不可逆转的人口老龄化趋势，需要经济社会政策和人口政策综合配套统筹应对人口老龄化形势，不能仅寄托于提高生育水平。近期和中期只能以经济社会发展去适应人口老龄化的人口基础，而不可能反其道而行之，让人口老龄化适应经济社会发展。在提高生育水平不能有效缓解人口老龄化问题的情况下，发挥老年人余热及其对社会发展的积极作用，开发低龄老人人力资源，推迟退休年龄，提高老年人的经济活动参与率和社会活动参与率，不失为一项适合中国国情的较优选择。

根据人口预测结果，我们还可以计算得到不同年龄段人口规模变动情况，通过未来劳动年龄人口就业率变动情况推算得出就业人口规模以及养老基金缴费收入，通过未来低龄老年人口受教育年限可以推算延迟退休将给退休金支出和老年人力资本带来的正向效应情况，这些将为研究和解决养老资源供需平衡问题奠定基础，这将在后续章节进行详尽分析和讨论。

第三章
养老保险制度及其参量指标分析

　　1997 年以来，我国城镇职工社会养老保险制度得到全面建立，社会保障制度建设取得了长足发展，但受制度转轨和参数指标选取等因素影响，当前养老资源相关政策存在着一些掣肘养老事业发展之处，这不仅会影响未来养老资源需求，还将给养老资源供给能力带来严峻挑战。因此，有必要全面梳理现行养老保险制度，并以此为基础，系统分析制度缴费率、养老金替代率、法定退休年龄等养老资源供需参量指标，促进养老保险基金可持续运行，实现养老资源供需动态平衡。

第一节　现行养老保险制度分析

　　我国基本养老保险制度是在原有企业职工退休金制度基础上建立起来的，通过二十年来的实践和发展，基本形成了资金来源多元化、管理社会化、覆盖多种所有制、为参保人提供基本收入保障的退休金制度，在对养老资源供需平衡加以研究之前，有必要首先对现行养老保险制度及其运行情况进行分析。

一　实质上仍然是现收现付制

　　目前，我国基本养老保险实行社会统筹和个人账户相结合的部分积累制，社会统筹体现的是公平，个人账户体现的是效率。从功能定位上看，社会保险属于再分配范畴，理应将公平放在首位，但此时的公平绝非普通意义上的大锅饭，而更加强调多缴多得，实现养老保险制度设计上的精算公平，并与党的十八届三中全会提出的精算平衡原则相吻合。1997 年以来，个人账户空账规模呈几何级数式增长的根本原因，并非仅仅是统筹基金不能支付当期离退休人员养老金造成的，而是政府没有完全承担相应的转制成本，指望由养老金制度本身来自然消化历史遗留问题是不现实的。

如此大体量的个人账户空账规模如何弥补呢？历史遗留问题理应由国家财政承担兜底责任，这需要政府从财政资金中拿出 3.6 万亿元用于弥补个人账户空账或赤字问题，这些资金占 2015 年 GDP 的比重为 5.3%，占全年财政收入的比重为 23.7%，各级政府不可能挤出本就十分紧张的财政资金而使之"趴"在个人账户上。为解决个人账户空账规模逐年扩大问题，2001 年中央决定由辽宁省来开展做实个人账户试点，并于 2008 年扩增到 13 个省份，但此后再也没有新的省份愿意加入，各地做实个人账户的积极性并不高，从而大大影响了个人账户做实的进程。即便是完全做实个人账户，又存在做实后的基金如何管理运作的问题。按照基本养老保险管理规定，个人账户基金按一年期银行利息计息，做实后的基金不能进行市场化运营，只能存入银行。在通货膨胀压力下，个人账户资金如何保值增值是一个不得不面对的现实问题。2010 年通过的《社会保险法》没有提及基金的市场化配置事宜，即便是实行基金市场化运营，也未必能够保证个人账户制度绝对有效，如果不能跑赢通货膨胀率抑或工资增长率，就不能真正体现效率，这将进一步影响政府做实个人账户的积极性。

关于基金投资收益率问题，Aaron 提出了被学界广泛引用的"艾伦条件"，这是从经济学角度出发，将之作为进行养老金筹资模式选择的重要依据。概括而言，老年人退休金收入可以来自两个方面：一是当前劳动年龄人口的供养，与之对应的是现收现付制；二是个人账户资本的增值收益，与之对应的是基金积累制。如果人口增长率和人均工资增长率之和大于市场实际利率，现收现付制社会养老保险基金将优于基金积累制，可以有效改善人们的福利状况，也就是说，当人口增长率与人均工资增长率之和大于实际市场利率时，应该采用现收现付制，否则，应该转向基金积累制。[1] 1995~2014 年，我国城镇单位就业人员平均工资增长率为 13.03%，人口增长率为 0.66%[2]，两者之和为13.69%，如果账户收益率低于 13.69%，做实账户的结果就是低效的，这就犹如将宝贵的资金沉没在无效的池子中。由此可见，我们需要对当前的统账结合制度进行改革，打破原有的缴费确定型完全积累制和待遇确定型现收现付制等常规模式，采用缴费确定型现收现付制，在融资方式上采取现收现付制，在给付方式上采取缴费确定型，这并非真正意义上的缴费确定型，仅仅是一种形式上的相似，可将其称之为名义账户制。

二　宜尽早向名义账户制转型

从本质上讲，名义账户制是现收现付制与基金积累制、待遇确定型与缴费确定型的一种混合模式，从融资方式来看，名义账户制是建立在现收现付制基础上，但又不同于传统待遇确定型的现收现付制。虽然个人账户中的资产是名义性质的，但可以作为未来养老金计发依据，并将在退休时变得具有实际意义。目前，实行名义账户制养老金制度的国家包括瑞典、意大利、波兰、拉脱维亚、俄罗斯、蒙古国、吉尔吉斯斯坦等国家，其中，瑞典执行名义账户制度最为成功，基本完成了从现收现付制向名义账户制平稳过渡。

以郑秉文为代表的一些学者赞同并呼吁国家实行名义账户制，认为名义账户制既有传统的现收现付制的优点，体现社会互济的国家责任，又具

---

[1] Henry Aaron, "The Social Insurance Paradox," *The Canadian Journal of Economics and Political Science/Revue Canadienne D'Economique et de Science Politique* 32 (1966): 371 - 374.

[2] 国家统计局：《中国统计年鉴 2015》，中国统计出版社，2015。

有基金积累制精算特征，通过名义账户制从根本上体现企业职工的财产权和社会养老权，解决做实个人养老金账户所出现的效用损耗问题，化解养老金贬值风险和支付危机，在降低单位投保费率的同时提升社会养老保险的待遇标准，在收支相抵的情况下还有一定的基金积累，并且结余资金能够自动调节社会养老保险短期财政平衡，有效解决缴费搭便车和逆向选择问题，提高缴费比例和扩大保险覆盖面。但是，以李珍为代表的一些学者坚持进行养老保险制度参量改革，反对实行名义账户制，认为名义账户制是统账结合养老保险制度改革的倒退，名义账户制在解决财务可持续性问题和劳动力市场效率损失方面并没有表现得更具优越性，不仅混淆个人账户的产权性质，还将降低对企业缴费的监督制约，最终导致制度混乱和政府信任危机。

当前养老保险制度处于非正常运行过程中，一是国家财政没有付清养老保险制度转制成本，个人账户持续处于空账运行中；二是名义上采取的是统账结合制，而实质上实行的是现收现付制。在这种背景下，政府财政难以也不应该摆脱对养老保险的兜底责任，在做实个人账户长期无果的情况下，隐性债务越来越大，财务不可持续性凸显。其实，国家没有必要做实个人养老金账户，即便做实个人账户，个人拥有账户所有权，也不能改变个人账户资产贬值的命运，极端情形是将个人账户资金交由个人自由支配，那将失去养老保险的"保险"意义。由此可见，提高个人账户资金增值能力是需要关注和重点考虑的问题。

综合分析认为，名义账户制具有以下三大优点：一是体现多缴多得原则，按照精算模型进行计算，退休金与缴费年限、缴费金额挂钩，多缴多得；二是减轻政府财政压力，政府财政无须一次性支付转制成本，雇主或个人缴纳的保险费统一归集到养老基金账户，有效提高资金使用效率；三是养老基金由专业机构负责投资运作，国有资本划转社保基金后，采用被动投资策略可望实现保值增值目标，这也是我们建立养老保险制度的初衷之所在。因此，本着实质重于形式原则，需要尽快将养老保险制度向名义账户制转型。

三　以社会平均工资为基准进行系数化

养老保险待遇需要一个合理的待遇确定机制。[①] 目前，退休人员养老金确定依据不一，缺乏统一性和可比性，不同地区、不同部门之间的差异较大，归纳起来，共包括三类：一是以退休前工资为基础，参考工龄或服务期限长短，按照一定比例计算养老金；二是以生活费或最低工资收入为基础，按照统一数额或加成一定比例计算养老金；三是以个人基础工资为基础，再附加上一定比例的企业年金计算养老金。养老金计算方法和确定依据不一致，会阻碍养老保险制度健康发展，迫切需要引入系数基准制，以个人积累和社会统筹基金相对缴费率来确定退休人员养老金，并给就业参保者一个相对确定的未来养老金收入预期。社会平均工资可以作为衡量就业者参保缴费情况的合理标准，相当于是用以衡量参保者每年缴费情况和退休人员领取退休金的标尺。

社会平均工资是指当年所有参保者的平均工资，用以对不同参保个体缴费情况进行横向比较，将个体缴费额与当年社会平均工资相除，所得系数（或比值）可以反映个体对养老基金收入的相对贡献度。以社会平均工资为标准计算个人缴费系数和养老金系数，其本质上就是保持和实现同一代人在就业和退休两个时期的纵向平衡。以金融衍生品概念来表达，相当于参保者在就业时获得了一份期货合约，参保者可以在其退休后享有一份合约式财产收益权利。该权利是以其工作期间缴纳养老保险费后而有条件获得的，专用于为退休后的生活提供基本养老保障。该权利既要维护参保者利益，保持货币购买力水平不变，与物价水平涨幅基本一致，实现一生收入消费平衡，即个人精算平衡；同时，还将个人养老金资金积累按照社会平均退休余寿进行年金分配，保持不同参保个体之间的统一性，消除代际参保投入水平差异和代际退休余寿差异，就业一代能够提供退休一代所需产品和服务，实现养老保险精算平衡。

---

① 秦中春：《新养老金经济学》，清华大学出版社，2014。

当前，我国经济保持中高速发展，工资增长速度较快，如果让养老金仍然盯住退休前收入，不仅不符合经济发展趋势，而且还会降低养老金对老年人基本生活的保障水平。对于养老保险参保者来说，其工作期内的缴费系数累加值是其对养老基金的贡献量，在其退休之后应该能够得到与此相对应的产品或服务，纵向上实现一生收入消费平衡。从这个意义上讲，社会平均工资不仅是衡量缴费情况的参照标准，还是日后计算和发放养老金的主要依据。不同国家不同时期曾引入过退休前工资、终生平均工资、部分年份平均工资等作为养老金计算基础。与之相比较，以社会平均工资为基础计算的养老金是动态变化的，可与经济增长基本保持同步。将基本养老金替代率转变为社会平均工资替代率，可使养老金收入与社会平均工资的增长同步，保障退休人员生活水平不降低。

第二节 养老保险参量指标分析

养老保险参量是保持养老保险制度正常运行的关键因素。这些参量指标不仅决定了养老基金收支状况，还与就业一代人和退休一代人的经济利益以及保持代际公平息息相关，从这个意义上讲，正确分析和理解养老保险参量指标是设计和调整养老保险制度的重要基础。

一 领取退休金的资格门槛偏低

2015 年，全国人口平均出生预期寿命达到了 76.34 岁[①]，而现行养老保险制度规定的退休年龄为男性 60 岁，女性干部 55 岁，女性工人 50 岁，法定退休年龄明显偏低，提高法定退休年龄或延迟退休年龄已是大势所趋。延迟退休年龄是近几年社会关注的热门话题之一。《中华人民共和国国民经济和社会发展第十三个五年规划纲要》在退休政策方面做出了战略性安排，明确提出出台渐进式延迟退休年龄政策，这是基于养老负担代

---

① http://www.stats.gov.cn/tjsj/zxfb/201602/t20160229_1323991.html.

际公平的需要，是适应人口预期寿命延长、受教育年限增加以及人口老龄化问题逐年加重的必然选择。延迟退休年龄可以在一定程度上改善养老基金收支状况，据测算，退休年龄每延迟一年，当期养老统筹基金可增收40亿元、减支160亿元，使养老基金缺口缩小200亿元。① 但是，延迟退休年龄仅能暂时延缓养老金短期支付压力，并不能从根本上解决养老基金缺口问题，不能指望通过提高法定退休年龄来解决养老保险制度中存在的所有问题。另外，在退休年龄政策实际执行中，存在着劳动力市场悖论，一方面是政策上要求延迟退休，另一方面是事实上的提前退休。真正能够改变人口工作时间从而对老年人供养能力产生影响的是实际退休年龄，如果仅仅提高法定退休年龄而缺乏配套措施的话，劳动力市场将无法充分吸纳这些低龄老年人口。

通常认为，延迟退休年龄能够充分发挥老年人力资本作用，但这需要根据劳动者所处行业以及所从事职业进行具体分析。随着年龄增长，白领职员优势得到有效积累，而蓝领工人的劣势愈发明显。普通工人到了一定年龄之后，其在企业中的地位开始下降，即便留在原企业岗位继续工作，受体力、眼力、精力制约，发生工伤事故的可能性会有所增加。根据人口年龄教育结构，我国老年退休人口（或即将退休人口）的受教育年限偏低，2010 年，60 岁及以上人口平均受教育年限不足 7 年，55 ~ 59 岁人口平均受教育年限仅有 7.48 年，平均受教育年限 9 年以上人口分布在 49 岁以下（其对应着 1961 年之后出生队列人口）；也可以从接受高等教育人口规模进行考察，45 ~ 49 岁年龄组接受高等教育者为 743.70 万人，50 ~ 55 岁年龄组为 386.51 万人，前者是后者的将近 2 倍。分析认为，从人力资本角度看，从 2021 年开始实行延迟退休政策更为合适。

另外，退休制度中关于最低缴费年限 15 年的规定，仅仅是约定俗成的做法，缺乏理论基础和现实依据。现有养老保险退休制度规定，取得养老金资格的最低缴费年限为 15 年，也就是说，参保人只要连续缴费满 15 年，就可具备按月领取养老金资格，这个门槛明显偏低。满足

---

① 李唐宁：《养老金缺口放大加重财政负担》，《经济参考报》2012 年 6 月 14 日，第 2 版。

连续缴费满 15 年条件可以包括以下两种情况：其一，参加工作时间较晚或者较早参加工作但选择开始缴费时间较晚，假如一男性职工选择在 45 岁开始缴费，则到 60 岁退休时正好满足领取养老金资格条件；其二，参加工作较早，但缴满 15 年即停止缴费，假如一职工 25 岁开始工作，40 岁就选择停止缴费，其到退休年龄时也符合按月领取养老金条件。由此可见，15 年缴费年限规定过于宽松，领取养老金资格的限定性不强，一部分人在满足 15 年缴费年限后会选择停止缴费，这不仅会降低养老基金缴费收入，还将影响这部分人口的退休收入。这就需要从制度设计上进行调整，有必要建立一个法定约束机制，规定所有领取工资报酬人员强制缴费，避免推迟开始缴费时间和尚未到达退休年龄就停止缴费现象发生。

二　制度赡养率呈现逐年回升态势

制度赡养率是基本养老保险基金收支中最敏感的指标之一。在数值上，制度赡养率等于制度内退休职工与参保在职职工之比，以此来衡量制度负担水平，比值越大，参保职工的人均抚养负担越重。赡养率高低取决于两个因素：一是政策导向因素，在政策上鼓励和支持不同类型在职职工（尤其是非正规就业人员）参保，提高养老保险覆盖率，通过有效扩增"分母"来降低制度赡养率；二是人口年龄结构，老年人口规模决定了退休人员数量，劳动年龄人口规模决定了在职职工数量，从这个意义上讲，制度赡养率与老年抚养比呈同向变动关系。

2001～2015 年，制度赡养率从 2001 年的 36.76% 下降至 2015 年的 34.87%，乐观者由此判断认为我国养老负担不重且呈现总体减轻趋势，但实际情况远非如此乐观。分阶段进行考察，制度赡养率变化呈现出明显阶段性：一是下降阶段（2001～2011 年），制度赡养率从 2001 年的 36.76% 下降至 2011 年的 31.65%，也就是说平均 3 名在职职工对应 1 名退休人员；二是回升阶段（2012～2015 年），制度赡养率从 2012 年的 32.40% 上升至 2015 年的 34.87%，从 2014 年开始上升至 33% 以上，也就是说，平均不到 3 名在职职工对应 1 名退休人员，这是人口年龄结构和养老制度设计共同作用的结果（见图 3 - 1）。制度赡养率自 2005 年开始回落至 33% 以下，主要得益于当年国务院出台的《关于完善企业职工基本养老保险制度的决定》，国家从政策上鼓励将城镇个体工商户和灵活就业人员纳入养老保险覆盖范围，净流入人口较多的东部沿海经济发达省份自然成为该 "政策红利" 最大受益者。

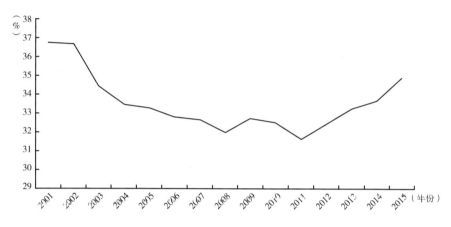

图 3 - 1　中国养老保险制度赡养率变动情况（2001~2015 年）

资料来源：根据 2001~2015 年《人力资源和社会保障事业发展统计公报》数据计算。

2005 年开始的这次 "政策性" 基本养老保险广覆盖使得全国养老保险制度赡养率震荡下降，受国务院鼓励扩大养老保险覆盖范围政策影响，缴纳养老保险人数在短时间内快速增加，城镇化过程中的乡城迁移劳动力迅即成为养老保险体制内人员，使得参保在职人员数量迅速增加，但其增长明显带有脉冲性和不可持续性，制度赡养率在 33% 下方仅停留了不到 9 年时间。随着新增乡城迁移人口逐渐减少，再加上 20 世纪 50 年代生育高峰期出生队列人口步入退休年龄，制度赡养率将转而反弹，未来一段时期，随着人口老龄化快速发展，离退休人口增长趋势将不可逆转，参保人数增加却不具有可持续性，预计制度赡养率将于 2020 年开始上升到 40%以上，2030 年开始上升到 50% 以上。如果考虑经济增长下行 "换挡" 因素，劳动年龄人口就业率和劳动参与率将会进一步下降，制度赡养率将于

2020 年和 2030 年分别上升至 41% 和 52% 以上。

因此，在快速老龄化背景下，我们需要注意以下三个方面问题：一是养老保险制度赡养率处于较低水平是暂时的，我们不仅不能因其数值较低而沾沾自喜，更应从其总体变动趋势中察觉到隐患，清醒地认识到未来养老形势的严峻性；二是政策性新增人口保险缴费水平偏低，而其退休后的统筹基金支付水平较高，广覆盖目标下的低缴费基数、低退休年龄、低缴费年限必然导致养老金收入水平下降，这不仅将会带来新的养老金支付缺口，还会直接损害已缴纳养老保险人员的切身利益；三是随着经济中低速增长常态化，"断保"现象将屡见不鲜，养老基金缴费收入增速放缓，养老金支出刚性上升，这将导致养老保险制度赡养率进一步上升，"入不敷出"形势将愈加严峻。

三 制度缴费率几无提升空间

养老保险制度缴费率是决定养老金收入高低的重要指标。从全国 1986～2005 年养老保险费率改革历程来看，制度缴费率呈上升趋势，1986 年出台的《国营企业实行劳动合同制暂行规定》中规定总费率为 18%（企业缴费 15%），1995 年出台的《关于深化企业职工养老保险制度改革的决定》中规定总费率为 26%（企业缴费 23%），2005 年出台的《关于完善企业职工基本养老保险制度的决定》中规定总费率为 28%（企业缴费 20%）。养老保险费率如此之高，存在诸多弊端，其直接影响是抬高企业生产成本，削弱企业市场竞争力。

从个人养老金征缴情况来看，养老基金缺口将难以消弭。数据表明，2001～2015 年，养老基金缴费收入年均增长率为 18.44%，这是在前期经济增长和参保人数都保持年均增长率为 10% 的情况下实现的。即便如此，当期依然存在较大的养老基金收支缺口，2015 年全国养老金收入与其支出之间的差额为 2797 亿元。在征缴过程中，实际缴费率低于政策缴费率，原因有二：一是部分企业靠偷逃缴费才能生存，地方社会保险经办机构不得不妥协，社会保险费征缴秩序混乱且不公平；二是部分低收入职工在缴纳养老保险费后其实际工资会更加减少，对于工资仅相当于社会平均工资60%的低收入人群，再缴纳8%养老保险费后的实际工资将不足社会平均工资的55%，不愿参保和"断缴"可能性增加[①]。在经济步入新常态和新增就业人口增速放缓的现实条件下，养老基金缴费收入将难以继续保持如此高的增长速度，养老基金收支缺口将呈现逐年扩大态势。

从基本养老金缴费比例国际比较情况来看，中国社保缴费率不是最高的，但的确处于较高水平行列。目前，企业缴费比例为20%，个人缴费比例为8%，养老保险总费率为28%，高于大部分OECD国家。表3-1显示了部分OECD国家养老保险税或社会保险税占工资总额的比例（以下称之为养老保险税率），该比例反映了雇主和雇员的养老保险和社会保险负担率。比较而言，OECD国家的养老保险税率大多在25%以下，加拿大、韩国、瑞士等国家的养老保险税率甚至在12%以下，均低于我国养老保险制度缴费率。研究表明，提高养老保险制度缴费率并非解决养老基金缺口问题的可行路径，即便是老龄化比较严重的OECD国家，1999～2010年的养老保险税或社会保险税占工资总额的比例在总体上也较为稳定，所统计的21个OECD国家中，2010年有16个国家的养老保险税率较2005年保持不变或有所下降。养老保险制度缴费率直接反映为企业劳动力成本高低，根据经济增长理论，如果在养老保险税率高企的情况下继续提高养老保险制度缴费率，这将会大幅提高企业生产成本，降低企业市场竞争力，并由此进一步抑制本已疲软的经济增长。正是统筹考虑到这些因素，2013年《中共中央关于全面深化改革若干重大问题的决定》不仅没有提高社会保险缴费率，还毅然提出了要适时适当降低社会保险缴费率，由此可见，我国养老保险制度缴费率几无进一步提升空间，有必要将降低费率和夯实费基同步进行。

[①] 杨燕绥：《中国老龄社会与养老保障发展报告（2014）》，清华大学出版社，2015，第47～61页。

表 3 - 1　部分 OECD 国家养老保险税率变动情况（1999~2010 年）

单位：%

国　　家	1999 年	2005 年	2010 年	国　　家	1999 年	2005 年	2010 年
奥 地 利	22.8	22.8	22.8	韩　　国	9.0	9.0	9.0
比 利 时	16.4	16.4	16.4	卢 森 堡	16.0	16.0	16.0
加 拿 大	7.0	9.9	9.9	荷　　兰	37.7	28.1	31.1
捷　　克	26.0	28.0	32.5	波　　兰	32.5	32.5	35.0
芬　　兰	21.5	21.5	20.9	斯洛伐克	28.5	26.0	24.0
法　　国	24.0	24.0	24.0	西 班 牙	28.3	28.3	28.3
德　　国	19.7	19.5	19.5	瑞　　典	15.1	18.9	18.9
希　　腊	20.0	20.0	20.0	瑞　　士	9.8	9.8	10.1
匈 牙 利	30.0	26.5	26.5	土 耳 其	20.0	20.0	20.0
意 大 利	32.7	32.7	32.7	美　　国	12.4	12.4	12.4
日　　本	17.4	13.9	14.6	平　　均	21.3	20.7	21.2

资料来源：根据世界银行网站相关数据整理。

四　养老金替代率基本处于合理水平

养老金替代率是衡量养老保障水平的重要指标。如果保持养老金缴费基数不变，养老金替代率将直接决定退休人员养老金水平，从这个意义上讲，养老金替代率是沟通养老资源供给与需求的桥梁。为了便于研究，有必要设置一个统一的计算基准，特别是引入社会平均工资替代率指标，以此来近似表达养老金替代率。在数量上，社会平均工资替代率等于养老金与当期社会平均工资之比，其计算基础是社会平均工资，而不再是个人退休前收入。[①] 我国社会保险制度坚持"广覆盖、保基本、多层次、可持续"方针，养老金替代率对应的即是"保基本"目标。"保基本"下的保障内容不同，养老金替代率取值各异，主要有两类不同观点：其一，保障基本生活，认为替代率应保持在一定水平，比如 60% 或 50%；其二，保障吃饭穿衣，认为替代率可以更低一点，其确定依据是恩格尔系数。从其保

---

① 李珍：《基本养老保险制度分析与评估——基于养老金水平的视角》，人民出版社，2015，第 42~53 页。

障内容来看，养老金仅覆盖老年退休人员的吃饭穿衣等生理需求是不完全的，除此之外，看病就医是老年人消费支出的相当重要的一部分。因此，本研究倾向于采用第一种界定方法，将医疗保健费用纳入保障范围内。

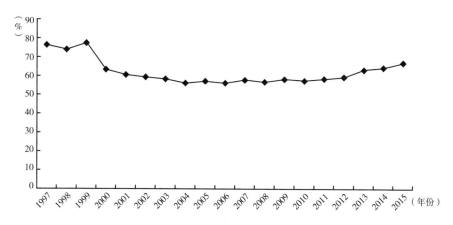

图 3 - 2　全国社会平均工资替代率变动情况（1997 ~ 2015 年）

数据来源：根据 1997 ~ 2015 年《中国劳动统计年鉴》整理计算。

根据 1997 ~ 2015 年全国退休人员养老金收入、养老保险缴费额、参保在职职工规模等数据，计算得到社会平均工资替代率（见图 3 - 2）。分析表明，全国社会平均工资替代率总体呈现稳定状态，围绕 60% 上下波动，在恩格尔系数保持 40% 左右的背景下，社会平均工资替代率比恩格尔系数高出将近 20 个百分点。2015 年，退休职工人均退休金（28235 元）甚至仅占当年城镇居民人均可支配收入（31195 元）的 90.5%，考虑到生活成本、医疗支出等因素，2015 年全国城镇人口用于食品、衣着的支出分别占其收入的 30.6% 和 7.4%，医疗保健支出占 7.4%，考虑到老年人医疗费用支出是全体人口半均水平的 3 倍至 5 倍，其医疗费用在总支出中所占的比例大约为 22.2% ~ 37.0%，三项合计平均约占 67% 以上。由此可见，其实际替代率水平比社会平均工资替代率低了将近 10 个百分点。老年人领取的养老金仅用于自身基本生活所需，而年轻人收入中内含了要承担抚养未成年人口和老年人口的义务，前者比后者略低一些也是正常的。

为了更好地选择合适的替代率，我们将之与 OECD 国家养老金替代率

进行比较，发现各国养老金替代率差距较大，从英国的 30% 到德国的
90%，一些高收入国家的替代率水平虽低，但其恩格尔系数更低，比如，
美国 2006 年时的养老金替代率为 40%，其恩格尔系数却只有不到 10%。
由于各国的退休收入来源、医疗保险、消费结构不同，难以从国际经验中
得到固定参照标准。我们不妨从个人养老金纵向平衡角度分析，现假设个
人账户收益率与社会平均工资增长速度一致，名义账户制下的年均缴费率
为 28%（统筹账户和个人账户合并计算），如果缴费满 35 年（25 岁开始
工作，60 岁退休），领取养老金 18.81 年（60 岁退休时的期望寿命为
18.81 岁），则其社会平均工资替代率为 52.10%（28% × 35 年/18.81 年
= 52.10%）。在当前情况下，将目标替代率设定为 50% ~ 60% 是比较合
理的，这一比例能够保证个人账户基本平衡。但是，该比例尚不能满足老
年人基本生活需求，有必要将目标替代率在 52% 的基础上适当提高。

如果实行渐进式延迟退休，到 2030 年延迟到 65 岁退休。此时，缴费
满 40 年（25 岁开始工作，65 岁退休），领取养老金 15.82 年（2030 年 65
岁退休时的期望寿命为 15.82 岁），如果保持 60% 的社会平均工资替代率
水平，那么，此时的缴费率可以设定为 23.73%（60% × 15.82 年/40 年 =
23.73%）。也就是说，缴费率将从 2016 年的 28% 下降到 2030 年的 24%，
这符合国家业已做出的适时适当降低社会保险缴费率的决定。在养老基金
收支动态平衡中，受人口老龄化影响，制度赡养率将快速上升，现收现付
制将在当期出现养老基金缺口，这可以通过社会保障基金投资收益（或
适当财政补贴）予以弥补。除了关注人均养老金外，我们更应该关注养
老金结构不平衡问题，当前一些部门或行业的养老金偏少，不能满足老年
人基本生活需要，而同时也存在一些行业养老金过高，甚至其退休金收入
高于其在岗时的工资水平，这些"高收入"老人将退休金贴补儿女，造
成代际财富逆向流动，从而助长"啃老"的社会风气。

第三节　养老保险运行情况基本判断

现行养老保险制度设计偏差带来四个方面问题，一是制度转轨不彻

底，国家没有完全付清转制成本使得实际运行仍按原路执行；二是参量指标不合理，区域差异和部门差异使得养老保险政策和养老金计算方法不统一，参保个体在退休政策选择方面的自主性较强；三是运作理念不清晰，养老保险运行机制缺乏总体上的统筹安排，并与工作重点相偏离，从而使得养老资源供需失衡问题常态化，养老保险制度可持续性遭受挑战；四是投资环境不利于养老基金保值增值，在上市公司质量和证券市场监管方面存在一些问题，使得投资资本市场的系统性风险偏大，不利于养老基金存量资金保值增值。

一 养老保险制度有待进一步完善

随着人口快速老龄化，养老保险制度所存在的缺陷越发凸显，主要表现在以下三个方面。

一是职工退休制度不合理。现行政策规定男性 60 岁退休、女性工人 50 岁退休、女性干部 55 岁退休。但随着女性职业化水平逐年提高，各行业各职业所需从业人员的性别差异越来越小，性别不同退休年龄不同的规定变得不合时宜，实行同龄退休已是大势所趋。关于提前退休政策，其出台之时的出发点是好的，目的是照顾特殊岗位、特殊工种、特殊身体状况人员，但政策执行中大量不满足条件人员开始"创造条件"提前退休，与当前延迟退休年龄的形势格格不入。同时，最低缴费年限门槛偏低，当前政策规定连续缴纳养老保险满 15 年即可按月领取养老金，此时存在个人与养老制度的博弈问题，其行动策略是选择在工作之初不缴纳养老保险，待到距离退休年龄 15 年时开始缴纳，或者工作以来缴纳 15 年后停止缴纳养老保险。

二是养老保险缴费制度不公平。这主要体现为费率多样性和费基随意性，全国各省份养老保险缴费率不统一，而且同一地区不同身份人员的缴费率亦不相同。尤其是 2005 年国务院出台了《关于完善企业职工基本养老保险制度的决定》，灵活就业人员按 20% 的比例缴纳养老保险即可享受城镇职工基本养老保险待遇，更有甚者，部分地区为了扩大养老保险覆盖面，从未参加城镇职工养老保险而临近退休年龄人员一次性缴纳 3 万～5 万元即可享受基本养老保险待遇，这也在一定程度上挫伤了就业参保人员缴费积极性。更重要的是，费基随意性较大，单位或职工故意隐瞒实际工资收入，以低于实际工资收入的"工资额"计算并缴纳养老保险费，这与养老保险缺乏分配效率有关。由此也说明现行养老保险制度没有真正体现多缴多得原则，或至少参保人员不能预期到多缴养老保险给自己带来的好处。

三是养老保险支付制度不到位。目前我国基本养老保险实行社会统筹和个人账户相结合的部分积累制，但实质上采取的依然是现收现付制，国家财政没有支付养老保险转制成本使得统筹账户不足以支付"老人"和部分"中人"的退休养老金，只得拆借个人账户资金以缓解支付能力不足问题，造成当前个人账户空账额节节攀升。个人账户长期空账运行，难以实现真正的投资保值增值目的，其所记录的缴费金额和缴费年限仅仅作为日后退休时领取养老金的计算依据，与其遮遮掩掩地声称实行统账结合的部分积累制，倒不如根据实质重于形式原则直截了当地宣称实行名义账户制，在融资方式上采取现收现付制，在给付方式上采取缴费确定型，将企业和个人历史缴费情况作为计算参保人退休养老金的基本依据，充分体现分配效率，多缴多得，增强参保人员对养老金的收入预期，提高参保人员缴费积极性。

二 养老保险参量指标设置欠规范

养老保险制度缴费率不仅是决定养老基金缴费收入的关键指标，还是计算参保人员退休后养老金收入的主要依据。实际执行过程中，由于对制度缴费率指标认识不清，在指标值选取上存在一些失范之处，没有考虑到当前实际征缴环境，而将养老保险征缴收入不足归结为制度缴费率太低。这种认识是片面的，忽略了保险缴费基数和部分欠缴停缴情况的发生。可行的做法是适当降低制度缴费率，并以此为基础，加大养老保险征缴强制性，使养老保险缴费基数与个人所得税征缴基数相一致，只要个人所得税代扣代缴情况真实可靠，养老保险缴费基数就不会出现偏差，此时的缴费率才有意义。

养老金替代率参考标准与其概念本身不对应，不能正确地衡量和表达退休养老金货币购买力的变化。当前，个人养老金是以退休前一个月工资为基础进行计算，因此存在退休前突击性提待遇、涨工资现象。用人单位不再支付退休人员工资，其养老金由养老保险基金支付，用人单位往往会做顺水人情，从而使其养老金收入远远高于其就业期间的缴费贡献，由此计算和确定的养老金替代率出现偏差，损害了其他参保人的经济利益。有观点提出按照全体劳动者平均工资来计算养老金，这比按照个人最后一个月工资进行计算要客观一些，可在一定程度上消除人为因素对计算退休养老金收入的干扰。但同时也应注意到全体劳动者并非全部都是实际参保人，将不相关人员工资作为计算社会平均工资的基础，显然有失公允，这就需要对社会平均工资进行规范化界定。

法定退休年龄设定不再适合于人口发展形势。2015 年，全国人口平均出生预期寿命达到了 76.34 岁，提高法定退休年龄已经基本形成共识，但对于退休制度改革初衷和退休年龄调整方式还没有一个规范性指南。有观点认为，提高退休年龄可以发挥老年人口余热，充分挖掘老年人力资本潜力。但这需要根据劳动者所处行业以及所从事职业进行具体分析，当前准退休人口受教育程度偏低，从事体力劳动的工人偏多，普通工人到了一定年龄之后，其在企业中的地位开始下降，即便留在原企业岗位上继续工作，受体力、眼力、精力制约，发生工伤事故的可能性将会增加。有观点认为，应尽快推出延迟退休政策，每年延迟半岁至一岁，利用 10 年时间基本实现男女同龄 65 岁退休。可这将超出老年人口可接受范围，原因是法定退休年龄的设定与广大人民群众切身利益息息相关，临近退休人员早已做出家庭计划，有的出外疗养旅游，有的帮助子女照顾孩子，对延迟退休具有强烈抵触情绪，而期望继续工作的退休人员或被原单位返聘或应聘其他单位，这是劳动力市场自由运行的结果，与是否延迟退休年龄没有直接关联性。

三 运行理念缺乏整体性和统筹性

国家层面上缺乏养老保险制度运行的相应机制和整体性安排，没有考虑我国养老保险的具体实际和运行环境，导致对保险原理应用和指标分析存在偏差，并主要表现在企业年金、个人养老金账户、责任主体三个方面。

　　一是企业补充养老保险（又称企业年金）是养老保险体系构成部分之一，国家将其定位为多层次养老保险体系的第二层次进行鼓励和倡导，但分析认为目前的企业年金制度可行性值得商榷，我国企业年金覆盖人群较小且基本是国有企业职工。首先从法理上讲，国有企业产权性质属于全民所有，资产所有者支配财产并按照所占股份进行利润分配，企业年金不属于初次分配范畴，将本应归属全民的企业税后利润再发一部分给其职工，不仅于法理不通，还涉嫌国有资产流失问题。其次从公正角度看，不管是按劳分配还是按资分配，每个参与者应当根据其要素所做贡献得到相应的报偿。国有企业基本是靠资源垄断发展起来的，其账面所得是企业利润而非经营利润，此时国家对企业年金采取支持鼓励态度，实质上是用大众的钱为小众买保险。最后从公平角度看，基本养老保险应充分考虑到低收入者生活成本和生活状况，保障该类人群让其生活体面有尊严。而从实际养老金发放情况来看，企业年金直接导致养老金替代率差距扩大，参加企业年金单位退休职工的养老金替代率有的甚至达到了100%以上，如果不考虑企业年金增加养老金收入因素，这些企业的养老金替代率为70%左右，高于全国养老金替代率平均水平，使本已较高的养老金进一步增加，失去补充养老保险政策意义。

　　二是个人养老金账户将长期保持空账运行，这是公认的基本事实，不必再进一步论证。在具体解决方案上，国家一直在努力做实个人养老金账户，2001年中央决定在辽宁省进行做实个人账户试点，并于2008年扩增到13个省份，此后再也没有新的省份愿意加入，各地做实个人账户的积极性不高，这从某种意义上反映了经济规则下的做实个人账户并不具有真正可行性。我们注意到，做实个人养老金账户，是以统账结合为背景的，这首先需要严格执行养老金统账结合制度，明晰统筹账户和个人账户之间的界限，不再挪用个人账户资金发放当期养老金，但寅吃卯粮问题在同一机构运行管理背景下难以真正得到解决。即便将个人养老金账户做实，养老基金收益率也严重偏低，甚至低于同期银行定期存款利率，养老基金不能保值增值直接导致个人养老金账户贬值或缩水，从而使得养老基金收支缺口扩大，不利于养老保险基金可持续发展。其实，个人账户就是一个名义账户，是用来衡量参保人就业期间的养老保险贡献情况，以此来计算未来可领取养老金数额。因此，国家层面上应根据我国人口快速老龄化形势，对养老保险制度进行顶层设计。

三是国家政府养老保险管理体制尚需较大调整和改进。在管理机构上，养老保险事务是由政府人力资源和社会保障部门负责。对于养老保险的管理主要实行四级管理制，包括养老金收缴、养老金计算和发放等，目前管理机构较为庞大。可以根据养老保险制度进一步改革要求，将管理机构改革进行深化，实行纵向条块管理，中央设立管理机构，地方设置办事机构。按照《社会保险法》的规定："基本养老保险基金出现支付不足时，政府给予补贴。"这说明基本养老保险有政府托底，财政保驾，政府承担着无限责任，但这是以用人单位和个人足额上缴养老保险费为基础的。现实中存在着领取养老金门槛太低、提前退休现象普遍、人为调降缴费基数等问题，在养老保险制度上没有制定针对这些问题的相应规定，使得国家承受的养老保险压力更加沉重。在养老服务方面的不和谐问题更加突出，国家投入财政资金建立了公办养老服务机构，自然地赋予其行业政策、服务设施、养老人员等方面垄断性优势，但其收住对象主要是能够生活自理或经济条件较好的老人，而非"三无"老人，偏离了政府发展公办养老机构的功能定位。[1] 同时，公办养老服务机构垄断还使得民办养老机构难以与之竞争或抗衡，社会资本参与养老服务市场热情降低，造成养老服务市场扭曲，不利于养老服务资源优化配置。从本质上讲，这是养老服务管理体制出现了问题，需要从根源上进行治理，不缺位，不越位，注重加强政府主管部门监督管理职能，对各类养老机构统筹安排、合理布局、统一管理，政府的作用重点是建立养老运营平台，政府搭台，社会唱戏。

四　投资环境不利于养老基金保值增值

良好投资环境是保障养老保险基金保值增值的基础，但在实际运行

---

[1]　邹继征：《我国养老体系完善与养老产业发展研究》，新星出版社，2015。

中，投资环境并不尽如人意，还有很多可以调整改进之处，主要表现在以下三个方面。

一是资本市场发育不成熟。目前，国家过度关注资本市场规模，忽视资本市场承受能力，以发行上市公司家数和证券市场总市值作为证券市场发展情况的衡量标准，再加上证券发行采取核准制，带有很强的行政色彩，市场稍一转好，就快速大批量地发行新股，使得二级市场承受较大资金压力，市场价格指数呈现回落走势，进而经常被迫停发新股。股票价格忽高忽低大幅变化，使得股票市场不确定性增强，投资者面临较大的操作风险。另外，还过度看重筹资融资功能，忽视市场盈利能力培养。这与国家给证券市场的定位有着很大关系，证券市场建立之初的职能定位是为国有企业解困服务，面临困境的国有企业从市场上直接筹集了大量社会资本，自2000年以来证券市场定位是为中小企业融资服务，并专门设立了中小企业板，从银行贷款无门的中小企业纷纷上市融资，但缺乏强有力的市场退出机制，不能充分体现优胜劣汰。近二十年来股票价格指数历经涨跌却基本保持横盘状态，也就是说，投资者总体盈利为零甚至是负数。

二是系统性风险偏大。从股票价格波动情况看，呈现出较为明显的齐涨共跌特点，垃圾股、重组股炒作成风，退市警示股演绎不死神话，这与地方政府业绩观有着直接关系。政府通常将发行上市公司家数作为主政业绩，并在其业绩观主导下，行政性地给本应退市的上市公司搞拉郎配，不仅没有扭转上市公司亏损局面，还会拖累原本经营正常的公司。其实，根据企业生命周期理论，"从成长，到成熟，再到衰退"是企业运行的基本规律，因此，经营状况不佳甚至退市破产是正常经济现象，政府行政性重组保壳仅能在一定程度上延缓衰退进程，并不会从本质上解决企业经营困境。另外，这种状况的形成与发行上市资源短缺有着密切关系，很多公司不能满足初次发行上市（IPO）条件，只得另辟蹊径，通过剥离不良资产注入优质资产来达到借壳上市目的，但其重组上市的根本目的不是扩大再生产而是通过二级市场套现或日后增发圈钱。实践证明，借壳上市后的上市公司经营业绩并没有得到根本改善，但其股票价格早已翻番，部分先知先觉的投资者赚得盆满钵满，这为日后股票价格下跌和高位套牢投资者埋下伏笔。

从这个意义上讲，证券市场投资者面临的不仅是市场风险、操作风险，更是政策主导下的系统风险，这也从另一方面说明我国证券市场还很不成熟。

三是证券监管手段不足。发行上市是证券市场的入口关，主要由发行监管部和发行审核委员会进行监管，但包装上市行为很难全部被揭穿，这既有客观能力上的原因，也有制度设计上的缺陷，其结果是证券市场环境逐步恶化。信息披露是证券市场运行规则的核心，监管的重点在于信息披露，而目前证券市场恰恰是在信息披露上存在漏洞。违规披露的上市公司往往存在不法关联交易、违规资金占用、恶性利益输送等严重违法犯罪问题，违规披露的根本原因是合规披露意识淡薄、公司治理存在缺陷、内部管理流程混乱、内部风险控制缺失，使为关联方输送利益者有隙可乘。对违规者进行处罚是发挥监管职能的重要手段，但实质上无论是处罚力度还是监管对象均存在偏差，进行违规惩处主要是采取经济处罚而不提起刑事诉讼。另外，当上市公司出现违规信息披露问题时，常常将上市公司作为监管对象施以经济处罚，这将直接导致全体股东可分享的所有者权益降低。试想，在违规信息披露中，中小投资者是受害者，但间接地成为实际处罚对象，并在一定程度上影响了证券市场监管效果。

第四节　本章小结

二十年来，我国城镇职工社会养老保险制度得到全面建立，社会保障建设取得了长足发展，当前养老资源相关政策存在着一些掣肘养老事业发展之处，这不仅会影响未来养老资源需求规模，还将给养老资源供给能力带来严峻挑战。本章主要对制度缴费率、养老金替代率、法定退休年龄等养老资源供需主要参数指标进行梳理，应用各参量指标时间序列数据或国际经验数据进行系统分析，提出两条制度考量，做出四项指标分析，得出四点基本判断，为开展全国养老资源供需动态平衡研究奠定基础。

两条制度考量的主要内容如下。一是养老保险制度宜向名义账户制转型。目前，我国基本养老保险制度实行社会统筹和个人账户相结合的部分积累制，但其实质上采取的是现收现付制。有必要打破原有模式，采用缴费确定型和现收现付制相混合的名义账户制：在融资方式上采取现收现付制，在给付方式上采取缴费确定型。其优点是，按照精算模型进行计算，退休金与缴费年限、缴费金额挂钩，多缴多得；无须一次性支付转制成本，将保险费统一归集到养老基金账户；由养老保险基金委托专业机构负责投资运作，提高资金使用效率。二是以社会平均工资为基准进行系数化。养老保险待遇需要一个合理的待遇确定机制，养老金计算方法和确定依据不一致，会阻碍养老保险制度健康发展，迫切需要引入系数基准制，以个人积累和社会统筹基金相对缴费率来确定退休人员养老金，并给就业参保者一个相对确定的未来养老金收入预期。社会平均工资可以作为衡量就业者参保情况的合理标准，相当于是用于衡量参保者每年缴费情况和退休人员领取退休金的标尺。

四项指标分析的主要内容如下。一是领取退休金的资格门槛偏低。现有养老保险退休制度规定，取得养老金资格的最低缴费年限为15年，也就是说，参保人只要连续缴费满15年，就可具备按月领取养老金资格，这个门槛明显偏低。满足连续缴费满15年条件可以包括以下两种情况：其一，参加工作时间较晚或者较早参加工作但选择开始缴费时间较晚；其二，参加工作较早，但缴满15年即停止缴费。由此可见，15年缴费年限规定过于宽松，领取养老金资格的限定性不强。二是制度赡养率呈现逐年回升态势。新增乡城迁移人口逐渐减少，再加上20世纪50年代生育高峰期出生队列人口步入退休年龄，未来一段时期，参保人数增加不具有可持续性，而离退休人口增长趋势却不可逆转，预计制度赡养率将于2020年开始上升到40%以上，2030年开始上升到50%以上。如果考虑经济增长下行"换挡"因素，制度赡养率将于2020年和2030年分别上升至41%和52%以上。三是养老保险制度缴费率几无提升空间。目前，企业缴费比例为20%，个人缴费比例为8%，养老保险总费率为28%，高于大部分OECD国家。根据经济增长理论，如果在养老保险税率高企的情况下继续提高养老保险制度缴费率，这将会大幅提高企业生产成本，降低企业市场竞争力，并将进一步抑制本已疲软的经济增长。由此可见，我国养老保险制度缴费率几无提升空间，需要将降低费率和夯实费基同步进行。四是养老金替代率基本处于合理水平。养老金替代率是衡量养老保障水平的重要指标，从其保障内容来看，养老金仅覆盖老年退休人员的吃饭穿衣等生理需求是不完全的，除此之外，医疗保健是老年人消费支出的相当重要的一部分，因此，需要将医疗费用纳入保障范围内。在当前情况下，将目标替代率设定为50%～60%是比较合理的，这一比例能够保证个人养老金账户基本平衡，但是，该比例尚不能满足老年人基本生活需求，有必要将目标替代率在52%的基础上适当提高。

四点基本判断主要内容如下。一是养老保险制度有待进一步完善。随着人口快速老龄化，养老保险制度所存在的缺陷越发明显。职工退休制度不合理，提前退休政策和最低缴费年限规定使得领取养老金的门槛太低；养老保险缴费制度不公平，全国各省份养老保险缴费率不统一，而且同一地区不同身份人员的缴费率亦不相同，在一定程度上挫伤了就业参保人员缴费积极性；养老保险支付制度不到位，目前我国基本养老保险实行社会统筹和个人账户相结合的部分积累制，但实质上采取的依然是现收现付制，统筹账户长期拆借个人账户资金造成个人账户空账额节节攀升。二是养老保险参量指标设置欠规范。在养老保险制度缴费率指标设定中，忽略了保险缴费基数和部分欠缴停缴情况的发生，有必要加大养老保险征缴强制性，使养老保险缴费基数与个人所得税征缴基数相一致；养老金替代率参照标准与其概念本身不对应，全体劳动者并非全部都是实际参保人，这就需要对社会平均工资进行规范化界定；法定退休年龄设定不再适合于人口发展形势，需要根据劳动者所处行业以及所从事职业进行具体分析，应该采取渐进缓慢方式提高法定退休年龄。三是运行理念缺乏整体性和统筹性。国家层面上缺乏养老保险制度运行的相应机制和整体性安排，没有考虑我国养老保险的具体实际和运行环境，导致对企业年金和个人养老金账户的认识上存在偏差，另外，国家政府养老保险管理体制尚需较大调整和改进。四是投资环境不利于养老基金保值增值。良好投资环境是保障养老保险基金保值增值的基础，但在实际运行中，投资环境并不尽如人意，主要表现为资本市场发育不成熟、系统性风险偏大和证券监管手段不足，有必要对此进行有效调整和改进。

第四章

养老资源供给需求要素分析

养老资源是保障退休老人享受体面老年生活的重要基础。从其来源上看，老年人基本生活所需的养老资源主要包括两部分：一是退休养老金，解决"钱"的问题；二是养老服务，解决"人"的问题。本章对养老资源供给需求构成要素进行系统分析，并以此为基础，提出当前面临并亟待解决的现实问题。

第一节　养老基金收支构成要素分析

从养老基金收入端来看，养老基金主要源于三个方面：一是保险缴费收入，二是财政专项补贴，三是养老基金投资收益。从养老基金支出端来看，主要分为两个方面：一是退休人员养老金，二是保险基金管理费用。通过对养老基金收入支出两个方面进行分析，得到相应研究结论，为进一步研究养老基金收支缺口及其形成原因奠定基础。

一　保险缴费收入增长潜力有限

养老保险缴费是养老保险基金收入的主要来源。根据历年全国《人力资源和社会保障事业发展统计公报》，2002～2015年，全国养老保险缴费呈现快速增长态势，从2002年的2551亿元增至2015年的23016亿元，年均增加 1574 亿元，年均增长率为 18.4%，该增长率比同期 GDP 平均增长率高出 10 多个百分点，这主要得益于养老保险参保人员快速增加和劳动就业人口平均工资持续上涨。但是，在经济增速放缓和劳动年龄人口增长乏力背景下，养老保险缴费额将难以持续保持如此高的增长速度。

其一是从养老保险缴费概念出发进行分析，养老保险缴费收入是参保人员就业期间的养老保险缴费总额，但统计所有个体缴费收入是一个相当困难的事情，可以用宏观上的人均缴费额进行替代，在数值上，养老保险缴费收入等于人均缴费额与参保就业人口的乘积。从这个意义上讲，增加保险缴费收入可以变换为提高人均缴费额并扩大参保就业人口规模的问题。人均缴费额可以用养老保险制度缴费率来表达并直接体现为企业的劳动力成本，如果在养老保险税率高企的情况下继续提高养老保险制度缴费率，这将会大幅增加企业生产成本，降低企业市场竞争力，并由此进一步抑制本已疲软的经济增长。当前，我国养老保险总费率为 28%，与同时期其他国家养老保险费率相比明显偏高，OECD 国家的养老保险税率大多在 25% 以下，加拿大、韩国、瑞士等国家的养老保险税率更是低于 12%，由此可见，我国养老保险制度缴费率几无进一步提升的空间。

其二是考察参保就业人口规模。可以用养老保险覆盖率来表达，2005 年，国务院专门出台《关于完善企业职工基本养老保险制度的决定》，从政策上鼓励城镇个体工商户和灵活就业人员参加社会养老保险，并在政策上给予优惠，在扩大养老保险覆盖面方面取得了明显成效，2005～2010 年的参保就业人口规模年均增长 7% 以上，之后开始逐年下滑，自 2013 年开始参保就业人口规模增速重新回落至 6% 以下，就业人口保险意识偏低和每年缴费额偏高将使得人们参与养老保险的积极性大为降低，从而限制养老保险覆盖面进一步扩大。由此可见，提高缴费比例和扩大参保人员规模是增加养老保险缴费收入的两条途径，但在当前社会经济形势下均行不通，养老保险缴费收入上升空间十分有限。

二 财政专项补贴难以持续高速增长

从中国经济社会发展历程来看，由政府财政承担养老保险转制成本是顺理成章的事情。经济体制转轨和养老保险制度改革给养老保险留下了一笔沉重的历史欠账，再加上现行养老保险制度名义上实行统账结合制而实质上依然实行现收现付制，不仅使得个人账户没有得到有效补偿，还使得养老基金收支缺口逐年扩大。2002～2015年，各级政府财政专项补助养老金总额呈高速增长态势，"输血"规模急剧扩大，从2002年的408亿元增至2015年的4716亿元，年均增加331亿元，年均增长率为20.7%，如果保持该增长速度不变，则财政专项补贴规模每四年将翻一番，以此推算，到2020年需要的财政专项补助养老金总额达到1万亿元以上，2030年将会达到6万亿元左右，在经济增长速度放缓背景下，财政资金难以承受如此高的补贴负担，财政专项补贴高速增长将难以为继。

目前，我国养老保险制度实行省级统筹，东部省份养老保险基金收支基本平衡或略有盈余，截至2014年底，江苏、浙江、北京的养老金累计结余额分别为2793亿元、2632亿元和2161亿元，列全国第二、三、四位，但西部省份普遍处于收不抵支状态，中西部地区养老金主要依靠财政提供不同程度的补助资金，这种局面的形成与劳动力人口迁移流动有着密切关系。随着中西部地区和农村地区可转移新增劳动年龄人口越来越少，东部省份每年的养老金结余规模增长速度将会放缓甚至出现负增长，而西部省份则呈现越来越严重的收不抵支状态。另外，东部省份养老基金结余已经通过银行贷款等形式投资到当地企业，如果将养老基金实行全省或全国统筹，这相当于将资金从地方拿走，地方缺乏上交基金支配权的积极性，将资金从县市归集到省级，可能需要较长时间，而且随着经济增长方式转变和产业结构调整，这些结余资金将会面临较大的投资风险。最终结果是，国家统筹归集资金的难度加大，难以将有结余省份的资金足额归集到位，同时还必须承担起补足西部省份养老基金缺口的责任。

在财政专项补贴难以负担养老基金缺口的情况下，还需要另辟蹊径，换个角度从本质上解决问题。其实，国家财政专项补贴用来弥补当期养老金不足，为退休人员及时发放养老金，保障老年人基本生活不受影响，这是财政资金支持消除老年贫困的应有之意。但如果将宝贵的财政资金用来做实个人账户，不仅难以实现，也大可不必，即便将个人账户完全做实，是否还会发生账户资金拆借以及能否实现保值增值是需要我们重点关注的问题。从历史角度看，一部分退休养老金较低的职工在中国社会保障制度建立之前创造了大量国有资产财富，这些国有资产是过去长期实行低工资、低消费、高积累政策而形成的，在一定意义上，这是牺牲了过去几代人的经济利益换来的。为了充分体现国有属性，有必要变现一部分国有资产用于补充社会养老保险，划拨国有资本充实社会保障基金，将上市公司国有股本中的 20% ~30% 直接划拨社保基金，尚未上市企业上缴利润的 20% ~30% 并划拨给社保基金，将之作为国家应对人口重度老龄化的战略储备资金。

三　养老基金投资收益率严重偏低

根据历年全国《人力资源和社会保障事业发展统计公报》数据，推算得出 2002 ~2015 年的社保基金投资收益率在 2.2% ~4.3%，远低于经济增长速度和城镇职工工资上涨幅度，甚至还低于同期货币市场基金投资收益率，如此低的投资收益率何谈养老基金保值增值？形成这种状况的原因主要归为以下三个方面。

一是在投资理念上过分注重安全性。养老保险基金事关亿万退休老人的基本生活来源，因此，在投资决策过程中始终坚持将投资安全性放在首位，1997 年国务院出台了《关于建立统一的企业职工基本养老保险制度的决定》，明确指出基金结余额应全部购买国家债券和存入财政专户，任何部门、单位和个人不得利用基本养老保险基金在境内外进行其他形式的直接和间接投资。[①]　之后，政策上对养老保险基金投资资本市场政策有所

---

① 石宏伟、孟庆超：《我国社会养老保险基金增值的投资分析》，《江西社会科学》2008 年第 10 期，第 77 ~80 页。

放松，允许其投资比例逐渐上浮，但仍然规定将近七成的资金必须投资国家债券和银行存款。国家债券和银行存款都属于低收益品种，远远跟不上物价上涨幅度和工资增长速度，无法实现养老保险基金保值增值目标。[①]当然，保障资金安全是需要首先考虑的问题，但投资策略过于保守不仅不利于基金取得应有投资回报，还会因资金资源配置不合理而对经济增长形成抑制作用。较为适宜的方式是养老保险基金管理去行政化，坚持稳健投资策略，选择委托专业投资机构运营管理，让投资机构综合衡量和评价投资组合风险收益状况。

二是资本市场发展尚不完善。资本市场是吸纳社会资金直接投资实体经济的桥梁，发展多层次资本市场成为最近一段时期国家金融改革重点工作之一。资本市场尤其是股票市场可以有效改变当前"输血"模式，充分发挥养老基金"造血"功能。但不容忽视的是，虽然股票投资收益比银行存款和国家债券要高一些，但投资风险也比较大，不仅投资本身存在风险，更存在制度性、系统性风险，而这些风险本质上是由资本市场不完善造成的。首要的源头问题是上市公司质量太差，一段时间以来包装上市圈钱现象比比皆是，大股东减持甚至抛售股份行为屡见不鲜，尤其是当前实行的证券发行核准制被诟病颇多，在发行审核委员会对拟上市企业进行审核的流程上存在瑕疵，上市企业经营范围几乎涉及国民经济生产服务所有行业，发行监管部预审人员和发审委委员并非全才，不仅难以对发行人进行实质性审核，而且在制度上预留了权力寻租空间，难以把好"入市"关。另外，对发行后终止上市案件分析发现，中介机构配合发行人包装上市现象十分普遍，证券公司作为发行承销商，不仅没有起到上市前的3年期上市辅导作用，还配合拟上市公司在各项限定性条件上作假，使之人为地符合发行上市条件规定，但并没有做实质性调整和改变；会计师事务所出具财务意见书不够严谨，通常权衡自身风险收益情况做出选择，较少考虑社会责任和公众利益；法律事务所往往对上市公司违法行为进行遮掩，

---

① 武萍、穆怀中、王一婷：《养老保险基金投资收益率对社会保障水平的影响》，《统计与决策》2012年第2期，第152~155页。

纵容上市公司违法违规，不能有效降低公司法律风险；证券交易所监管手段有限，发现违规线索不及时，查办违法案件不彻底。造成上述问题的根本原因是违法成本太低，对发生问题的上市公司和中介机构的惩处力度太轻，对其相关负责人的惩戒往往是点到为止、罚点款了事，仅仅依据民法对其进行处罚，鲜见进行刑事诉讼追责案例。

三是养老基金存量规模偏小。根据《人力资源和社会保障事业发展统计公报》数据，2015 年的养老保险基金累计结余额为 3.99 亿元，如果年均收益率为 6.7%，其投资收益为 2673 万元，而不考虑财政补贴情况下的当年养老基金缴费收入与养老金支出之间的缺口为 2797 万元，两者相差 124 万元，也就是说，该投资收益不能充分弥补当期的养老基金收支缺口。分析认为，投资收益率 6.7% 与 GDP 增长速度基本持平，即可确保养老保险基金实现保值目标。长期来看，大多数投资难以获得超出市场平均收益率的额外收益，从这个意义上讲，投资收益率 6.7% 确实不低，其投资收益不能有效覆盖当期养老基金收支缺口的原因在于基数太小，这就需要在增加养老保险基金存量上下功夫。根据《中共中央关于全面深化改革若干重大问题的决定》，可以通过国有资本划转社保基金来增加养老保险基金存量，充分发挥和体现养老保险基金专业投资机构的组合投资能力，唤醒和提升养老保险基金的"造血"功能。

四　退休人员养老金呈现刚性增长

根据历年全国《人力资源和社会保障事业发展统计公报》数据，全国养老基金支出总额从 2001 年的 2321 亿元增至 2015 年的 25813 亿元，年均增加 1678 亿元，年均增长率为 18.77%，呈现出高速增长态势。这主要源于两个方面：一是随着老龄化水平上升和养老保险覆盖面扩大，领取养老金的退休人口快速增加，从 2001 年的 3381 万人增至 2015 年的 9142 万人，年均增长 7.36%；二是退休人员人均养老金水平快速上升，从 2001 年的 6865 元增至 2015 年的 28236 元，年均增长 10.63%。分析认为，领取养老金人员增加是由人口老龄化加剧和保险覆盖面扩大造成的，而人均养老金快速增长更主要地是由工资上涨和制度因素造成的，其中，既有合理必要的养老金增加，也有不合理或者说应该加以控制的不必要的养老金支出。[①]

尽管当前延迟退休年龄是大势所趋，但经济生活中的提前退休现象比较普遍。推出提前退休政策的原意是照顾一些弱势中老年群体，包括因病完全丧失劳动能力、特殊工种、因工致残在四级以上和硅肺二至三期职工，但在执行过程中的漏洞较多，给养老金支出带来了很大压力，主要原因有以下三点：一是国家没有制定统一的可操作性标准；二是在医学鉴定上欠缺客观公正性；三是企业有将年龄偏大职工推向社会的主观倾向。由此可见，严格控制"恶意"提前退休行为、减少低年龄退休人员是降低养老金无效支出的重要举措。另外，在增长机制上缺乏统一标准，有时无依据地行政性上调养老金，而且上调幅度只增不减，没有考虑到当前不同部门、行业之间养老金不平衡问题，有的行业养老金替代率甚至高于100%，退休人员养老金高于其在职在岗时的工资，但仍然按照事先制定的增长幅度"一刀切"式提高养老金，使得本已居高不下的养老金更加偏高。因此，需要制定一个科学的参照标准和养老金增长机制，保持退休养老金货币购买力不下降。

与城镇职工养老金形成鲜明对照，城乡居民养老金处于相对较低水平，每名老年人平均每年领取的养老金为 600 ~ 1200 元，城乡居民养老金太低，难以成为城乡老年居民的主要生活来源。如果说过去退休人员养老金偏低原因是优先积累生产基金而挤占消费基金和养老保险基金的话，那么，农村居民养老金偏低原因是优先发展工业而限制粮食价格上涨或禁止粮食自由流通，工业反哺农业政策没有真正落到实处。因此，迫切需要建立城乡居民养老金增长机制，将政府基础养老金补贴与城乡居民人均纯收入挂钩，确保城乡居民基础养老金逐年上升[②]；同时，逐步探索构建个人缴费约束机制，建立强制性养老保险缴费制度，确保国家、集体、个人缴费额与城乡居民人均纯收入保持合理比例关系，切实增加居民个人账户缴费积累额。

---

① 王成武：《遏制养老金过快增长》，《劳动保险世界》2003 年第 5 期，第 17 页。
② 黄丽：《城乡居民基本养老保险保障水平评估与反思》，《人口与经济》2015 年第 5 期，第 91 ~ 99 页。

第二节　养老服务供给需求要素分析

如果说养老金解决的是老年人生活经济来源问题，那么养老服务解决的是养老服务人员问题，养老经济来源可以通过储蓄、投资、养老金等多渠道获得，但养老服务只能由当期就业人口或健康低龄老人提供，具有不可储蓄性。从这个意义上讲，保持养老服务供给需求基本平衡是保持养老资源供需动态平衡的重要方面。

一　养老服务供给能力

养老服务机构是长期照护服务体系的重要一环，在老年人护理、康复和生活照料等方面发挥着关键作用，并具有较强的专业性。不同所有制养老机构之间存在着较大差异，公办机构的床位利用率较高甚至供不应求，而民办机构却存在不同程度的空床率，主要原因有以下两点。一是自身发展原因，民办养老机构服务人员专业化素质不高、设施设备简陋和服务能力有限、缺乏监管标准和服务指导，这将对民办养老机构形象和社会评价产生不良影响，从而降低老年人及其家属选择民办养老机构的意愿。[①] 二是资源垄断原因，民办养老机构处于不公平竞争地位，在资源获取、政策扶持方面均存在不对等问题，公办机构属于政府体制内机构，在资金供应、土地使用等方面享有政府优先支持优势，使得床位供不应求；而民办机构承担着主要养老服务任务，并在数量上占绝对多数，但较少获得政府资源关照和支持，从而使得民办养老机构陷入恶性循环怪圈：政府支持不足→民办机构运行成本过高→经济效益较低→人员待遇不高→专业护理人员缺乏→机构服务水平下降→收费标准难以提高→民办机构运行成本过高，最终使得养老服务有效供给严重不足。

---

① 关信平、赵婷婷：《当前城市民办养老服务机构发展中的问题及相关政策分析》，《西北大学学报》2012 年第 5 期，第 52～56 页。

居家养老是一种将家庭养老与社会养老相结合的新型养老模式，具有一定的公共服务性质。以社区为依托，采取上门服务或社区日托形式开展养老服务，老年人在家中居住即可获得生活照料、医疗护理、精神慰藉等养老服务。居家养老服务是劳动密集型产业，需要大量养老服务人员，随着失能、半失能老年人规模持续扩大，养老服务需求将快速增长。目前，我国居家养老服务尚处于起步阶段，在具体运作中面临不少问题，主要表现在：居家养老服务对老年人覆盖面较窄，服务项目单一且缺乏规范标准，经费来源上缺乏社会资本参与，市场运作机制尚未真正形成，养老服务专业人才缺乏，政府扶持政策和配套措施不到位。[①] 因此，需要进一步拓宽养老产业资金来源渠道，形成多元化投入机制，加强居家养老服务人才队伍建设，建立和完善居家养老服务相关配套制度。

养老服务人员是养老服务事业发展中最能动的要素，是养老服务社会化发展的重要力量。《社会养老服务体系建设规划（2011~2015年）》明确提出，要进一步加大对非营利性社会办养老机构的培育和扶持力度，加强养老服务人才培养，提升养老服务质量。但目前的社会养老服务质量还不够高，难以满足养老服务需求，其主要原因有以下三点：一是养老机构护理人员年龄结构不合理，基本处于45岁左右，20~35岁低龄劳动年龄人口严重缺乏，养老服务人员队伍缺乏年轻后续力量，不利于养老事业可持续发展；二是养老服务人员平均受教育程度偏低，初中以下文化程度的护理人员占比达到七成以上，专业医疗护理知识缺乏，护理技术水平和服务水平较低，而且文化层次不高使得养老服务专业技能培训效果不理想；三是养老服务人员队伍不稳定，养老服务人员从业意愿较低，更换工作岗位过于频繁，急需护理员却招不进来，招进来的又干不长久，这既增加了人才培养成本，也不利于养老服务队伍建设。[②]

---

① 柏萍、牛国利：《城市社区居家养老服务的发展思路与对策》，《城市观察》2013年第4期，第33~44页。
② 肖云、陈涛：《老龄背景下民营养老机构护理人员队伍的优化》，《四川理工学院学报》2013年第2期，第29~33页。

二　养老服务基本需求

社会养老服务需求在很大程度上取决于家庭养老的可替代性，对于身体机能较差的老年人而言，其社会养老服务需求是一种刚性现实需求。从总体分类上讲，社会养老服务需求包括生活照料、医疗护理、精神慰藉、权益保障四个方面。在生活照料需求方面，主要包括帮助做饭或送饭、清扫房间、整理物品、换洗衣被、清洗餐具和购买生活用品等便民利民服务项目；在医疗护理需求方面，包括定期体检、提供常用药品、上门医疗服务、日常按摩保健、康复理疗、陪伴就医、紧急情况下有人及时救援等；在精神慰藉需求方面，包括聊天解闷、联谊活动、读书看报学习、培训讲座、公益活动、心理辅导等；在权益保障需求方面，包括法律咨询和法律援助，其中，低龄老人的权益保障意识更高。[1] 对于失能老人来说，长期照护服务是其养老服务最基本需求，当前这些服务主要由家庭子女或配偶提供。

当前老年人的最大需求是医疗护理服务，其次是生活照料服务和精神慰藉服务，医疗护理服务、生活照料服务和精神慰藉服务构成了当前老年人最主要的养老服务需求。随着全国人口老龄化快速发展，老年居民养老需求呈现多样化特征，不同性别年龄、收入状况、健康状况、精神生活与居住状况的老年居民，其养老服务需求存在显著差异。[2] 实地调查结果显示，在养老服务内容上，生活不能自理的老年人更加需要日间照料或长期照护，生活部分自理的老年人更加需要送餐服务，生活完全自理的老年人更加侧重于文化娱乐；在养老服务模式上，相对于健康老人来说，有疾病并部分自理与生活不能自理的老年人更倾向于养老机构养老，并首选公办养老机构。在对养老服务人员选择倾向上，老年人最倾向选择子女、配偶照护，其次是选择养老机构专业服务人员和社区

---

[1]　田北海、王彩云：《城乡老年人社会养老服务需求特征及其影响因素》，《中国农村观察》2014 年第 4 期，第 2 ~ 17 页。

[2]　翟邵果、郭锦龙：《老年人长期照护服务的需求意愿分析及对策建议》，《老龄科学研究》2013 年第 5 期，第 53 ~ 61 页。

专业服务人员来进行照护。

另外，农村老人是需要格外关注的群体。伴随着农村劳动年龄人口的乡城迁移，农村留守老人承受着城镇化带来的负面影响。调查发现，很多农村留守老人既没有固定经济收入，也没有亲情照料，处于缺钱缺人的尴尬境地。如何树立符合当前国情的城镇化思维，如何提高农村非农产业就业率，如何实现农村老人老有所养，这是摆在我们面前迫切需要解决的现实问题，但这不是单个部门几个政策可以解决的，需要全面统筹考量和运用政策组合拳。为了有效满足养老服务需求尤其是农村老年人养老服务需求，有必要强化顶层设计理念，进一步调整农村经济产业结构，优化小城镇投资环境建设，提高劳动就业机会，建立健全城乡居民养老金增长机制，切实提高老年人收入，增加养老资源有效需求。

第三节　养老资源供给需求综合分析

养老资源供给需求处于非平衡状态是正常社会经济现象，但持续过度偏离平衡状态不利于养老保障事业公平可持续发展。这就需要以当前养老资源供需运行实践为基础，深入分析养老资源供给需求特征，为发现养老资源供需相关政策存在问题创造条件，也为提出有效解决问题的路径方法提供依据。

一　养老金个人账户空账运行状况将难以转变

养老金个人账户空账是历史遗留问题，即便不考虑做实个人账户的问题，当期养老金收入仍小于支出，2014 年时的养老基金收支缺口为 1321亿元，预计未来养老基金收支缺口仍将继续扩大。从数量上讲，产生养老基金缺口的原因在于养老基金缴费收入增长速度跟不上养老金支出增长速度，在人口快速老龄化的背景下，养老金支出将以年均 20% 左右的速度持续快速增长，而养老基金缴费收入却难以如此快速地增长，其增速甚至还会因新增就业人口减少和经济增长放缓而出现下降，"入不敷出"形势愈加严峻。由此可见，养老金支出大幅增加是由人口快速老龄化造成的，而快速老龄化是我国未来人口发展的必然趋势，产生养老基金收支缺口问题的根本原因在于养老基金收入年均增长速度太低。

从养老基金收入结构来看，其问题主要包括以下三个方面。一是养老保险征缴收入。提高缴费比例和扩大参保人员规模是增加养老保险征缴收入的两条途径，但在当前经济社会发展形势下增长潜力十分有限。二是财政专项补贴。目前中西部地区养老金主要依靠政府提供补助资金，2001～2014 年，各级政府财政补助养老金金额以年均 19.7% 的速度递增，财政补助资金将难以持续保持如此高的增长速度。三是养老金累计结余资金投资收益。通过对全国《人力资源和社会保障事业发展统计公报》数据进行综合分析，推算得出 2002～2014 年的养老基金投资收益率在 2.2%～4.3%，远远低于经济增长速度和城镇职工工资上涨幅度，甚至还低于同期货币市场基金投资收益率，在如此低的投资收益率下何谈养老基金保值增值？在养老基金缴费收入和财政专项拨款难以挖潜的情况下，养老基金投资收益率偏低是造成养老金收入抵支的根本原因。[①]

那么，养老保险累计结余真的能够补齐个人养老金账户亏空吗？依据相关数据，截至 2014 年底，全国养老金结余额为 3.18 万亿元，但其在全国分布并不均衡，主要集中于广东、江苏、浙江、北京、上海、山东等经济发达省份，中西部地区仍需依靠中央财政转移支付才能维持养老金收支平衡。最近几年没有公布最新的空账金额，本研究测算结果显示，2014 年时的空账额为 3.6 万亿元，个人养老金账户空账运行问题依旧十分严重。即便是养老金结余额最多的广东省，2011 年时的养老金累计结余为 3108 亿元，而同期个人账户记账赤字额已经高达 4100 亿元，养老金累计结余与个人账户欠账之间缺口近千亿元。

城镇基本养老保险个人账户空账运行问题是由历史原因造成的。我国基本养老保险实行"统账结合"的部分积累制，基本养老保险由社会统筹和个人账户两部分组成，社会统筹部分由单位负责缴纳，用于当期发

---

① 胡耀岭：《六问养老金缺口问题》，《探索与争鸣》2015 年第 12 期，第 30～32 页。

放；个人账户则由职工个人缴费，长期封闭积累，产权归个人所有。在统账结合模式下，社会统筹账户与个人账户同属于一个机构管理运作，企业缴费和个人缴费也记录在社会保险经办机构内的同一基本养老保险基金收入账户，并在财政部门开设社会保障基金财政专户。按照这种管理方式，当社会统筹基金不足以支付当期离退休人员养老金时，政府倾向于拆借个人账户资金，统筹账户越来越严重的巨额赤字由个人养老金账户积累资金来弥补，从而使得个人账户账面金额与实际金额之间存在巨大差异，个人账户必然出现赤字或空账运行，这是养老保险基金管理制度弊端使然。数据显示，2001～2014年，我国养老保险累计结余额以年均18.5%的速度递增，2014年时的累计结余额为3.18万亿元，但养老保险累计结余仍旧不足以弥补个人账户空账额。随着人口快速老龄化和经济增长放缓，养老金个人账户空账运行状况将难以改观。

二 养老服务能力不能满足养老服务需求

老年人的养老服务需求是多样的，涉及生活照料、医疗护理、精神慰藉、文化娱乐等方面，其需求层次从低到高依次排列。从目前实际情况来看，无论是服务基础设施建设还是服务人员配置，都难以满足老年人的多样化服务需求。长期照护服务是涉及大多数老年人及其家庭的一项基本养老服务，因此，本研究将养老服务限定为基本养老服务，只考虑老年人的长期照护服务需求。目前，我国老年人的日常生活照料基本上是由家庭成员承担起来，九成以上是由配偶、子女和孙子女提供生活照料，寻求社会养老服务的家庭少之又少。但是，随着第一代独生子女的父母步入老龄化行列，家庭少子化使得家庭无力承担养老服务责任，劳动年龄人口既要照顾未成年孩子又要上班工作，无法全天候陪护老人，交由社会提供养老服务将是大势所趋。

《中国卫生统计年鉴》和全国第六次人口普查数据显示，老年人口慢性病及其并发症发病率呈现上升趋势，2010年，老年人群中60%～70%的人口有慢性病史，老年余寿阶段中有2/3的时间处于非健康状态，慢性病患者很容易身体机能下降甚至失能，老年人口生活不能自理率达到

3%，高龄老人生活不能自理率甚至高达 10% 以上。如果由家庭成员提供长期照护，其成年子女拥有的人力资本将被束缚在失能老人照护上，被迫陷入就业与长期照护失能老人难以兼顾的困境，从而造成家庭正常功能瘫痪，甚至影响经济健康发展和社会和谐稳定。在当前社会转型过程中，老年赡养将逐渐从家庭赡养向社会保障转移，将逐渐从家庭生活照料向社区养老服务转移，而与老年人日常生活照料相对应的社会资源十分匮乏。

综合分析老年人长期照护服务现状，我国养老服务体系建设取得了长足进步，但在老年人长期照护方面还存在着一些问题，主要表现为以下四点：一是养老机构照护服务对象不够明确，按照国际惯例，养老机构照护服务的对象应该是生活半自理或完全不能自理的老年人，但我国养老机构尤其是公立养老机构已被高收入和身体健康者所占据，使得那些迫切需要照护的老人无法入住；二是老年服务市场发育不良，长期照护服务既包括生活上的照料又涉及医疗护理服务，具有一定专业性且要承担较大责任或风险，供给方提供长期照护的意愿降低，同时大部分有长期照护需求的老年人收入水平偏低，养老服务有效需求不足；三是养老服务资源配置不合理，公办养老机构不能满足日益增长的老年人长期照护需求，而民办养老机构在业务发展上处于不平等竞争地位，另外，一些城区养老院床位缺口较大、排队等候时间较长，而郊区养老院却床位空置[①]；四是养老专业服务人员缺乏，有长期照护需求的老年人基本上都存在身体机能弱化等问题，糖尿病、高血压等慢性病及其并发症患者数量呈上升趋势，对长期照护和康复护理等服务的需求也越来越多，对护理人员的专业化素质要求较高，而经过系统性专业培训的护理人员严重不足。

三　养老资源配置不合理与资源浪费问题并存

在养老资源供给总量不足的同时，目前有限的养老资源却得不到充分利用，养老资源配置不合理造成的浪费问题严重。一些地方政府为了所谓的工

---

①　陶裕春：《失能老年人长期照护研究》，江西人民出版社，2013，第 167～169 页。

作业绩花巨额资金创办高标准、高档次养老机构，收住对象大多数是有一定社会地位、有经济实力、条件较好的老年人，而那些急需政府帮助的低收入老年人却难以入住。不仅民办养老机构存在床位闲置问题，公办养老机构也存在一定程度的闲置，但其原因截然不同。高档公办养老机构的床位价格相对较高，一般工薪阶层老年人很难入住；而民办养老机构居住和配套条件较差，只有少数经济生活困难的老年人入住，一般老年人不愿入住。能够提供养老照护服务的护理型养老机构占比较小。不少养老机构还不完善，护理人员少，专业化程度低，提供护理服务的能力很弱，从而出现养老服务人员"进不来、留不住、养不活"的局面。养老资源配置不合理与资源浪费问题并存，制约着社会养老服务能力的进一步提高，并在一定程度上制约着养老服务事业全面健康发展。因此，需要以市场化为导向，提高要素配置效率，优化整体养老资源配置结构，促进机构养老服务事业的健康发展。①

另外，从家庭养老、机构养老和居家养老运行特征进行分析，这三种养老模式各具优势、各有特点，但缺乏协同配合机制。家庭养老能够满足老年人不愿离开原居住地的心理需求，但缺乏社会化服务；机构养老可以提高社会化服务水平，但又很难满足老年人的乡土情怀；居家养老既能满足老年人心理需求，又能提高社会化服务水平。这就需要将养老服务延伸到城乡社区，建立全方位的覆盖网络，有效整合和利用养老市场资源，深入开展居家养老服务，为老年人提供全方位的标准化社会服务，有效消除养老资源供需矛盾问题。②

第四节　养老资源供需失衡亟待解决的主要问题

解决养老资源供需失衡是一项系统工程，需要从供需两方面入手，开

---

① 何文炯、杨翠迎、刘晓婷：《优化配置加快发展——浙江省机构养老资源配置状况调查分析》，《当代社科视野》2008 年第 1 期，第 29～33 页。
② 张俊良、曾祥旭：《市场化与协同化目标约束下的养老模式创新》，《人口学刊》2010 年第 3 期，第 48～53 页。

源节流，增加养老基金收入和养老服务供给，减少养老金支出和养老服务需求，但在具体实施过程中将会面临相当大的现实困难。养老资源供给需求涉及的问题主要包括四个方面：一是如何有效增加养老基金收入；二是如何合理减少养老金支出；三是如何提升养老服务能力和服务水平；四是如何从源头上减少养老服务需求，这也是我们开展本研究所要解决的核心问题。

一 如何有效增加养老基金收入

增加养老基金收入对改变养老金收支失衡状况具有重要影响。可以采取的措施是扩大费基和提高费率。目前，养老保险已经基本覆盖了所有城镇职工、九成以上的灵活就业者和五成以上的乡城迁移劳动人口，继续扩大养老保险覆盖面将面临制度瓶颈；参保人员的缴费积极性较低，费基计算标准普遍低于实际工资收入，这就需要建立一个可行的"多缴多得"激励机制。目前的城镇职工养老保险缴费率为28%，部分省份将之暂时性地降至27%，但灵活就业人员只缴纳20%，本着公平公正原则，这是一个可以挖掘提高的方面。采取什么样的方式提高缴费率而且保障其切实可行，需要在统筹分析基础上做出制度性安排。另外，养老保险基金跑冒滴漏问题严重，主要表现在退休门槛偏低，"恶意"提前退休现象普遍，如何堵塞漏洞亦须重点关注。

二 如何合理减少养老金支出

减少养老金支出和降低退休老人待遇是一个敏感话题。当前现实情况是一部分退休老人的养老金收入较少，仅能满足其基本生活需要，甚至不够支付自费段医疗费用。但同时，又有一部分退休老人的养老金收入较高，养老金替代率达到了100%以上。由此可见，养老金支出构成上存在结构性问题，在减少养老金支出问题上不能一刀切，应该将享受过高养老金退休老人作为目标人群，在不同行业、部门、所有制之间建立统一标准，避免养老金结构性失衡，在具体问题解决上可能涉及分配制度改革和养老保险精算。另外，死亡人口依然"领取"养老金问题不是个案，这是其家属受经济利益驱使的结果，但也与其家属缺乏办理死亡登记积极性有着密切关系。

三　如何提升养老服务能力和服务水平

养老服务具有明显劳动密集型特征，可以通过增加养老服务人员数量来加强养老服务能力建设。开展养老服务所需从业人员规模庞大，但大幅增加养老服务人员数量将削弱国民经济其他产业劳动力供应，从而降低整体经济增长速度。因此，需要适度增加养老服务人员数量，并以此为基础提高养老人员素质及其人力资本含量。但是，如何确定养老服务人员最优数量，怎样才算养老服务人员适度配置，这与国民经济其他产业全员劳动生产率有着密切关系。与此同时，应在保持经济增长不减速情况下，增加养老服务人员数量或适当调整养老服务人员结构，努力实现帕累托改进。

四　如何从源头上减少养老服务需求

相对来说，养老服务需求是刚性的，对于有养老需求的老年人，制度安排上必须保障和满足他们的养老服务基本需求。那么，如何减少养老服务需求呢，这需要另辟蹊径，从源头上进行治理，降低导致老年人失能的慢性病及其并发症发病率，这涉及公共卫生领域一级预防能力建设，涉及健康档案管理、社区居民健康教育、慢性病筛查确认、慢性病病人随访、卫生专项服务等方面，有效降低慢性病及其并发症发病率是减少失能老人规模的有效途径，这些都是值得我们深入研究的重要方面。

第五节　本章小结

本章主要对养老资源供给需求要素及其相关方面进行分析，从老年人口基本生活需求角度看，养老资源供给不仅涉及"钱"的问题，更要解决"人"的问题，养老金可以通过储蓄进行积累，但养老服务不能提前储蓄，只能由当期劳动就业人口提供。以此为基本出发点，对养老资源供给需求构成要素进行系统分析，提出养老资源供给需求过程中面临并亟待解决的现实问题。

首先是对养老基金收入支出情况进行分析。一是保险缴费收入，提高缴费比例和增加参保人数是增加养老保险缴费收入的两条途径，但在当前社会经济形势下均行不通，养老保险缴费收入上升空间十分有限。二是财政专项补贴，各级政府财政专项补助养老金总额呈高速增长态势，"输血"规模急剧扩大，在经济增长速度放缓背景下，财政资金难以承受如此高的补贴负担，财政专项补贴高速增长将难以为继。三是养老基金投资收益，近十年来的社保基金投资收益率在 2.2% ~ 4.3%，远低于经济增长速度和城镇职工工资上涨幅度，甚至还低于同期货币市场基金投资收益率，如此低的投资收益率下难以实现养老基金保值增值。四是退休人员养老金呈现刚性增长特征，领取养老金人员增加主要是由人口老龄化水平上升和保险覆盖面扩大引起的，而人均养老金快速增长主要是由工资上涨和制度因素造成的，两者共同导致了养老金支出刚性增长。

其次是对养老服务供给需求状况进行分析。不同所有制养老机构之间存在着较大差异，民办机构承担着主要养老服务任务，并在数量上占绝对多数，但较少获得政府资源关照和支持，长期处于不公平竞争地位使得民办养老机构不能形成有效服务供给能力。居家养老服务尚处于起步阶段，享受居家养老服务的老年人口数量较少，在具体运作中面临不少问题，服务项目单一并缺乏规范标准，经费来源上缺乏社会资本参与，运行管理上尚未真正形成市场机制。另外，养老服务专业人才缺乏，护理人员年龄结构不合理，平均受教育程度偏低，服务人员队伍不稳定，处于"招不来、养不活、留不住"状态。与此同时，社会养老服务需求在很大程度上取决于家庭养老的可替代性，对于身体机能较差的老年人而言，其社会养老服务需求是一种刚性现实需求，长期照护服务主要由配偶或子女提供，尤其需要关注的是农村留守老人，既没有固定经济收入，也没有亲情照料，处于缺人少钱的尴尬境地。

再次是对养老资源供给需求进行综合分析。以当前养老资源供需运行实践为基础，深入分析养老资源供给需求特征，一是养老金个人账户空账运行状况难以转变，养老金支出大幅增加是由人口快速老龄化造成的，而人口快速老龄化是我国未来人口发展的必然趋势，归根结底，投资收益率太低是产生养老基金缺口的根本原因。二是养老服务能力不能满足养老服务需求，在老年人长期照护方面还存在一些问题，主要表现为养老机构照护服务对象不够明确、老年服务市场发育不良、养老服务资源配置不合理以及养老专业服务人员缺乏，这对养老服务资源有效供给产生抑制作用。三是养老资源配置不合理与资源浪费问题并存，在养老资源总量不足的同时，当前有限的养老资源却得不到充分利用，养老资源配置不合理造成较为严重的浪费问题，在一定程度上制约着养老服务事业全面健康发展。

最后是提出养老资源供给需求涉及的主要问题。一是如何有效增加养老基金收入；二是如何合理减少养老金支出；三是如何提升养老服务能力和服务水平；四是如何从源头上减少养老服务需求，这也是我们开展本研究所要解决的核心问题。

第五章

养老资源供需动态平衡运行机理

本研究所指养老资源包括养老经济资源和养老服务资源两部分。让老年人生活能有所依靠并不仅仅是用钱就能解决的,而是要看老年人在退休后能否得到实实在在的产品或服务。此时,主要体现两个平衡:一是纵向平衡,参保人在退休后能够得到与当年缴费贡献相对应的产品和服务;二是横向平衡,工作一代有能力为退休一代提供满足其基本生活需要的产品和服务。这就需要在实现养老金收支平衡基础上,保持经济适度发展,促进代际基本公平。

第一节 养老资源供需动态平衡相关理论

根据养老资源动态平衡的特点,在研究过程中,首先从相关理论分析出发,分析代际分配理论、公共物品理论、过程控制理论和动态平衡理论,充分体现养老资源供需动态平衡中的需求导向性、变量综合性、时间动态性和过程反馈性。

一 代际分配理论

人的整个生命周期可以分为三个时期:一是少儿成长期,处于快速生长发育期,不仅是成长成熟过程中的重要阶段,而且少儿人口是劳动力人口的后备军和生力军,并由当前劳动就业人口抚养和培育;二是劳动就业期，处于创造财富的黄金时期，劳动年龄人口是推动社会经济发展的主体，不仅养育少儿人口，还要抚养老年人口；三是老年退休期，经过多年辛勤劳作，器官功能逐渐衰弱，个人体能逐渐下降，需要休养生息，享受晚年生活。人口生命周期特点使得代与代之间存在资源分配问题，既要保障养老资源供给，又要为经济持续发展积累资本。

关于全部预期收入如何在消费储蓄上进行分配，美国经济学家弗兰科·莫迪利安尼等人对微观经济个体的消费储蓄行为进行了研究，提出生命周期假说，认为每个人都将从其经济理性出发，根据效用最大化原则对个人的消费储蓄分布进行权衡决策，合理安排自己一生的全部预期收入，其收入消费函数可以表示为 $C = \alpha W_R + \beta Y_L$（其中，$W_R$ 为财产性收入，Y_L 为劳动收入）。现实生活中，在每个时点上都有不同出生年代的人活着，而且他们之间随时都进行商品服务交换。如果将同一时期的两代人分为工作一代和退休一代，工作一代主要是进行消费和储蓄，而退休一代则全部用于消费，但不管是工作一代还是退休一代，其在当期消费的所有物品和服务均来自当期工作一代的劳动成果，养老资源的代际影响通过资本进行跨期转移和传递。[①]

当期工作一代的储蓄是下期的发展资本，这将进一步影响下期经济产出及其工资收入，并以此按代循环，形成代际交迭累积。萨缪尔森（1958）和戴蒙德（1965）提出了代际交迭模型，主要研究生命周期内的两期消费储蓄状况，这对于养老保险研究具有很大参考价值。其理论分析框架以个人效用最大化为目标，设定个人在工作期（t）和退休期（$t+1$）的消费分别为 C_t 和 C_{t+1}，其在整个生命周期的效用可以表示为：

$$U_t = \ln C_t + \frac{1}{1+r_t}\ln C_{t+1}（其中，r_t 为贴现率）$$

如果 t 期个人工资收入为 W_t，扣除 t 期消费 C_t，其储蓄为（$W_t - C_t$），假定储蓄在 $t+1$ 期全部用于消费，则有：

① 万春：《养老基金平衡相关理论及模型》，中国财政经济出版社，2009，第37～47页。

$$C_{t+1} = (1 + r_t)(W_t - C_t)$$

在个人效用最大化条件下，有：

$$\frac{\partial U_t}{\partial C_t} = \frac{1}{C_t} - \frac{1}{(1 + r_t)(W_t - C_t)} = 0$$

整理得：

$$C_t = \frac{1 + r_t}{2 + r_t} W_t$$

则 t 期的储蓄为 $S_t = \dfrac{1}{2 + r_t} W_t$，用于补充 $t+1$ 期新增投资资本。

由此可见，个人收入不仅在自己生命周期内跨期进行转移，还在工作和退休两代人之间进行交换。但不管是工作一代还是退休一代，其在当期的所有消费均来自当期工作一代生产的产品和服务，其在代与代之间如何进行分配值得进行深入研究。

二　公共物品理论

福利经济学中将同时具有非排他性和非竞争性特征的社会产品称为纯公共物品，将部分具有上述特征的社会产品称为准公共物品。由此可见，公共物品的重要特征是具有非排他性和非竞争性。公共物品的消费存在严重的搭便车问题，众人从物品的消费中获益而不付费，导致公共物品的供给总是短缺的、不充分的，在竞争市场上无法完全满足需求，使得公共物品必须由政府负责供应。

萨缪尔森（Paul A. Samuelson）在 1954 年研究了公共物品的帕累托最优供给条件[①]，假设社会只有两种物品，一种是纯公共物品 x，一种是纯私人物品 y；有 I 个消费者；则萨缪尔森条件为：

---

① 〔美〕保罗·萨缪尔森、〔美〕威廉·诺德豪斯：《经济学》（第 18 版），萧琛译，人民邮电出版社，2008。

$$\sum_{i=1}^{I} MRS_{xy}^{i} = MRT_{xy}$$

其中，MRS 是消费者从物品消费中获得的边际收益，反映消费者对物品的主观价值评价；MRT 是社会生产物品的边际成本。不管是公共物品还是私人物品，物品供给的效率条件均是物品的社会边际收益等于社会边际成本。由于所有消费者同时分享公共物品，在数量上，公共物品的社会边际收益等于每个消费者从公共物品中获得的边际收益之和。

萨缪尔森条件式左端反映公共物品的市场需求，右端反映公共物品的市场供给，以此绘制公共物品的供给需求曲线（见图 5 - 1）。公共物品的市场需求曲线是每个消费者的需求曲线垂直加总的结果，公共物品的市场需求曲线与市场供给曲线的交点即是萨缪尔森条件。在私人物品市场上，市场需求曲线与市场供给曲线的交点是市场均衡条件，在这个交点上市场出清；而公共物品市场上的市场需求曲线与市场供给曲线的交点并不是均衡条件，而是供需效率条件。

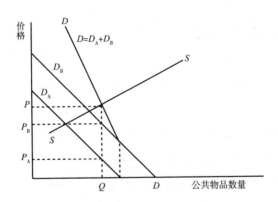

图 5 - 1 公共物品的需求与供给

养老服务主要是为老年人提供生活照料、医疗护理、心理慰藉等方面的服务，是提高退休老年人福祉的重要组成部分。就其服务内容和主要特征来看，养老服务具有公共服务和社会福利性质，可以将养老服务界定为准公共物品，无论是居家养老还是机构养老，养老服务主要针对有特殊困难和收入水平低的老年人群，养老服务需要政府进行统筹规划和监管，引导企业和社会组织参与到养老服务工作中来。养老服务业还属于国家战略新兴产业，可以根据市场需求及时调整服务项目和服务内容，满足不同层次、不同需求的老年群体，统筹政府、市场和社会的关系，发挥各自最大优势。

三　过程控制理论

养老保险制度运行过程中，收支平衡、经济发展和代际公平等多目标之间具有关联性，养老金各参量变动表现出系统性和复杂性，需要以过程控制理论为指导，全面系统性地分析问题，调整各参量取值，尽量满足养老制度目标要求及其平衡约束条件。在控制领域，常常用到的是反馈控制系统，其将输入输出信息相比较，再将新的信息作为系统的输入，最终使系统达到预期目标。

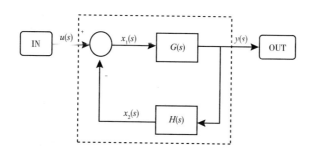

图 5 - 2　反馈系统连接示意

图 5 - 2 中，$G(s)$ 为前馈传递函数，$H(s)$ 为反馈传递函数，根据该反馈系统的信号流动方向，输入输出函数与传递函数之间有以下关系式成立：

$$y(s) = G(s)x_1(s) , x_2(s) = H(s)y(s) , x_1(s) = u(s) - x_2(s)$$

整理，得：$u(s) = x_1(s) + x_2(s) = \dfrac{y(s)}{G(s)} + H(s)y(s)$

$$y(s) = \dfrac{G(s)}{1 + G(s)H(s)}u(s)$$

将虚线框作为一个反馈元件，该负反馈系统中的等效传递函数为：

$$C(s) = \frac{G(s)}{1 + G(s)H(s)}$$

对于传递函数来说，可以将之转换到状态空间模型进行分析。[①] 在养老金计算过程中，需要考虑历史缴费率、缴费年限、老年人口结构、就业人口规模、社会平均工资等参量，涉及多个时间点测量问题，用到年龄移算、变量递进、函数递延等多种计算方法，这需要用时变状态方程进行处理。在上述反馈控制系统基础上，加入线性时变系统状态方程，借助状态空间模型的离散化处理方法得到离散解，同时与极点配置相结合，通过配置使原来不稳定的系统在新的状态下达到稳定，有效扩展系统的动态特性，以期达到预期控制目标。

四 动态平衡理论

动态平衡是指系统在不断运动和变化情况下的宏观平衡。该概念最早主要用于物理学、化学、生态学和生理学领域，法国化学家勒夏特列（Le Chatelier）首先发现了定性预测化学平衡点的原理，称之为勒夏特列原理。其主要内容是：在一个处于平衡的系统里，如果改变影响平衡的任一条件，平衡将被打破并向能够减弱这种改变的方向移动。该原理不仅适用于化学平衡，还适用于其他平衡。对处于平衡的任何体系来说，由于平衡中的某个因素变动，在一个方向上会导致一种转化，如果这种转化是唯一的，那么将会引起一种与该因素变动符号相反的变化。比如，在一个生态系统中，生产者、消费者、分解者以及非生物环境之间，在一定条件下保持着能量与物质输入、输出的动态相对稳定，我们可将之称为生态平衡。生态系统遵循着由低级向高级，由简单向复杂的演变规律，由此形成了富有层次的相对稳定的动态平衡，它总是在"平衡—不平衡—再平衡"的渐进变动过程中进行物质和能量交换，并同时推动自身变化和

---

① 黎明安、钱利：《动力学系统建模与仿真》，国防工业出版社，2015，第 117～123 页。

发展。①

我们可以对勒夏特列原理进行借鉴性运用。对于养老资源来说，养老金收支经常处于不平衡状态，养老服务能力与有效需求之间也是时刻变化的，从这个意义上讲，养老资源供需平衡更应该是一个动态过程。养老资源供需动态平衡具有以下两个特征。一是动态平衡反映的是事物内部总量的变化规律，总量内部各组成要素之间具有相对平衡关系，养老金收入和养老金支出之间并不完全相等，受人口年龄结构变动影响，有的地区或部门可能略有盈余，有的地区或部门又有所欠缺，只要处于相对平衡之中，这都是平衡过程中的正常现象。二是动态平衡是相对的、运动的、变化的，养老资源供需平衡并不是永恒的，可能会受某种因素影响，平衡被打破并向减弱这种不平衡状态的方向移动，而使之再度趋向平衡，从这个意义上讲，平衡状态是相对变化的，在运动变化中从一个平衡走向另一个平衡。②

另外，动态平衡还是事物内部各因素综合作用的结果。这就要求我们在分析养老资源动态平衡时，不仅要保持养老金账户上的财务平衡，更要统筹考虑其他平衡目标，分析人口就业结构、人力资本分布、多期储蓄投资等因素的变动情况，在这些因素共同作用下，养老资源供需达到某个平衡状态。但如果某个因素改变，原有平衡状态可能会被打破，比如，制度赡养率上升使得当期养老金收支不平衡情形延续一段时期，这也是完全正常的，需要由国家财政予以补贴或由养老保险基金进行补充。

第二节　相关因素对动态平衡目标的影响

养老资源动态平衡目标分为社会性目标和经济性目标，主要关注收支基本平衡、代际相对公平和经济保持增长三个方面。现对同一时期两代人

---

① http://baike.baidu.com/view/208452.htm?fromtitle = % E5%8B%92% E6% B2%99% E7% 89%B9%E5%88%97%E5%8E%9F%E7%90%86&fromid =394125&type = syn.

② 〔英〕克瑞斯迪斯：《动态系统最优估计》（第2版），左斌、吴亮、李静译，国防工业出版社，2016，第460~494页。

和同一代人两时期进行考察，分别研究缴费率、替代率和养老服务对经济增长、收支平衡和代际公平的影响，从其影响和相互关系中，发现运行规律及其蕴含的政策含义。

一 缴费率对经济增长的影响

设定一代人分为工作（t）和退休（$t+1$）两个时期，在 t 期储蓄并缴纳养老保险，$t+1$ 期生活来源主要依靠 t 期储蓄和领取养老金，t 期的社会平均工资为 W_t。在名义账户制下，我们将个人账户缴费率和统筹账户缴费率作为整体来看待，记为 p_t，其中，个人工资缴费在总缴费中的占比为 a_t（$0 \leqslant a_t \leqslant 1$），单位缴纳保险费率为 $(1-a_t)p_t$，$t+1$ 期领取退休金时的替代率为 q_{t+1}，t 期→$t+1$ 期的社会平均工资增长率为 u_t，并假设到 $t+1$ 期临终时不留任何遗产。

在 t 期的消费可以表示为：

$$C_t = W_t(1 - a_t p_t) - S_t \tag{5.1}$$

其中，S_t 为 t 期自愿性储蓄。

在 $t+1$ 期的消费可以表示为：

$$C_{t+1} = W_{t+1}q_{t+1} + S_t(1 + r_t) \tag{5.2}$$

其中，r_t 为个人储蓄收益率。

贴现后的 t 期总消费为：$C = C_t + C_{t+1}/(1 + R_f)$

其中，R_f 为贴现率。

将式（5.1）和式（5.2）代入上式并简化，得：

$$C = W_t \left(1 - a_t p_t + \frac{1 + u_t}{1 + R_f}q_{t+1}\right) + S_t \frac{r_t - R_f}{1 + R_f} \tag{5.3}$$

假定 25 岁开始工作，到 N_t 岁退休并开始领取养老金，$(L_t - N_t)$ 为退休时的生命余寿，为了保持与 t 期缴费相对应的生活水平不降低，在 t 期缴费能够保值并正好能够覆盖 $t+1$ 期养老金时，有：

$$W_{t+1}q_{t+1}(L_t - N_t) = W_t p_t (N_t - 25)(1 + u_t) \tag{5.4}$$

由于 $W_{t+1} = W_t(1 + u_t)$，将之代入式（5.4），得：

$$q_{t+1} = p_t \frac{N_t - 25}{L_t - N_t} \tag{5.5}$$

将式（5.5）代入式（5.3）并简化，得：

$$C = W_t + W_t p_t \left[\frac{(N_t - 25)(1 + u_t)}{(L_t - N_t)(1 + R_f)} - a_t \right] + S_t \frac{r_t - R_f}{1 + R_f} \tag{5.6}$$

考察缴费率 p_t 对消费 C 的边际影响，对式（5.6）求偏导数，有：

$$\frac{\partial C}{\partial p_t} = W_t \left[\frac{(N_t - 25)(1 + u_t)}{(L_t - N_t)(1 + R_f)} - a_t \right]$$

由此可见，缴费率 p_t 对消费 C 的边际影响取决于最迟退休年龄 N_t 的大小。如果对参量分别取值（$a_t = 8/28$，$R_f = 5\%$，$u_t = 7\%$，$L_t = 75$），计算得到最迟退休年龄 $N_t \geqslant 36$ 岁时，$\frac{\partial C}{\partial p_t} > 0$。此时，随着养老保险缴费率增加，消费量将会升高。由于 $Y = C + S$，在收入一定的情况下，缴费率增加将会引起自愿性储蓄减少，由此将使得投资资本量降低。按照新古典经济增长理论，资本是促进经济增长的关键生产要素，当资本量降低时，经济增长将会受到负面影响。根据当前退休政策，最迟退休年龄已经远高于36岁，缴费率对消费量边际影响为正，其对资本积累量乃至经济增长的影响为负，如若要使养老保险政策对经济增长起促进作用，有必要适当降低养老保险缴费率。

需要指出的是，经济增长是由技术构成、产业政策、人力资本等多因素共同作用的结果，相对而言，养老制度安排对经济增长的影响显得比较微弱，既不能过高估计养老保险制度对经济增长的作用，也不能忽视养老保险制度指标设定对经济增长的负面影响。因此，有必要适当降低养老保险缴费率，在保持养老金收支平衡和代际公平的前提下，尽量兼顾其对经济增长的影响，使其发挥正向促进作用。

二 替代率对收支平衡的影响

养老金替代率是反映养老金对老年人保障水平的重要指标。为了更好适应经济快速发展过程中工资增长实际，我们对社会平均工资替代率进行分析，退休人员养老金包括两部分：一是工作期的自有储蓄及其投资收益，二是根据养老保险缴费情况计算的养老金。在名义账户制下，其养老金主要由当期就业人口保险缴费来支付，即便当前实行的是部分积累制，其养老金支付实质上亦是现收现付制。这就需要对同一时期（$t+1$ 期）的工作和退休两代人进行分析，在名义账户制下，融资方式采取的是现收现付制，假定无财政补贴，为了保持养老金收支平衡，工作一代缴费总额应等于退休一代领取的退休金。由于工作者和退休者不是同一代人，需要考虑退休者与就业者之间的比例关系，依然设定 $t+1$ 期领取退休金时的替代率为 q_{t+1}，保险缴费率为 p_{t+1}，赡养率为 s_{t+1}，此时有以下关系式成立：

$$W_{t+1}q_{t+1}s_{t+1} = W_{t+1}p_{t+1}$$

对上式进一步简化，得：

$$p_{t+1} = q_{t+1}s_{t+1} \tag{5.7}$$

如果保持缴费率不变，替代率与赡养率成反比，赡养率越高，替代率越低，在快速老龄化背景下，赡养率上升，替代率应随之相应降低。

将式（5.7）递归到 t 期，有：

$$p_t = q_t s_t \tag{5.8}$$

式（5.7）、式（5.8）两边取对数并分别相减，整理得：

$$\ln q_{t+1} - \ln q_t = (\ln p_{t+1} - \ln p_t) - (\ln s_{t+1} - \ln s_t)$$

由此可见，替代率与缴费率呈同向变动关系，与赡养率呈反向变动关系，如果调整缴费率，使其与赡养率变动幅度一致，其所对应的替代率可以保持基本稳定。随着人口老龄化程度加深，赡养率将会逐年上升，如果使缴费率也保持同比例上升，将势必加重当期就业人员缴费负担，降低其消费水平；但如果保持缴费水平不变，替代率水平将会下降，这又将降低退休人员生活水平。考虑到缴费率对经济增长的影响，缴费水平非但不能保持不变，而且还要适当降低，由此陷入两难困境。

在养老政策制定和执行过程中，需要统筹考量经济发展、代际公平、收支平衡等多个参照目标，经济发展是提高人口就业质量和人民生活水平的重要力量，代际公平是保持社会经济稳定发展的重要基础，收支平衡是保障养老基金可持续运行的重要条件，权衡之下，制度运行的必然结果是允许养老基金收支存在缺口，只要缺口适度、可控，就是可以接受的。对于当期养老金收不抵支，弥补缺口的途径有二：一是来自社会养老保险基金，由每年的投资收益进行补充；二是来自国家或地方政府财政专项补贴，政府财政负有对养老金"兜底"的责任，这已基本形成共识。

三　养老服务对代际公平的影响

随着时代发展和老年人知识水平提高，老年人尤其是退休老年人对养老服务的需求也将从传统生存型向现代发展型转变。国家"十三五"规划明确提出，健全养老服务体系，实施养老护理人员培训计划，加强专业化养老服务护理人员和管理人才队伍建设，推动医疗卫生和养老服务相结合。① 这既是"十三五"期间的主要工作目标，也是国家应对人口老龄化和发展养老事业的战略方向。

养老服务对社会经济发展的影响具有双面性。一是可以作为战略新兴产业，将老年人作为服务对象，深入分析老年人服务需求，通过为老年人提供优质服务来提高企业效益，提升养老服务业经济增加值，促进第三产业发展。二是养老服务业会分流部分劳动力人口，将老年人作为抚养对象，由当前工作一代人为退休一代人提供生活照料、医疗护理等项目服务，满足老年人的基本养老需求，完成代与代之间资源转移，而这将限制

---

① http://www.sh.xinhuanet.com/2016-03/18/c_135200400.htm.

部分劳动力人口从事其他产业生产经营工作，从而制约制造业乃至整体经济发展速度。

第一种情况重在体现效率，通过市场机制合理配置服务资源，此时的退休老人不仅不是社会负担，反倒是扩大社会总需求的重要力量，其精神文化需要和其他个性化需求，可由社区文化建设、老年大学或市场化服务机构来实现。第二种情况重在体现公平，通过建立社会养老服务体系，统筹配置养老服务资源，优先发展基本养老服务，满足老年群体尤其是特殊老年群体的基本需求。这就需要把握一个度，在满足养老基本需求的同时还不使养老服务队伍过于庞大。养老服务人员太多将会削弱经济增长潜力而损害年轻人利益，养老服务人员太少将不能满足养老服务需求而损害老年人利益。既要提供经济增长所需劳动力资源，又要保障养老服务人员的有效供给，这就需要将保持代际基本公平作为养老服务资源配置的基本原则。

"保基本"是保障代际基本公平的重要体现。配置养老服务资源是一个优化选择问题，而估算经济增长所需劳动力资源是十分复杂的事情，我们可以另辟蹊径，将复杂问题简单化，以满足老年人基本养老服务需求为目标，从"保基本"视角开展老年人养老服务需求研究。随着医疗技术不断进步，人口死亡率降低，健康状况不佳群体的存活率升高[①]，低度和中度残障人口比例上升[②]，生活不能自理老年人口将会有所增加。因此，长期照护成为老年人基本养老服务需求的核心，此时，既可将低龄老人作为服务对象，亦可将低龄健康老人纳入服务人员队伍。从这个意义上讲，可在分析自理预期寿命基础上，将估算老年人对养老服务需求的问题转换为预测老年人长期照料需求量，如此，可以在满足老年人基本养老需求的同时，将养老服务人员增加对经济增长的负面影响降到最低限度。

---

① S. Jay Olshansky, Mark A. Rudberg, Bruce Carnes and Christine K. Cassel, "Trading Off Longer Life for Worsening HealthThe Expansion of Morbidity Hypothesis," *Journal of Aging and Health* 3 (1991): 194 – 216.

② Kenneth Manton and Kenneth C. Land, "Active Life Expectancy Estimates for the U. S. Elderly Population: A Multidimensional Continuous-Mixture Model of Functional Change Applied to Completed Cohorts, 1982 – 1996," *Demography* 37 (2000): 253 – 265.

第三节　养老资源供需动态平衡作用机制

动态平衡是由一系列相对平衡状态构成的动态过程，在运动变化中从一个平衡走向另一个平衡。养老资源动态平衡目标具有多重性，影响养老资源供给需求各因素是相互关联和动态变化的，有必要将养老经济资源和养老服务资源的供给与需求纳入由人口、社会、经济等要素构成的总体分析框架，分析和梳理养老资源供需动态平衡运行机理和传导路径，为构建实证模型奠定基础。

一　动态平衡总体目标

从本质上讲，养老资源供需平衡目标涉及多个方面，是多目标有机集合体。这就需要在工作实践中充分发挥养老资源的保险、储蓄和再分配功能，不仅要保障养老基金账户收支平衡，还要优化养老服务资源配置，保持工作人口和退休人口的代际基本公平。

（一）养老基金账户收支平衡

在快速老龄化背景下，老年抚养比越来越高，将从 2016 年的 24.73 上升至 2050 年的 59.94，平均每年上升 1.04，人口结构老龄化的必然结果是养老保险制度赡养率逐年升高，养老金支付压力凸显。养老金收支安排策略是，前期略有盈余，后期稍有亏欠，在退休人员基本生活得到保障前提下，适当降低缴费率，并保持替代率相对稳定。养老金费率选择将充分考虑退休人口基本生活，尤其是关注恩格尔系数，估算吃饭、穿衣、医疗等基本生活开支，运用保险精算技术，合理设置缴费率和替代率，保持老年人养老金收入与社会平均工资同步增长，切实保障退休老年人实际生活水平不降低。以此为前提，加大养老保险征缴强制性，适当调低养老保险制度缴费率，降低企业劳动力成本，促进经济持续增长，形成经济社会和谐发展效应。

（二）国民经济保持合理增长

在适当降低养老保险制度缴费率的同时，需要合理配置养老服务资源，具体来说，就是保障养老服务资源供给充足，能够为老年人提供必要的生活照料、医疗护理和精神慰藉服务，但养老服务人员规模与经济生产人口规模呈反向变动关系，如果养老服务人员过多将降低经济产出水平，从而对经济增长形成抑制作用。但同时，养老产业已经被国家确定为重点发展的战略新兴产业，需求创造供给，养老服务企业可以通过为老年人提供优质服务来提高经济效益，提升养老服务业经济增加值，促进第三产业发展。这就需要对养老服务人员的边际生产率进行统筹分析，把握好一个"度"，使参与养老服务业的人员数量"足够"但"不多余"，有效提高养老服务效率。

（三）保持代际基本公平

在经济新常态背景下，尽管我国经济发展速度有所放缓，但经济增长率仍保持在 6% ~ 7% 的中高速增长水平，工资增长率将呈现持续快速上升态势，如果退休养老金只盯住退休前工资而不做合理调整的话，养老金将难以保障老年人的退休生活。退休老年人在工作期的劳动所得，其缴费（或视同缴费）转移到退休期使用，从本质上讲，退休一代向工作一代转移的不是资金而是有效劳动，保障上期的等价货币能够同样换取本期的同样劳动。因此，我们将社会平均工资引入养老金收入调整机制，能够基本抵消通货膨胀带来的影响，满足老年人基本生活需求，不因通货膨胀而降低其生活水平，在经济增长较快、人口老龄化严重和劳动力短缺的背景下，需要将养老金增长情况与社会平均工资增长率挂钩，观察退休收入与当期消费之间的关系，以及退休人员的实际生活保障状况，让退休者分享经济增长的成果。

二 动态平衡环境基础

我国现行养老保险制度实行的是统筹账户和个人账户相结合的部分积

累制，所体现的基本养老保险价值观是"效率优先、兼顾公平"，但经过 20 年来的运行，养老保险管理机制体制尚存一些需要改进之处，有必要进一步厘清和明确这些制度条件和运行理念，这也是分析和保持养老资源供需动态平衡的基础。

（一）个人账户管理——名义账户制

建立个人账户的初衷是增进效率，体现多缴多得，并为日后快速老龄化下的退休生活提供保障。但是，个人账户既没有解决退休收入保障问题也没有提高运行效率，反而带来了一系列问题，给养老保险制度的财务平衡造成压力。在个人账户制改革方面，主要有两种观点：一是分离统筹账户和个人账户，将个人账户作为第三支柱，即自愿性储蓄保险[①]；二是将个人账户从基本养老保险制度中分离，并入企业年金制度，使企业年金全民化[②]。不管是采取哪种方案，都必须做实个人账户，进行个人账户基金市场化运营，并将投资收益情况与个人账户和退休金收入挂钩。此时又存在三个方面问题：一是个人账户空账运行是政府没有支付转制成本造成的，如果做实个人账户，财政资金面临巨大压力，各级政府缺乏做实个人账户的积极性；二是即便完全做实个人账户，做实后的基金难以市场化运营，在当前投资市场环境下，低风险投资渠道狭窄；三是即便实行基金市场化运营，也未必能够保证个人账户制度是有效的，如果不能跑赢通货膨胀率抑或工资增长率，就不能真正体现效率。其实，无须政府财政一次性支付转制成本，也不必将个人账户分离出来，可以仅仅将工作期缴纳的保险费（包括雇主缴纳部分）作为计算退休金的参考依据，按照精算模型进行计算，体现多缴多得，个人账户资金并不实际归个人所有或支配。同时将统筹账户和个人账户资金统一归集到社保基金账户，由专业投资机构负责投资运作，养老金支付采取现收现付制，当前退休者的退休金从该社保基金账户列支。由此可见，实行名义账户制正当其时。无论现收现付制还是基

---

①　李珍：《基本养老保险制度分析与评估——基于养老金水平的视角》，人民出版社，2015，第 12~15 页。

②　何平：《关于个人账户功能实现问题》，《中国劳动保障》2005 年第 3 期，第 50 页。

金积累制，解决的是最终风险承担问题，比如采取纯粹的缴费确定型模式，其风险由缴费者承担；采取待遇确定型模式，其风险由当前就业者（未来退休者）承担；而名义账户制的风险将由当前就业者（未来退休者）和未来就业者共同承担，未来就业者并不直接承担风险，如果财政进行补助，则会落到纳税人身上，还可以将之转嫁到社会保障基金，由社保基金投资收益分担。

（二）养老金计算基础——社会平均工资

替代率是指养老金与个人退休前工资收入之比，反映个人退休前后的收入变化情况。如果保持替代率不变，养老金收入将取决于退休前工资高低。通常来说，退休前工资是工作期内最高工资，如果社会经济保持基本稳定，退休人员领取的养老金较高，养老基金将承受较大的收支平衡压力。但在经济处于中高速增长的情况下，仅以退休前工资为基础计算养老金而不做相应调整的话，养老金将不能跑赢经济发展速度和通货膨胀率。除了退休前工资外，不同国家不同时期还引入过终生平均工资、部分年份平均工资等作为计算养老金的基础。与名义账户制相一致，我们特别引入社会平均工资指标，以当期社会平均工资作为发放养老金的重要依据。较之个人退休前收入，以社会平均工资为基础计算的养老金是动态变化的，与经济增长基本保持同步。当前，我国经济保持中高速发展，工资增长速度较快，如果让养老金始终盯住退休前收入，不仅与经济发展趋势不符，还会降低养老金对老年人基本生活的保障水平。因此，有必要将基本养老金替代率转变为社会平均工资替代率，在同一语境和标准下分析问题，使养老金收入变化与社会平均工资增长同步。

（三）退休金领取条件——法定退休年龄

法定退休年龄是影响养老金收支平衡的重要制度因素。当前我国基本养老保险制度仍然沿用的退休标准是，男性 60 岁退休、女性干部 55 岁退休、女性工人 50 岁退休。改革开放之后尤其是进入 21 世纪以来，我国人口平均出生预期寿命快速升高，2010 年达到了 74.8 岁（男性 72.4 岁、女性 77.4 岁），相对而言，法定退休年龄偏低，养老保险缴费期较短，养老金支付期较长，给养老金收支平衡造成严重影响。学者们进行了大量研究，对提高退休年龄的观点不尽一致，大多数文献支持提高退休年龄，而反对提高退休年龄者较少。李绍光提出，提高退休年龄应分阶段、分部门实施，选择在劳动供给弹性较大的部门、行业和劳动力市场实行弹性退休制度。[①] 适时延迟退休年龄已是大势所趋。国家"十三五"规划明确提出出台渐进式延迟退休年龄政策，这是基于养老负担代际公平的需要，是适应人口预期寿命延长、受教育年限增加以及人口老龄化趋势的必然选择。目前，提出调整退休年龄的方案很多，郑功成和王海东提出了渐进式调整方案，利用 20～30 年的时间实现退休年龄延迟目标（男性和女性均在 65 岁退休）。[②] 调整法定退休年龄是一个渐进过程，应根据劳动者所从事的行业、职业出台区别性政策，不搞一刀切，既给接近退休年龄者一个明确预期，又不至于给其带来太大经济负担。

（四）最基本养老服务——长期照护服务

进入中度老龄化后，存在两大现实情景。一是少子化家庭结构明显。随着第一代独生子女的父母步入老龄化行列，家庭无力承担养老服务责任，劳动年龄人口既要照顾未成年孩子又要上班工作，无法全天候陪护老人，只能将之交由社会提供养老服务。二是老年慢性病及其并发症发病率上升。根据《中国卫生统计年鉴》和全国第六次人口普查数据，2010 年，老年人群中 60%～70% 的人口有慢性病史，老年余寿阶段中有 2/3 的时间处于非健康状态，慢性病患者很容易身体机能下降甚至失能，老年人口生活不能自理率达到 3%，高龄老人生活不能自理率甚至达到了 10% 以上。如果由家庭成员提供长期照护，成年子女拥有的人力资本将被束缚在失能老年人照护上，将被迫陷入就业与照护失能老人难以兼顾的困境，从而造成家庭正常功能瘫痪，甚至影响经济健康发展和社会和谐稳定。[③] 生活自理是健康老

① 李绍光：《推动社会保障体系与市场经济体制和谐发展》，《中国金融》2005 年第 5 期，第 24～25 页。
② 郑功成：《中国社会保障改革与发展战略》，人民出版社，2011，第 385～425 页；王海东：《基本养老保险制度研究——以保障水平为视角》，中国人事出版社，2014，第 100～105 页。
③ 陶裕春：《失能老年人长期照护研究》，江西人民出版社，2013，第 1～6 页。

龄化的基本要求，是提高老年人生活质量的基础，从这个意义上讲，长期照护服务是涉及大多数老年人及其家庭的一项基本养老服务，可以吸纳部分低龄健康老人参与到养老服务队伍中来。在养老服务体系建设中，将以提高基本养老服务为主体，满足老年人基本生活需求，为其提供长期生活照料，对于超出基本养老服务之外的精神文化需求，可由养老服务机构或企业提供个性化服务，在满足老年人服务需求的同时，促进养老服务产业经济效益提升。

三　动态平衡因果链

动态平衡各影响因素之间以及各因素与总体目标之间具有一定关联性，这些因素在养老资源供需平衡系统中相互促进、相互制约，形成了一个有机运行整体，通过调整某个或某些因素，可以使平衡状态从一个平衡发展到另一个平衡。在此，应用系统动力学思想从动态平衡系统的结构和功能出发，提炼各影响因素及其组织单元因果链（见图 5 - 3）。

前已述及，养老资源供需动态平衡包括三大目标：一是养老基金账户收支平衡，二是国民经济保持合理增长，三是保持代际基本公平。在优先次序上，注重养老基金账户收支平衡，兼顾经济发展和代际公平。这就需要从养老基金收支平衡出发，对各影响因素之间关系进行分析，确定相应的参量取值范围。在养老基金收入端：养老保险制度缴费率、劳动年龄人口占比、劳动就业率、养老保险覆盖率与养老基金收入呈正向变动关系，职工退休率、人口老龄化率与养老基金收入呈反向变动关系。在养老基金支出端：养老金替代率、职工退休率、人口预期寿命，与养老基金支出呈正向变动关系。在养老服务方面：养老服务全员劳动生产率提高和养老服务人员数量增加可以提升养老服务能力，但其数量增加并不是无限度的，增加养老服务人员数量能够促进养老产业发展，但同时又对整体经济增长产生抑制作用。另外，养老金替代率对经济增长具有一定抑制作用，而经济增长又可以提高社会平均工资，并由此对养老基金收支产生影响，合理比例的缴费率和替代率可以促进代际基本公平。

养老资源需求具有一定刚性，提升养老资源供给能力是实现供需平衡

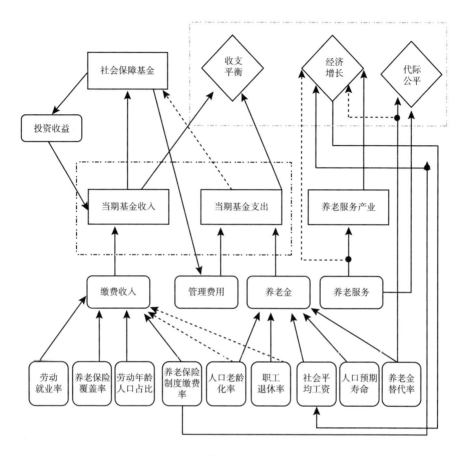

图 5 - 3　养老资源供需动态平衡要素变量因果链

的重要途径，这将取决于人口生育政策下的未来劳动力供应量、教育政策下的劳动者人力资本水平和金融政策下的资本投资收益率。在保持养老金收支平衡的前提下，根据各因素对经济增长和代际公平的影响进行优化选择。

第四节　本章小结

　　本章主要对同一时期两代人和同一代人两时期的收入、储蓄、消费行为进行分析，梳理和探究养老资源供需动态平衡运行机理和传导路径。从本质上讲，老年人退休生活所依靠的是实实在在的产品和服务，此时涉及两个平衡：一是纵向平衡，参保人在退休后能够得到与当年缴费贡献相对应的产品和服务；二是横向平衡，工作一代有能力为退休一代提供满足其基本生活需要的产品和服务。这就需要统筹分析各参量指标对动态平衡的影响及其作用机理，发现动态平衡各影响因素之间以及各因素与平衡目标之间的关联关系，以期通过调整某个或某些因素，使平衡状态从一个平衡发展到另一个平衡。

首先从相关理论分析出发，阐释代际分配理论、公共物品理论、过程控制理论和动态平衡理论对养老资源供需动态平衡的认识和运用，充分体现养老资源供需动态平衡中的需求导向性、变量综合性、时间动态性和过程反馈性。代际分配理论表明，个人收入不仅在自己生命周期内跨期进行转移，还在工作和退休两代人之间进行交换。但不管是工作一代还是退休一代，其在当期的所有消费均来自当期工作一代生产的产品和服务，该理论可以帮助我们发现代际分配机理。公共物品理论表明，养老服务具有公共服务和社会福利性质，可以将养老服务界定为准公共物品，公共物品的供给总是短缺的、不充分的，在竞争市场上无法完全满足需求，养老资源需求具有一定刚性，提升养老资源供给能力是实现供需平衡的重要途径。过程控制理论关注到养老金各参量变动表现出系统性和复杂性，在养老金计算中，涉及多个时间点测量问题，需要考虑历史缴费率、缴费年限、老年人口结构、就业人口规模、社会平均工资等因素，采用年龄移算、变量递进、函数递延等多种计算方法，通过离散化处理和极点配置，有效扩展系统的动态特性。动态平衡理论表明，养老资源供需平衡是一个动态过程，而且平衡状态是相对变化的，在运动变化中从一个平衡走向另一个平衡。这就要求在分析养老资源动态平衡时，要统筹考虑其他平衡目标，分析人口就业结构、人力资本分布、多期储蓄投资等因素的变动情况，在这些因素共同作用下，养老资源供需达到某个平衡状态。

养老资源动态平衡目标分为社会性目标和经济性目标，主要关注收支基本平衡、代际相对公平和经济保持增长等三个方面。现对同一时期两代人和同一代人两时期进行考察，分别研究缴费率、替代率和养老服务对经济增长、收支平衡和代际公平的影响。①缴费率对经济增长的影响。在收入一定的情况下，缴费率增加将会引起自愿性储蓄减少，缴费率对消费量边际影响为正，其对资本积累量及至经济增长的影响为负，如若要使养老保险政策对经济增长起促进作用，有必要适当降低养老保险缴费率。②替代率对收支平衡的影响。随着人口老龄化程度加深，如果保持养老金收支平衡，或者提高缴费率或者降低替代率，前者将加重当期就业人员缴费负担，后者会降低退休人员生活水平。统筹考量经济发展、代际公平、收支平衡等多个参照目标，适度可控的养老基金收支缺口是可以接受的。③养老服务对代际公平的影响。将长期照护作为老年人基本养老服务需求的核心，既可将低龄老人作为服务对象，亦可将低龄健康老人纳入服务人员队伍。从这个意义上讲，可在分析自理预期寿命基础上，将估算老年人对养老服务需求的问题转换为预测老年人长期照料需求量，如此，可以在满足老年人基本养老需求的同时，将养老服务人员增加对经济增长的负面影响降到最低限度。

养老资源动态平衡目标具有多重性，主要包括三大目标，即养老基金账户收支平衡、国民经济保持合理增长、保持代际基本公平，这就需要在实现养老资源动态平衡过程中对政策目标进行综合考量。同时，养老资源供需动态平衡是在一定制度条件下形成的，本章特别提出了四大制度条件，即基本养老保险制度采取名义账户制、以社会平均工资作为养老金计算基础、提高法定退休年龄并严格执行、以长期照护服务作为最基本养老服务来进行研究。以此为基础，将养老经济资源和养老服务资源的供给与需求纳入由人口、社会、经济等要素构成的总体分析框架，使动态平衡系统中相互促进、相互制约的各因素形成一个有机运行整体，应用系统动力学思想从动态平衡系统的结构和功能出发，提炼各影响因素及其组织单元因果链，为第六章构建养老资源供需动态平衡实证模型奠定基础。

第六章
养老资源供需动态平衡模型与参量选取

养老资源供需平衡是一个动态过程。根据各影响因素之间关联关系及动态平衡运行机理，应用过程控制理论和时变动态平衡理论，建立养老资源供需动态平衡模型，具体分析保持养老资源供需动态平衡所需的参数条件，定量研究各参量指标变动对养老金收支和养老服务供需的影响，为探寻养老资源供需动态平衡路径奠定基础。

第一节　供需平衡模型构建

根据各因素之间关联关系及动态平衡运行机理，构建包含人口老龄化因素的养老金收支模型，确定退休时个人领取养老金以及养老基金账户收入与支出，分析养老基金收支缺口未来变动情况。以长期照护作为养老服务最基本需求，构建养老服务需求测算模型，分析养老服务供给需求量变动情况。

一　个人养老金计算模型

养老金制度具有互济性质，由于制度覆盖人口足够多，其与商业保险在某种程度上有相似之处，按照大数定律为退休者提供保险服务。当退休者个体寿命高于平均寿命时，由养老保险基金承担长寿风险；当退休者个体寿命低于平均寿命时，将由养老保险基金留存支配使用。

（一）城镇职工养老金

1997 年，我国城镇职工养老保险开始实行社会统筹和个人账户相结合的制度，之后一直在改革中稳步推进。2015 年开始对机关事业单位养老保险制度进行改革，并逐步与城镇职工养老保险并轨运行，统一管理制度、统一运行方式、统一发放标准。如无特别说明，以下所指城镇职工养老保险均含机关事业单位退休人员。

首先，将个人年缴费金额标准化。养老保险缴费是长时期事件，将延续整个工作期，而相同金额货币在 t 期和 $t+1$ 期的货币价值并不相同，通常用终值现值法计算后进行比较，存在以下关系式：$P_t = P_{t+1}/(1 + r)$，但贴现率 r 的确定具有较强主观性。如何衡量不同时期的货币价值并进行客观比较是一个亟待解决的问题，我们特别将个人缴费金额进行标准化处理。具体方法是引入参量"社会平均工资"，将缴费金额（C_t）与当年社会平均工资（D_t）进行比较，得到标准化缴费系数（S_t），并存在关系式：$S_t = C_t/D_t$。这是一个无量纲的系数值，相当于该职工当年向养老基金缴纳了 S_t 倍社会平均工资的养老保险费。

其次，计算工作期间缴费总量。将工作期间各年度标准化的缴费系数进行加总，这是个人在工作期间的保险制度缴费累加量，作为其领取养老金的计算基础，$Z = \sum_{t=i}^{N} S_t$（其中，i 表示开始参加工作年龄，N 表示退休年龄）。其经济学含义是，在工作期间做出了 Z 倍于社会平均工资的贡献，理应在退休后得到 Z 倍于社会平均工资的回报，其内含假设是，职工在工作期的缴费额将按照社会平均工资增长率保值，如此可以确保退休老人能够购买与其工作期可比货币金额相对应的产品或服务，即相当于职工在工作期间存储了产品和服务以供退休后使用。需要说明的是，对于"中人"视同缴费推算的逻辑思路是，按照退休时平均每年实际缴费系数作为视同缴费期间的每年缴费系数。

最后，计算每月领取养老金。假设职工工作期间的缴费额与其退休后所享受的物品总量等价，那么，其自退休之日起 M 年（生命余寿 e_N）内所享有的物品价值 Y 应等于工作期间缴费总额 Z，生命余寿内所对应的系数值为：$Y_u = \sum_{t=i}^{N} S_t/M$。职工将于 u 年领取的退休金为：$T_u = D_u \sum_{t=i}^{N} S_t/M$。而由于退休金是在年初已经计算得到的上发薪金额，$u$ 年的社会平均工资只有到年底才能统计，可用（$u-1$）年的社会平均工资 D_{u-1} 与其当年增长率 γ_{u-1} 的乘积来替代，可得：

$$T_u = D_{u-1}(1 + \gamma_{u-1}) \sum_{t=i}^{N} S_t/M \qquad (6.1)$$

由于参加养老保险人数众多，各统计量将服从大数定律，退休时的生命余寿将与其均值相等，即 $M = e_N$。因此，我们可将式（6.1）调整为：

$$T_u = D_{u-1}(1 + \gamma_{u-1}) \sum_{t=i}^{N} S_t/e_N \qquad (6.2)$$

（二）城乡居民养老金

2007 年以来，城乡居民养老保险经历了探索建立、试点运行、全面启动三个阶段，并得到了长足发展，目前基本实现了制度全覆盖。城乡居民养老保险个人账户由个人缴费和地方财政补助构成，实行完全积累的实账管理，这时依然存在着城镇职工养老保险所出现的类似问题，一是地方财政资金可能不落实而将带来的个人账户空账问题，二是结余资金保值增值问题。[1] 参照城镇职工养老保险，城乡居民养老保险也可实行名义账户制，社会保障基金起到"兜底"作用。

从养老金领取情况来看，城乡居民养老金明显偏低。2015 年，老年人口的人均养老金为 840 元，仅相当于全国居民人均纯收入的 3.8%（或城镇人均可支配收入的 2.7%），难以起到养老保险的基本保障作用。这

---

[1] 国家应对人口老龄化战略研究课题组：《养老保险制度改革与发展研究》，华龄出版社，2014，第 6~40 页。

就需要在改革中逐步缩小基础养老金在制度间、群体间的差距，体现基本养老保险层面上的制度公平。这就需要对养老金方案进行重新设计：在 2016～2020 年期间逐年递增，到 2020 年达到城镇人均可支配收入（或农村人均纯收入）的一定比例 η（相当于基本养老保险水平），此时，$T_u^{\circ} = 840 + (\eta D_{u-1} - 840)(1 + \gamma_{u-1})(u - 2016)/4$（其中，$2016 < u \leqslant 2020$），之后，城乡居民养老金按照上年人均收入增长率递增，$T_u^{\circ} = \eta D_{u-1}(1 + \gamma_{u-1})$（其中，$u > 2020$），此即为未来城乡居民领取养老金计算模型。

二　养老基金账户收支模型

（一）养老基金收入模型

根据图 5 - 3 所示的养老资源供需动态平衡要素变量因果链，当期养老基金收入 A_t 主要来源于社会保障基金投资收益 E_t 与当期缴费收入 J_t 两个方面：$A_t = E_t + J_t$，其中，投资收益 E_t 与投资收益率 ω_t 有着直接关系，并取决于金融投资环境优劣；缴费收入 J_t 受养老保险制度缴费率 p_t、劳动就业率 l_t、养老保险覆盖率 f_t 和劳动年龄人口占比 b_t 影响，缴费对象仅限于纳入养老保险制度并处于工作期的劳动年龄人口。

需要说明的是，在实际操作过程中，若根据每名职工收入总额和养老保险制度缴费率计算个人应缴费金额，然后将缴费资金进行逐人、逐单位归集，这会给我们统计预测未来缴费金额带来困难，一是无法从微观上预测每个人的收入情况，二是将数亿人口缴费金额进行加总太过复杂。我们在此进行了一些替代性处理，再一次引入"社会平均工资"，将微观问题宏观化，从宏观上考察当年缴费人口数量和上年社会平均工资，其乘积即为当年缴纳养老保险的工资基数。

分析养老资源供需动态平衡各因素之间关系，可以进一步将养老基金收入额表示为：

$$A_t = \omega_t K_t + \Psi_t b_t l_t f_t D_{t-1} p_t \qquad (6.3)$$

其中，K_t 表示 t 年的社会保障基金存量金额；Ψ_t 表示 t 年的全国总人口规模。

（二）养老基金支出模型

当期养老金支出 B_t 主要表现在退休人员养老金 I_t 和基金管理费用 F_t 两个方面，在数量上，有以下关系式成立：$B_t = I_t + F_t$。一方面是退休人员养老金，这是当期向退休人员发放的养老金总额，需要综合考察缴费率与替代率之间关系，退休一代的养老金替代率不仅取决于其工作期间的缴费率高低，还与当期工作一代的缴费率有着直接关系，当期缴费率与养老金替代率是影响和决定养老基金收支缺口的重要因素。另一方面是管理费用，委托或建立专业投资机构，由其负责投资管理运作，按照市场化的投资基金费率 μ_t 单独计算，杜绝机关事业经费预算费用过度列支现象，降低投资管理成本。

根据式（6.2）可以计算得到个人退休金，但是，全国退休人口过亿，每个人的退休金系数千差万别，如何测算全国养老金是必须直面的现实问题。我们可以将之平均化，用社会平均工资进行替代，有的可能高些，有的可能低些，但总体围绕一个平均值波动，这就是统计学意义上的数学期望。从经济学上讲，该均值主要取决于当期养老金替代率 q_t 和上期社会平均工资 D_{t-1}，有 $\Re_t = q_t D_{t-1}$，再考虑总人口 Ψ_t、人口老龄化率 a_t、退休率 λ_t，养老保险覆盖率 f_t 等因素，则 t 年的养老金支出总额为：

$$B_t = \Psi_t a_t \lambda_t f_t q_t D_{t-1} + \mu_t \Omega_t \tag{6.4}$$

其中，Ω_t 表示 t 年的社会保障基金存量金额。

（三）城乡居民养老基金收支模型

一是基金收入。主要来源于个人缴费和财政补贴，财政补贴额 D_t^a 按照财政收入 F_t^a 的一定比例 α_t^a 计算，用公式表示为：$A_t^a = E_t^a + D_t^a = E_t^a + \alpha_t^a F_t^a$（其中，$E_t^a$ 为个人缴费额）。

二是基金支出。设定总人口 Ψ_t、人口老龄化率 a_t、退休率 λ_t，养

老保险覆盖率 f_t^a，则有：$B_t^a = \Psi_t a_t (1 - \lambda_t) f_t^a T_t^\circ$。

综上所述，我们可以将养老金收入 A_t、A_t^a 和养老金支出 B_t、B_t^a 进行比较，其差值为：$\Delta_t = (A_t + A_t^a) - (B_t + B_t^a)$。如果 $\Delta_t > 0$，则当期养老基金账户存在结余；$\Delta_t < 0$，则当期养老基金账户存在赤字；如果 $\Delta_t = 0$，则当期养老基金账户处于收支平衡状态。

三　养老服务需求测算模型

养老服务资源配置状况是关系养老产业发展和经济增长的重要因素，并对代际公平具有一定影响。对于老年人日益增长的养老服务需求而言，养老服务供给多多益善，但养老服务显然不是无限供给的，"不及"则不能满足老年人基本养老需求，"太过"又会降低养老服务效率。由此可见，把握好这个"度"十分关键。在缺乏统计数据和分析条件的情况下，难以准确判断养老服务资源供给能力。为了更好地实现养老服务资源供需匹配，有必要另辟蹊径，以老年人最基本养老服务需求——长期照护为切入点，从需求侧着手开展研究，有效配置养老服务资源。

随着平均出生预期寿命延长和人口老龄化进程加快，老年慢性病及其并发症发病率呈现上升趋势，慢性病患者很容易身体机能下降甚至失能，需要家庭成员或社会提供生活照料服务。如果由家庭成员提供长期照护，生育政策调整后的家庭少子化使得其成年子女拥有的人力资本将被束缚在失能老人照护上，被迫陷入就业与照护失能老人难以兼顾的困境，由此将造成家庭正常功能瘫痪，甚至影响经济社会和谐发展。由此可见，生活自理是保障老年人生活质量的基础，长期照护服务是涉及大多数老人及其家庭的一项基本养老服务，由专业服务机构为老年人提供长期照护服务是社会化大生产下的必然选择。

不失一般性，我们将对老年人养老服务需求研究转变为对失能老人长期照护服务需求进行分析，从满足广大老年人口基本需求出发，加强社工队伍建设，鼓励达到退休年龄的低龄老人从事养老服务工作，其他更高的精神文化需求可交由市场化服务机构来满足。根据老年人口年龄结构

$X_a(t)$ 和各年龄老人失能率 $W_a(t)$，计算 t 年失能老人规模：

$$P_t = X_a^T(t)W_a(t)，$$

其中，$X_a(t) = \begin{bmatrix} x_a(60,t) \\ x_a(61,t) \\ \vdots \\ x_a(M,t) \end{bmatrix}$，$W_a(t) = \begin{bmatrix} w_a(60,t) \\ w_a(61,t) \\ \vdots \\ w_a(M,t) \end{bmatrix}$，$M$ 为最高年龄。

按照联合国养老服务人员配置标准和发达国家经验数据，平均每名失能老人需要 κ_t 名养老服务人员，与失能老人 P_t 相对应的养老服务人员数量为：

$$S_t^a = \kappa_t P_t = \kappa_t X_a^T(t)W_a(t) \tag{6.5}$$

需说明的是，长期照护是老年人尤其是残障老人最基本需求，上式中的 S_t^a 是满足基本生活保障而配置养老服务人员的最低值，从这个意义上讲，该规模尚不足以影响经济发展，尤其是在医养结合大背景下，政府能够保证此等规模的养老服务人员供给。

第二节　参量选取与设定

在养老基金收支模型中，法定退休年龄、缴费率、替代率等是重要参量，对养老资源供需动态平衡具有重大影响。通过分析这些参量的历史变动情况，合理设定未来取值，为定量研究养老基金收支状况并保持其收支平衡奠定基础。

一　法定退休年龄

随着人口平均出生预期寿命不断延长，延迟退休年龄成为一段时期以来的社会热门话题之一。延迟退休年龄是开展养老资源供需平衡研究的基础，它不仅关系到我国社会经济可持续发展，还与广大人民群众切身利益息息相关。从经济学意义上讲，延迟退休年龄是影响养老保险制度缴费率和养老金替代率的重要因素，对保持养老基金收支平衡起着重要作用。

关于提高法定退休年龄问题，大量文献对此进行了较为深入的研究，主要包括两方面观点：一是支持延迟退休政策，分别从人口预期寿命、缓解养老基金支付压力、提高企业竞争力角度论证了延迟退休的必要性，但同时也看到了延迟退休对劳动就业和老年人心理的影响[①]；二是保持现行退休政策，主要是从延迟退休年龄与就业形势之间矛盾，以及接近退休年龄工人生产率较低从而加大企业成本的角度进行分析，反对提高退休年龄，并提出了我国退休年龄政策当前着眼点应该是控制提前退休[②]。综上分析，我国养老保障制度存在一定悖论，即理论上的迫切需要延迟退休与现实中的争相提前退休相矛盾，有必要立即严格执行法定退休年龄规定，以此为基础，有步骤地渐进式延迟退休年龄，并使男女退休年龄基本相同，待提高退休年龄目标实现且时机成熟后再实行弹性退休。

郑功成对中国退休年龄延迟方案进行了研究，按照"女先男后、小步渐进、男女同龄"的原则，设计了三种延迟退休方案。[③] 本研究将参考借鉴其设计理念，结合国家社会经济发展实际，着重考虑以下三个方面，对原方案进行适当调整：一是起始时间点选取问题，现实中一些企业普遍存在提前退休或病退现象，这与迫切需要提高退休年龄的养老保障形势很不协调，应加大宣传和执法力度，严格法定退休年龄规定（男性60岁、女性干部55岁、女性工人50岁），严控无故提前退休，并以两年时间作为适应过渡期，自2019年开始渐进式提高法定退休年龄[④]；二是男女同龄问题，在方案设计中，确实应该将消除性别歧视作为首要目标，但女性

① 李珍：《关于退休年龄的经济学思考》，《经济评论》1997年第1期，第86～91页；丁建定、何家华：《关于推迟退休年龄问题的几点理论思考》，《社会保障研究》2014年第1期，第35～45页；林宝：《提高退休年龄对中国养老金隐性债务的影响》，《中国人口科学》2003年6期，第48～52页。
② 赵莹：《延迟退休支持环境分析与构建——基于中国与OECD国家比较视角》，《江汉论坛》2014年第12期，第127～131页；张士斌：《退休年龄政策调整：日本经验与中国借鉴》，《现代日本经济》第2014年第1期，第66～75页。
③ 郑功成：《中国社会保障改革与发展战略》，人民出版社，2011，第385～425页。
④ 王延中：《中国社会保障发展报告（2015）》，社会科学文献出版社，2015，第43～44页。

工人受身体条件限制难以适应年轻时的工作强度，相对于养老金收入而言，女性职工可能更关心退休后的家庭生活，部分方案可使女性工人与女性干部有所区别，比如，女性干部目标退休年龄是 65 岁，女性工人是 60 岁；三是弹性退休问题，受经济下行压力和对未来预期不佳的影响，提前退休需求仍然比较强烈，至少近 20 年内，不存在全面实行弹性退休制的基础，可以小范围试行，但不宜全面铺开。基于此，我们对提高退休年龄具体方案进行修订和调整（见表 6 - 1、表 6 - 2），这是后续开展实证分析和动态平衡路径研究的基础。

表 6 - 1   三种退休年龄延迟方案

	具体内容	目标年龄
方案一	从 2019 年开始，女性工人每年延迟 1 岁（2028 年开始每两年延迟 1 岁），女性干部每两年延迟 1 岁，男性职工每四年延迟 1 岁，到 2038 年全面延迟到 65 岁退休	男性职工 65 岁 女性职工 65 岁
方案二	从 2019 年开始，女性工人每两年延迟 1 岁，女性干部每三年延迟 1 岁，男性职工每六年延迟 1 岁，到 2048 年全面延迟到 65 岁退休。自 2050 年开始，实行弹性退休	男性职工 65 岁 女性职工 65 岁
方案三	从 2019 年开始，女性职工每三年延迟 1 岁，男性职工暂时不变，从 2033 年开始，所有职工每三年延迟 1 岁，到 2048 年达到延迟退休年龄目标。自 2050 年开始，实行弹性退休	男性职工 65 岁 女性干部 65 岁 女性工人 60 岁

表 6 - 2   三种方案下的各年度退休年龄（2017 ~ 2050 年）

单位：岁

年份	方案一（较快）			方案二（适中）			方案三（较慢）		
	女性工人	女性干部	男性职工	女性工人	女性干部	男性职工	女性工人	女性干部	男性职工
2017	50	55	60	50	55	60	50	55	60
2018	50	55	60	50	55	60	50	55	60
2019	51	55 + 1/2	60 + 1/4	50 + 1/2	55 + 1/3	60 + 1/6	50 + 1/3	55 + 1/3	60
2020	52	56	60 + 2/4	51	55 + 2/3	60 + 2/6	50 + 2/3	55 + 2/3	60
2021	53	56 + 1/2	60 + 3/4	51 + 1/2	56	60 + 3/6	51	56	60
2022	54	57	61	52	56 + 1/3	60 + 4/6	51 + 1/3	56 + 1/3	60
2023	55	57 + 1/2	61 + 1/4	52 + 1/2	56 + 2/3	60 + 5/6	51 + 2/3	56 + 2/3	60
2024	56	58	61 + 2/4	53	57	61	52	57	60
2025	57	58 + 1/2	61 + 3/4	53 + 1/2	57 + 1/3	61 + 1/6	52 + 1/3	57 + 1/3	60

年份	方案一（较快）			方案二（适中）			方案三（较慢）		
	女性工人	女性干部	男性职工	女性工人	女性干部	男性职工	女性工人	女性干部	男性职工
2026	58	59	62	54	57 + 2/3	61 + 2/6	52 + 2/3	57 + 2/3	60
2027	59	59 + 1/2	62 + 1/4	54 + 1/2	58	61 + 3/6	53	58	60
2028	60	60	62 + 2/4	55	58 + 1/3	61 + 4/6	53 + 1/3	58 + 1/3	60
2029	60 + 1/2	60 + 1/2	62 + 3/4	55 + 1/2	58 + 2/3	61 + 5/6	53 + 2/3	58 + 2/3	60
2030	61	61	63	56	59	62	54	59	60
2031	61 + 1/2	61 + 1/2	63 + 1/4	56 + 1/2	59 + 1/3	62 + 1/6	54 + 1/3	59 + 1/3	60
2032	62	62	63 + 2/4	57	59 + 2/3	62 + 2/6	54 + 2/3	59 + 2/3	60
2033	62 + 1/2	62 + 1/2	63 + 3/4	57 + 1/2	60	62 + 3/6	55	60	60
2034	63	63	64	58	60 + 1/3	62 + 4/6	55 + 1/3	60 + 1/3	60 + 1/3
2035	63 + 1/2	63 + 1/2	64 + 1/4	58 + 1/2	60 + 2/3	62 + 5/6	55 + 1/3	60 + 2/3	60 + 2/3
2036	64	64	64 + 2/4	59	61	63	56	61	61
2037	64 + 1/2	64 + 1/2	64 + 3/4	59 + 1/2	61 + 1/3	63 + 1/6	56 + 1/3	61 + 1/3	61 + 1/3
2038	65	65	65	60	61 + 2/3	63 + 2/6	56 + 2/3	61 + 2/3	61 + 2/3
2039	65	65	65	60 + 1/2	62	63 + 3/6	57	62	62
2040	65	65	65	61	62 + 1/3	63 + 4/6	57 + 1/3	62 + 1/3	62 + 1/3
2041	65	65	65	61 + 1/2	62 + 2/3	63 + 5/6	57 + 1/3	62 + 2/3	62 + 2/3
2042	65	65	65	62	63	64	58	63	63
2043	65	65	65	62 + 1/2	63 + 1/3	64 + 1/6	58 + 1/3	63 + 1/3	63 + 1/3
2044	65	65	65	63	63 + 2/3	64 + 2/6	58 + 1/3	63 + 2/3	63 + 2/3
2045	65	65	65	63 + 1/2	64	64 + 3/6	59	64	64
2046	65	65	65	64	64 + 1/3	64 + 4/6	59 + 1/3	64 + 1/3	64 + 1/3
2047	65	65	65	64 + 1/2	64 + 2/3	64 + 5/6	59 + 2/3	64 + 2/3	64 + 2/3
2048	65	65	65	65	65	65	60	65	65
2049	65	65	65	65	65	65	60	65	65
2050	65	65	65	65	65	65	60	65	65

二 社会平均工资

参保者养老待遇的核算和确定比较简单，本质上就是对参保者个人的养老缴费积累按照社会平均退休余寿进行年金分配，但其具体核算过程却十分复杂，不仅要考虑参保者之间存在年龄、参保时间、缴费标准、缴费年限等方面的差异，还要考虑参保投入和社会平均退休余寿的动态变化情况。[①] 本研究引入社会平均工资作为基准指标，将其贯穿整个研究脉络主线，为便于养老金收入端和支出端进行系数化变换，现将基本养老金替代率转变为社会平均工资替代率，使养老金收入变化与社会平均工资增长同步。

社会平均工资是指当年所有参保者的平均工资，为了对不同参保个体缴费情况进行横向比较，将个体缴费额与当年社会平均工资相除，所得系数（或比值）可以反映个体对养老基金收入的相对贡献度。当前，我国经济保持中高速发展，工资增长速度较快，如果让养老金仍然盯住退休前收入，不仅不符合经济发展趋势，而且还会降低养老金对老年人基本生活的保障水平。对于养老保险参保者来说，其工作期内的缴费系数累加值是其对养老基金的贡献量，在其退休之后应该能够得到与此相对应的产品或服务，纵向上实现一生收入消费平衡。从这个意义上讲，社会平均工资不仅是衡量缴费情况的参照标准，还是日后计算和发放养老金的主要依据。不同国家不同时期曾引入过退休前工资、终生平均工资、部分年份平均工资等作为养老金计算基础，与之相比较，以社会平均工资为基础计算的养老金是动态变化的，可与经济增长基本保持同步。

通过对历年《中国劳动统计年鉴》相关数据整理计算，结果显示：2001～2015 年，全国社会平均工资呈快速上升趋势，从 2001 年的 10834 元增至 2015 年的 43892 元，年均增加 2361 元，年均增长率为 10.51%，而同期按现价计算的人均 GDP 增速为 13.28%，后者比前者高出近 3 个百分点，这说明劳动者既是经济增长的贡献者，也是经济发展成果的分享者，但工资性支出在企业成本中的占比略低一些。为了更加准确预测社会平均工资未来变动情况，有必要对 2001～2015 年的社会平均工资 W 与人均生产总值 $RGDP$ 进行计量分析，其回归方程为：$\ln W = 2.7257 + 0.7338\ln RGDP$（ $R^2 = 0.9874$ ）。社会平均工资与经济增长呈显著正相关关系，$RGDP$ 每增长 1%，社会平均工资将增长 0.73%。我们可以根据人均经济增长预测情况推算未来社会平均工资。

[①] 秦中春:《新养老金经济学》，清华大学出版社，2014，第 290～303 页。

经济增长预测是个大课题，经济增长是社会、经济、科技、教育等多因素共同影响的结果，难以对中长期经济增长做出准确预测。[①] 现有文献仅对最近 5～10 年的中国经济增长情况进行了预测，Kuijs 通过对中国劳动力和全要素生产率进行分析，认为全国 GDP 增速将从 2015 年的 7.7% 下降到 2020 年的 6.7%，平均增速为 7%[②]；陈昌盛、何建武根据中国经济发展特征及其变动趋势，对经济增长预期做了小幅调整，认为未来 10 年平均增速应由 6.5% 下调到 6.2%，到 2024 年人均 GDP 上升至 12 万元左右[③]。本研究对 2016～2024 年的人均 GDP 做年度分解，然后根据前面的回归方程，计算得出 2016～2024 年的社会平均工资。2025～2050 年的经济增长属于中长期预测，鲜有文献对此进行预测研究，专门对此进行研究已超出本研究范围。鉴于人均 GDP 自 2025 年开始达到 1.2 万国际元，经济总量基数已经足够大，经济增长方式也发生了很大转变，未来经济增速将会进一步放缓，现将 2025～2040 年的平均增速设定为 4.2%，2041～2050 年的平均增速设定为 3.0%[④]，据此推算，到 2040 年和 2050 年，全国人均 GDP 分别上升至 43.23 万元和 77.54 万元，对应的社会平均工资分别为 33.70 万元和 59.98 万元（见表 6-3）。

表 6-3　中国未来人均 GDP 和社会平均工资预测（2016～2050 年）

单位：元

年份	人均 GDP	社会平均工资	年份	人均 GDP	社会平均工资
2016	55108	48108	2034	269192	212062
2017	60738	52420	2035	291310	229001
2018	66943	57172	2036	315245	247331

① 王立勇、韩金华、赵静：《中外经济周期动态关联性研究与我国经济增长预测》，《经济学动态》2009 年第 9 期，第 15～20 页。

② Louis Kuijs, "China Through 2020—A Macroeconomic Scenario," *World Bank China Office Research Working Paper* No. 9, 2009.

③ 陈昌盛、何建武：《未来十年中国经济增长展望》，《经济日报》2015 年 6 月 18 日，第 13 版。

④ 根据式（5.3）和式（5.4），该增速设定得准确与否仅可能影响养老金收支差额绝对值，但不会改变当年养老金收支亏欠或盈余的性质。

年份	人均GDP	社会平均工资	年份	人均GDP	社会平均工资
2019	73782	62410	2037	341146	267167
2020	81320	68182	2038	369176	288633
2021	89628	74545	2039	399508	311863
2022	98785	81558	2040	432333	337002
2023	108877	89286	2041	458344	356921
2024	120000	97805	2042	485919	378040
2025	132260	107194	2043	515153	400429
2026	143127	115516	2044	546146	424164
2027	154887	124522	2045	579004	449328
2028	167612	134268	2046	613839	476006
2029	181384	144815	2047	650769	504289
2030	196287	156228	2048	689921	534273
2031	212415	168580	2049	731429	566061
2032	229867	181945	2050	775434	599762
2033	248754	196409			

三 退休期望寿命

退休期望寿命是开展养老金收支平衡研究的重要指标。为了便于阐释该项研究内容，有必要首先界定和厘清三个概念：出生预期寿命、退休期望寿命、老年健康余寿。出生预期寿命是指出生人口能够继续存活的平均年数，用 e_0 表示，该指标经常被用来衡量一个国家健康水平；退休期望寿命是指对那些已经达到法定退休年龄的人口来说，能够继续存活的平均年数，用 e_N 表示，用于养老保险精算和计算养老金发放年限；老年健康余寿是指对 60 岁（或 65 岁）及以上老年人来说，能够保持身体健康或基本健康的平均年数，用 e_h 表示，这是实施积极老龄化战略的考察指标，也是配置养老服务人员的主要依据。

从本质上讲，退休期望寿命反映的是一种死亡模式，其计算所用基础数据是年龄别死亡率。退休期望寿命与出生预期寿命均由年龄别死亡率计算得出，不同的出生预期寿命对应一种死亡模式，而退休期望寿命对应的是这种死亡模式的一个"片段"，尽管现有文献尚未发现两者之间的等量关系，但两者之间的确存在一定联系。预期寿命变化不仅取决于死亡水平真实变化情况，还与死亡年龄分布结构直接相关。为了能从不同的出生预期寿命推算其退休期望寿命，需要首先根据出生预期寿命推算得出年龄别死亡率，然而，各年龄死亡率对退休期望寿命的影响不是孤立的，某年龄人口死亡率下降将会影响其后所有年龄上的预期寿命[①]，由此可见，这个推演过程比较复杂。

如何从出生预期寿命推算得到年龄别死亡率呢？Arriaga 从理论上提出了预期寿命差异的分解方法，认为时期 a 和时期 b 的出生预期寿命之所以不同，一是受到对应年龄死亡率变动的直接影响，二是受到相关年龄死亡率的交互影响。[②] 在年龄 x 和 $x+1$ 之间的死亡率差异对预期寿命的总影响可以表示为：

$$_1\Delta_x = \frac{l_x^a}{l_0^a}\left(_1\frac{L_x^b}{l_x^b} - _1\frac{L_x^a}{l_x^a}\right) + \frac{T_{x+1}^b}{l_0^a}\left(\frac{l_x^a}{l_x^b} - \frac{l_{x+1}^a}{l_{x+1}^b}\right) \tag{6.6}$$

其中，l_x^a、l_x^b 分别表示时期 a 和时期 b 的从 0 岁存活到 x 岁的概率，$_1L_x^a$、$_1L_x^b$ 分别表示时期 a 和时期 b 的从 x 岁存活到 $x+1$ 岁的人年数，T_{x+1}^b 表示时期 b 的存活到 $x+1$ 岁以上的人年数。

将式（6.6）中的死亡率差异按年龄相加，得：

$$e_0^b - e_0^a = \sum_{x=0}^{\infty} {}_1\Delta_x \tag{6.7}$$

式（6.7）是对时期 a 和时期 b 的平均出生预期寿命差异进行的分解，反映年龄别死亡率对出生预期寿命差异的贡献。如果在 e_0^b 和 e_0^a 之间

---

① 曾毅、张震、顾大男、郑真真：《人口分析方法与应用》（第二版），北京大学出版社，2011，第 109～113。

② Eduardo E. Arriaga, "Measuring and Explaining the Change in Life Expectancies," *Demography* 21 (1984): 83–96.

任选一点 e_0^c （假设对应时期 c ）, $e_0^c = e_0^a + \eta(e_0^b - e_0^a)$ ，此时有：

$$e_0^c - e_0^a = \eta \sum_{x=1}^{\infty} {}_1\Delta_x \qquad (6.8)$$

依据式 (6.8) 的推导结论，考虑到死亡概率的 logit 转换以及 Brass 提出的生命表相关模型，对时期 a 和时期 b 的年龄别死亡率取对数，然后再进行适当内插和外延，推算得出出生预期寿命为 e_0^c 时的年龄别死亡率[1]。应用最近四次全国人口普查资料中的年龄别死亡率数据，计算得到各普查年份的出生预期寿命，并按照上述路径推算给定出生预期寿命所对应的年龄别死亡率，由此计算法定退休年龄期望寿命。根据表 2 - 6 提出的出生预期寿命假设，2016 ~ 2050 年，男性、女性人口出生预期寿命大致分别介于 73 ~ 76 岁和 78 ~ 81 岁，我们以此作为男性、女性出生预期寿命（间隔为 0.2 岁），法定退休年龄变动范围是 60 ~ 65 岁或 55 ~ 65 岁（间隔为 1 岁），退休期望寿命推算结果如表 6 - 4 和表 6 - 5 所示。需说明的是，如果出生预期寿命或法定退休年龄是其他取值时，可以采用内插法进行处理。

表 6 - 4　中国出生预期寿命对应的退休期望寿命计算（男性）

单位：岁

	N = 60 岁	N = 61 岁	N = 62 岁	N = 63 岁	N = 64 岁	N = 65 岁
$e_0 = 73.0$ 岁	18.81	18.03	17.23	16.45	15.66	14.90
$e_0 = 73.2$ 岁	18.93	18.14	17.34	16.56	15.76	14.99
$e_0 = 73.4$ 岁	19.05	18.26	17.46	16.67	15.86	15.09
$e_0 = 73.6$ 岁	19.17	18.38	17.57	16.77	15.96	15.18
$e_0 = 73.8$ 岁	19.30	18.50	17.69	16.88	16.06	15.28
$e_0 = 74.0$ 岁	19.43	18.62	17.80	17.00	16.16	15.37
$e_0 = 74.2$ 岁	19.54	18.73	17.91	17.09	16.26	15.46
$e_0 = 74.4$ 岁	19.65	18.84	18.01	17.19	16.35	15.55

---

[1]　可以将 e_0^c 模拟假定为时期 c 的出生预期寿命。

续表

	N = 60 岁	N = 61 岁	N = 62 岁	N = 63 岁	N = 64 岁	N = 65 岁
$e_0 = 74.6$ 岁	19.77	18.95	18.12	17.29	16.44	15.64
$e_0 = 74.8$ 岁	19.88	19.06	18.22	17.40	16.54	15.73
$e_0 = 75.0$ 岁	20.00	19.17	18.33	17.50	16.64	15.82
$e_0 = 75.2$ 岁	20.10	19.27	18.43	17.59	16.72	15.90
$e_0 = 75.4$ 岁	20.21	19.37	18.53	17.68	16.81	15.99
$e_0 = 75.6$ 岁	20.32	19.48	18.62	17.78	16.90	16.07
$e_0 = 75.8$ 岁	20.42	19.58	18.72	17.87	16.99	16.15
$e_0 = 76.0$ 岁	20.53	19.69	18.82	17.97	17.08	16.24

表6-5　中国出生预期寿命对应的退休期望寿命计算（女性）

单位：岁

	N = 55 岁	N = 56 岁	N = 57 岁	N = 58 岁	N = 59 岁	N = 60 岁	N = 61 岁	N = 62 岁	N = 63 岁	N = 64 岁	N = 65 岁
$e_0 = 78.0$ 岁	26.31	25.41	24.50	23.60	22.70	21.81	20.95	20.08	19.22	18.36	17.54
$e_0 = 78.2$ 岁	26.42	25.51	24.60	23.70	22.79	21.90	21.04	20.16	19.30	18.43	17.61
$e_0 = 78.4$ 岁	26.53	25.62	24.71	23.80	22.89	21.99	21.12	20.25	19.38	18.50	17.67
$e_0 = 78.6$ 岁	26.64	25.73	24.81	23.91	22.99	22.09	21.21	20.33	19.46	18.58	17.74
$e_0 = 78.8$ 岁	26.76	25.84	24.92	24.01	23.09	22.18	21.30	20.42	19.54	18.65	17.81
$e_0 = 79.0$ 岁	26.87	25.95	25.03	24.11	23.18	22.28	21.39	20.50	19.62	18.73	17.88
$e_0 = 79.2$ 岁	26.99	26.07	25.14	24.22	23.29	22.38	21.49	20.60	19.71	18.81	17.97
$e_0 = 79.4$ 岁	27.11	26.19	25.26	24.34	23.40	22.49	21.59	20.70	19.80	18.90	18.05
$e_0 = 79.6$ 岁	27.23	26.30	25.37	24.45	23.51	22.59	21.70	20.80	19.90	18.99	18.14
$e_0 = 79.8$ 岁	27.36	26.43	25.49	24.56	23.62	22.70	21.80	20.89	19.99	19.08	18.22
$e_0 = 80.0$ 岁	27.48	26.55	25.61	24.68	23.74	22.81	21.90	20.99	20.09	19.17	18.31
$e_0 = 80.2$ 岁	27.61	26.67	25.73	24.80	23.85	22.92	22.02	21.10	20.19	19.27	18.40
$e_0 = 80.4$ 岁	27.74	26.80	25.86	24.92	23.97	23.04	22.13	21.21	20.30	19.37	18.50
$e_0 = 80.6$ 岁	27.87	26.93	25.98	25.04	24.09	23.15	22.24	21.32	20.40	19.47	18.60
$e_0 = 80.8$ 岁	28.00	27.05	26.11	25.17	24.21	23.27	22.35	21.43	20.51	19.58	18.70
$e_0 = 81.0$ 岁	28.13	27.18	26.23	25.29	24.33	23.39	22.47	21.54	20.62	19.68	18.79

四 制度缴费率

养老保险制度缴费率是决定养老基金收入高低的关键因素，也是关系代与代之间能否保持基本公平的重要因素。为了全面认识养老保险缴费情况，有必要将养老保险制度对于缴费率的相关规定进行梳理，主要包括以下五个阶段：一是 1995 年发布了《关于深化企业职工养老保险制度改革的通知》（以下简称《通知》），要求个体工商户参加基本养老保险并缴纳工资的 20%，其中 16% 计入个人账户、4% 计入社会统筹账户，并规定企业和个人缴费率保持在 20% 左右；二是 1997 年发布了《关于建立统一的企业职工基本养老保险制度的决定》（以下简称 26 号文），统一了各地不同模式统账制度的费率、社会统筹和个人账户的比重，规定企业缴费率为职工工资总额的 20%，个人缴费率从个人工资的 4% 起步，逐年提高 1 个百分点，直到 8% 封顶，其中，11% 计入个人账户，其余计入社会统筹账户；三是 2000 年发布了《关于印发完善城镇社会保障体系试点方案的通知》（以下简称 42 号文），规定企业缴费率为工资总额的 20% 左右，且不划入个人账户，也就是说，个人账户比例从 11% 降为 8%；四是 2005 年发布了《关于完善企业职工基本养老保险制度的决定》（以下简称 38 号文），明确了个体工商户和灵活就业人员参加基本养老保险制度的缴费基数是当地上年度职工平均工资，缴费率为 20%，其中，8% 计入个人账户；五是 2013 年发布了《中共中央关于全面深化改革若干重大问题的决定》（以下简称《决定》），提出适时适当降低社会保险缴费率。

这里有个重要前提：养老保险制度实行名义账户制，将目前的统筹账户和个人账户缴费不做区分，统一将之计为保险缴费收入。现将企业缴费率和个人缴费率进行加总，并统称为缴费率。可以发现，1995 年以来，养老保险制度缴费率处于 20% ~ 28%，并呈总体上升趋势。1995 年的缴费率为 20%，1997 年、1998 年和 1999 年分别升至 24%、25% 和 26%，2000 年开始一直保持在 28% 的缴费率水平。2005 年，为了扩大养老保险覆盖面，从政策上鼓励个体工商户和灵活就业人员参加社会养老保险，规定其缴费率为 20%，比参保职工低了 8 个百分点。连同其他四项社保包括在内，中国社会保险法定缴费之和相当于工资水平的 40%[1]，在全球 181 个国家中排名第一，约为"金砖四国"其他三国平均水平的 2 倍，是北欧五国的 3 倍，是 G7 国家的 2.8 倍，是东亚邻国的 4.6 倍。缴费率偏高将增加企业劳动力成本，并在一定程度上削弱企业竞争力，适当降低缴费率是民心所向、大势所趋。2016 年，有 20 个省份实施阶段性降低养老保险缴费率，从 28% 降至 27%，降费期暂按两年时间执行。

表 6-6　不同法定退休年龄下的中国养老保险制度缴费率（替代率 = 60%）

退休年龄	缴费率（男性）		缴费率（女性）	
	上限	下限	上限	下限
55 岁	—	—	0.5626	0.5263
56 岁	—	—	0.5261	0.4918
57 岁	—	—	0.4919	0.4594
58 岁	—	—	0.4598	0.4292
59 岁	—	—	0.4294	0.4006
60 岁	0.3520	0.3224	0.4010	0.3739
61 岁	0.3281	0.3004	0.3745	0.3492
62 岁	0.3053	0.2794	0.3493	0.3257
63 岁	0.2837	0.2598	0.3255	0.3035
64 岁	0.2628	0.2409	0.3028	0.2824
65 岁	0.2436	0.2235	0.2819	0.2631

设定养老金替代率为 60%，在不同法定退休年龄下，其缴费率将发生相应变化，并在一定范围内波动，根据缴费率、替代率与退休期望寿命之间关系，按照表 6-4 和表 6-5 给出的法定退休年龄对应的生命余寿，计算得到 2016~2050 年全国养老保险制度缴费率上限值和下限值（见表 6-6）。结果表明，在现行退休年龄下，男性职工的缴费率应为 32%~35%、女性职工的缴费率应为 52%~56%，如果提高法定退休年龄，所需的缴费率将会有所下降，实现延迟退休年龄调整目标之时，男性、女性职工的缴

---

[1]　http://insurance.jrj.com.cn/2010/03/1204027095830.shtml.

费率分别为 23% 左右和 27% 左右。由此可见，在保持退休人员生活水平不降低的条件下，制度缴费率将随法定退休年龄的变化而相应调整，但考虑到地区收入差异和未来人口老龄化形势，未来制度缴费率的设定原则有两点：一是缴费率不宜太低，保持较高水平缴费率，可以在一定程度上增强社会新增投资能力，促进经济持续增长，应对中重度老龄化严峻考验，争取在人口老龄化峰值到来之前多积累、多储备；二是缴费率不宜太高，从经济发展角度看，保持较低的缴费率，可以在一定程度上降低企业劳动力成本，减轻企业和个人负担，提升企业市场竞争力，另外，从代际公平角度看，随着人口老龄化水平快速上升，赡养率将呈上升趋势，t 期保持较低缴费率也是减轻 $t+1$ 期未来工作一代缴费压力的重要举措。因此，养老保险制度缴费率应维持现状或适当降低，宜保持在 27% ~28%。

五 养老金替代率

我国社会保险制度坚持"广覆盖、保基本、多层次、可持续"12 字方针，在养老金水平上主要体现为"保基本"。2010 年，城市老年人口生活来源主要依靠养老金的比例达到 66.30%，具体到退休人员其比例会更高一些，估算将达到七成以上。从其保障内容来看，除了保障老年退休人员的吃饭穿衣等生理需求之外，养老金还将覆盖大部分的医疗保健支出，因此，有必要将医疗费用纳入保障范围。

从传统意义上讲，替代率是指养老金与个人收入之比，反映个人退休前后的收入变化情况。在研究养老金替代率时，隐含着一个重要假设：如果将人的一生分为工作期和退休期两个阶段，其在工作期的保险缴费可以看作一个分期储蓄合约且能够保值，待其退休时分期支取，两个阶段所能购买的产品和服务相同，相当于工作期储藏了能够保值的产品和服务以供退休后享用。养老金替代率主要由制度缴费率决定，工作期的缴费率越高，退休后的养老金替代率越高，此即为纵向平衡。但是，在名义账户制的现收现付方式下，退休一代赖以生计的养老金是由当前工作一代的保险缴费来实际供给的，如果要使养老金资源供需平衡，必须保证退休人员的养老金与当前参保人员的缴费总额基本相等，此即为横向平衡。养老资源动态平衡就是同时实现纵向平衡和横向平衡。

从纵向平衡视角看，替代率高低不仅取决于缴费率，还与法定退休年龄和退休期望寿命有关，法定退休年龄越高，退休期望寿命越小，在缴费率一定的情况下，平均分摊到每年的养老金越多。循此逻辑思路，以上年度社会平均工资为标准，在其基础上乘以一个系数（该系数是工作期内每年标准化缴费系数之和在退休期望寿命内的平均值），可以表示为：$Y_u = \sum_{t=i}^{N} S_t / M$。如果将所有这样的个体聚合为总体，此时的 Y_u 即是养老金替代率。现具体分析相关指标对替代率的影响，在制度缴费率保持 27% ~28%、法定退休年龄和退休期望寿命取不同值的情况下，考察养老金替代率变化情况（见表 6 - 7）。

表 6 - 7　不同参数条件下的中国养老金替代率变动情况

法定退休年龄	缴费率 = 27%				缴费率 = 28%			
	男性		女性		男性		女性	
	上限	下限	上限	下限	上限	下限	上限	下限
55 岁	—	—	0.3078	0.2879	—	—	0.3192	0.2986
56 岁	—	—	0.3294	0.3079	—	—	0.3416	0.3193
57 岁	—	—	0.3526	0.3293	—	—	0.3657	0.3415
58 岁	—	—	0.3775	0.3523	—	—	0.3915	0.3654
59 岁	—	—	0.4044	0.3773	—	—	0.4194	0.3912
60 岁	0.5025	0.4603	0.4333	0.4040	0.5211	0.4773	0.4493	0.4190
61 岁	0.5392	0.4938	0.4640	0.4326	0.5592	0.5120	0.4812	0.4486
62 岁	0.5797	0.5307	0.4975	0.4638	0.6012	0.5503	0.5159	0.4810
63 岁	0.6236	0.5710	0.5337	0.4977	0.6467	0.5921	0.5535	0.5161
64 岁	0.6725	0.6164	0.5736	0.5351	0.6974	0.6393	0.5948	0.5349
65 岁	0.7249	0.6650	0.6158	0.5746	0.7517	0.6896	0.6386	0.5959

计算结果表明，在不同参数条件下，养老金替代率变动特征将主要表现在以下三个方面。一是制度缴费率上升将有效提高养老金替代率。将制度缴费率分别取值 27% 和 28% 进行比较，制度缴费率提高 1 个百分点，替代率将平均上升 1.8 个百分点，而且，法定退休年龄越高，其上升幅度

越大，法定退休年龄为 60 岁和 65 岁时，养老金替代率将分别上升 1.6 个百分点和 2.3 个百分点。二是随着法定退休年龄增加，养老金替代率呈上升趋势。以缴费率为 28% 为例，法定退休年龄每增加 1 岁，男性职工和女性职工养老金替代率将分别上升 3~5 个百分点和 3~4 个百分点，也就是说，提高法定退休年龄对男性职工养老金替代率的影响更灵敏一些。三是相同退休年龄下，男性职工养老金替代率普遍高于女性职工。在制度缴费率为 28% 的情况下，如果法定退休年龄均为 60 岁，男性职工养老金替代率为 50% 左右，而女性职工仅为 43% 左右，前者比后者高出近 7 个百分点。这也从一个侧面表明，在养老金制度改革中迫切需要提高法定退休年龄尤其是女性职工退休年龄，不仅体现了男女平等的工作机会，更是满足女性职工提高养老金收入的现实需要。

由此可见，在养老金制度设计上确定的养老金替代率为 60%，可以此为标准进行退休年龄、缴费率等指标设计，实际替代率低于理论设计值。相对于 60% 的养老金替代率来说，2000 年以来的养老金替代率（平均 59.22%）与之比较接近，而同等条件下的表 6-7 计算结果（50% 左右）低了 8 个百分点，也就是说，如果未来实行名义账户制并以社会平均工资作为核算养老金标准，能够在替代率为 60% 时达到养老金收支平衡，在实际支付时能够满足养老金支付需求。从这个意义上讲，将 60% 视为养老金替代率高限值，将之确定为养老金替代率标准符合快速老龄化的人口形势。

六　保险覆盖率

养老保险覆盖率是指参加城镇职工基本养老保险人数在城镇就业总人口中的占比，在数量上，保险覆盖率=（参加城镇职工基本养老保险人数/城镇就业总人口）×100%，用以反映基本养老保险惠及城镇职工的范围。与商业保险一样，养老保险基本原理也是利用统计上的大数定律抵抗意外风险，这就要求参保人数必须达到一定数量才能够发挥风险抵抗的功能。扩大养老保险覆盖率是养老保险体系改革的努力方向之一，保险覆盖面大小与受益程度是社会公平的重要体现。① 如果养老保险覆盖率太低，将意味着有大量人口年老之后没有退休金满足其基本生活所需，从这个意义上讲，扩大保险覆盖面不仅有利于促进社会公平，而且还能保障养老保险体系可持续运行。②

从养老保险制度发展情况来看，二十多年来取得了重大成就，逐步打破城乡分割、条块分割，其历程主要包括以下四个阶段。一是企业职工基本养老保险制度改革。1995 年国务院颁布了《关于深化企业职工养老保险制度改革的通知》，并于 2005 年发布了《关于完善企业职工基本养老保险制度的决定》，凸显了国家扩大基本养老保险覆盖面的改革目标，统一了城镇个体工商户和灵活就业人员的参保方式，将非企业职工有效纳入参保范围。二是农村社会养老保险进行试点并得到发展。1991 年民政部进行农村养老保险制度试点并逐步推广，但很快陷入发展困境；2009 年国务院颁布了《关于开展新型农村社会养老保险试点的指导意见》，农民养老问题也基本得到解决，其基础养老金由政府财政支付。三是城乡居民基本养老保险制度建立。2011 年国务院发布了《关于开展城镇居民社会养老保险试点的指导意见》，将不符合职工基本养老保险参保条件的城镇非从业居民纳入进来，2014 年开始合并新型农村社会养老保险和城镇居民社会养老保险，建立全国统一的城乡居民基本养老保险制度。四是机关事业单位养老保险制度并轨改革。2015 年国务院颁布了《关于机关事业单位工作人员养老保险制度改革的决定》，在机关事业单位建立与企业相同的基本养老保险制度，机关事业单位工作人员与企业职工一样承担个人缴费义务，并按同样的计发标准领取养老金，逐步实现养老保险制度并轨运行。③

从养老保险参保人群及其覆盖情况来看，全国养老保险参保人群得到有效拓展，保险覆盖率呈现逐年上升态势。根据各年度《人力资源和社会

---

① 吴永求：《中国养老保险扩面问题及对策研究》，博士学位论文，重庆大学经济与工商管理学院，2012。
② 宋长青：《关于我国社会保障覆盖面的探讨》，《统计研究》2004 年第 3 期，第 17 ~ 19 页。
③ 吕惠娟、刘士宁：《我国养老保险制度的覆盖面问题研究》，《特区经济》2016 年第 6 期，第 110 ~ 112 页。

保障事业发展统计公报》，城镇就业人员和城镇参保人员数量均呈上升趋势，分别从1998年的20678万人和8476万人增至2015年的40410万人和26219万人，年均增长率分别为4.02%和6.87%，城镇参保人员增速明显快于城镇总体就业人口增长，这反映了城镇职工保险覆盖率呈现出逐年上升态势。1998～2015年，全国城镇基本养老保险覆盖率从40.99%升至64.88%，年均上升1.41个百分点（见图6-1），其中，受2005年出台的相关政策影响，城镇个体工商户和灵活就业人员积极加入养老保险，从而使得城镇基本养老保险覆盖率得到有效上升。如图6-1所示，全国城镇基本养老保险覆盖率变化可以分为三个阶段：一是缓慢爬升阶段，从1998年的40.99%升至2004年的46.27%，年均上升0.88个百分点；二是快速上升阶段，从2005年的48.00%升至2010年的59.09%，年均上升2.22个百分点；三是稳步攀升阶段，从2011年的60.05%升至2015年的64.88%，年均上升1.21个百分点。由此可见，养老保险覆盖率变化与相关政策规定有着密切关系，2005年之后的保险覆盖范围迅速扩大，保险覆盖率快速上升，但从2011年开始其增速有所放缓。根据保险覆盖率变动趋势，考虑到人们对社会保险的意识和认同度逐渐提高，将2011～2015年的年均增速作为未来保险覆盖率的上升速度，到2040年达到95%以上，之后维持这一水平不变，以此标准来计算未来养老金缴费收入（见表6-8）。

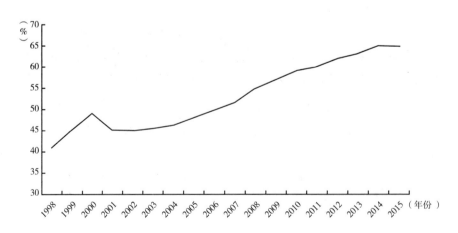

图6-1　全国城镇基本养老保险覆盖率变动情况（1998～2015年）

表6-8　全国未来养老保险覆盖率指标设定

单位：%

年份	保险覆盖率	年份	保险覆盖率	年份	保险覆盖率	年份	保险覆盖率
2016	66.09	2025	76.98	2034	87.87	2043	95.13
2017	67.30	2026	78.19	2035	89.08	2044	95.13
2018	68.51	2027	79.40	2036	90.29	2045	95.13
2019	69.72	2028	80.61	2037	91.50	2046	95.13
2020	70.93	2029	81.82	2038	92.71	2047	95.13
2021	72.14	2030	83.03	2039	93.92	2048	95.13
2022	73.35	2031	84.24	2040	95.13	2049	95.13
2023	74.56	2032	85.45	2041	95.13	2050	95.13
2024	75.77	2033	86.66	2042	95.13		

七　老年人参保率

根据历次全国人口普查资料，城镇老年人将离退休金养老金作为其主要生活来源的比例呈上升趋势，2000年时为58.05%，到2010年达到66.30%，10年间上升了8个百分点，可见，有效提升老年人参保率是改善老年人基本生活的重要手段。在此，特别提出老年人参保率概念，是指参保退休人员在城镇老年人口中的占比，在数量上，老年人参保率＝参保退休人员/城镇老年人口，我们可以根据历年统计数据资料计算得到老年人参保率变动情况，并对其未来变化趋势进行预测。

1995~2015年，老年人参保率变动过程主要包括两个阶段：一是快速下降阶段（1995~2002年），从1995年的91.54%降至2002年的62.77%，年均下降4.11个百分点，这与我国经济增长过程中的大规模乡城人口迁移有着密切关系，大量没有退休金的60岁及以上农村老年人进城务工，拉低了老年人参保率指标；二是平稳上升阶段（2003~2015年），从2003年的63.26%升至2015年的76.40%，年均上升1.10个百分点，随着越来越多城镇就业人口跨入老年行列，以及乡城迁移人口流动速度开始放缓，老年人参保率开始步入上升通道（见图6-2）。由此，预计未来老年人参保率将持续保持上升趋势，并设定2016~2050年老年人参保率上升速度先快后慢，前 15 年年均上升 0.5 个百分点，2030 年时升至 83.90%；后 20 年年均上升 0.3 个百分点，2050 年时达到 89.90%，将近 90% 的水平（见表 6－9）。

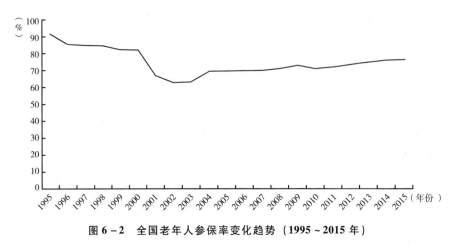

图 6－2　全国老年人参保率变化趋势（1995～2015 年）

表 6－9　全国未来老年人参保率设定情况（2016～2050 年）

单位：%

年份	老年人参保率	年份	老年人参保率	年份	老年人参保率	年份	老年人参保率
2016	76.90	2025	81.40	2034	85.10	2043	87.80
2017	77.40	2026	81.90	2035	85.40	2044	88.10
2018	77.90	2027	82.40	2036	85.70	2045	88.40
2019	78.40	2028	82.90	2037	86.00	2046	88.70
2020	78.90	2029	83.40	2038	86.30	2047	89.00
2021	79.40	2030	83.90	2039	86.60	2048	89.30
2022	79.90	2031	84.20	2040	86.90	2049	89.60
2023	80.40	2032	84.50	2041	87.20	2050	89.90
2024	80.90	2033	84.80	2042	87.50		

第三节　人口经济指标设定

测算养老基金收入支出状况，还必须明确缴纳养老保险费用的人口数量和领取养老金的退休老人数量，与之相关的人口经济参量包括劳动年龄人口数量、老年人口数量、人口城镇化率、城镇人口就业率、老年人参保率等，这是测算养老基金收支余缺的基础。

一 人口规模结构

根据本研究人口预测结果，2016~2050年，我国总人口规模呈先增后减变动特征，将从2016年的13.82亿人增至2025年的14.51亿人，之后逐渐减少，2050年降至13.66亿人（见表6-10）。其中，15~59岁劳动年龄人口呈持续下降态势，将从2016年的9.21亿人降至2050年的7.09亿人，年均下降623万人，劳动力资源供给乏力；如果将退休年龄提高到65岁，依然不能改变劳动年龄人口规模持续下降趋势，全国15~64岁人口将从2016年的9.99亿人降至2050年的8.24亿人，但可以使劳动年龄人口增加0.7亿~1.2亿人，这将有效缓解未来劳动力短缺，但会给人口就业带来压力。60岁及以上老年人口呈持续增加态势，将从2016年的2.28亿人增至2050年的4.25亿人，年均增加580万人；如果按照第二统计口径，65岁及以上老年人口将从2016年的1.50亿人增至2050年的3.09亿人，社会养老负担逐年加重趋势不可逆转。在具体研究中，根据各退休年龄方案对老年人口年龄取值60~65岁不等，其对应的劳动年龄人口年龄上限取值将在59~64岁范围内做相应调整。另外，在测算养老基金收支过程中，可能会用到分城乡年龄别人口数据，可以直接从第二章人口预测数据中整理计算。

表6-10 2016~2050年（主要年份）全国人口规模变动情况

单位：亿人

主要年份	总人口	15~64岁人口	15~59岁人口	60岁及以上人口	65岁及以上人口
2016	13.82	9.99	9.21	2.28	1.50
2020	14.30	9.74	9.01	2.49	1.76
2025	14.51	9.54	8.38	2.95	1.98
2030	14.44	9.44	8.31	3.49	2.36
2035	14.20	9.34	8.27	3.86	2.79
2040	13.99	9.02	8.14	3.95	3.07
2045	13.85	8.68	7.76	4.01	3.09
2050	13.66	8.24	7.09	4.25	3.09

二 人口城镇化率

人口城镇化率是衡量社会化发展程度的重要指标。从一定意义上讲，城镇化也是劳动力乡城迁移流动的结果，劳动年龄人口从农村流向城镇可有效扩大养老金缴费人群，从而对养老金收入产生重大影响。从全国人口城镇化率变化趋势来看，近二十年来，人口城镇化率呈持续快速上升趋势，从 1995 年的 29.04% 升至 2015 年的 56.10%，年均上升 1.35 个百分点（见图 6－3），城镇人口从 3.52 亿人增至 7.71 亿人，平均每年增加 2095 万人。13 亿规模的人口大国的城镇化水平能够如此长时间保持快速提升，这是难能可贵的，其上升趋势正好与我国经济高速增长趋势相吻合，但随着经济增长方式转变和产业结构调整，全国人口城镇化水平的增长速度将会有所放缓。中国人口与发展研究中心课题组对人口城镇化发展战略进行研究，认为：2030 年，人口城镇化率达到 70%，达到中等偏上收入国家城镇化水平；2050 年，人口城镇化率达到 80%，达到中等发达国家城镇化水平。[1]孙东琪等借助 SPSS 和 ArcGIS 平台，对全国及 31 个省份的城镇化发展进行预测，研究认为：2015～2030 年，中国人口城镇化率由 48.23% 增长到 70.12%，城镇人口由 6.63 亿人增加到 10.53 亿人。[2] 另外，李克强总理在 2016 年 3 月第十二届全国人民代表大会第四次会议上所做政府工作报告指出，到 2020 年，常住人口城镇化率达到 60%[3]，那么，"十二五"期间的人口城镇化率将年均上升 0.78 个百分点。基于此，我们将 2016～2050 年的人口城镇化率分两个阶段进行设定：一是 2016～2030 年，平均每年上升 0.78 个百分点，2030 年时的人口城镇化率为 67.80%；二是 2031～2050 年，平均每年上升 0.61 个百分点，到 2050 年，全国人口城镇化率达到 80%（见表 6－11）。

---

[1] 中国人口与发展研究中心课题组：《中国人口城镇化战略研究》，《人口研究》2012 年第 3 期，第 3～13 页。

[2] 孙东琪、陈明星、陈玉福、叶尔肯·吾扎提：《2015～2030 年中国新型城镇化发展及其资金需求预测》，《地理学报》2016 年第 6 期，第 1025～1044 页。

[3] http://www.ce.cn/xwzx/gnsz/szyw/201603/05/t20160305_9297708.shtml.

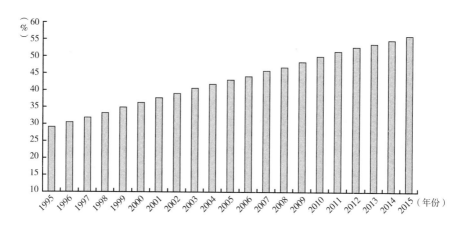

图 6 - 3　全国人口城镇化率变化趋势（1995～2015 年）

表 6 - 11　全国未来人口城镇化率（2016～2050 年）

单位：%

年份	城镇化率	年份	城镇化率	年份	城镇化率	年份	城镇化率
2016	56.88	2025	63.90	2034	70.24	2043	75.73
2017	57.66	2026	64.68	2035	70.85	2044	76.34
2018	58.44	2027	65.46	2036	71.46	2045	76.95
2019	59.22	2028	66.24	2037	72.07	2046	77.56
2020	60.00	2029	67.02	2038	72.68	2047	78.17
2021	60.78	2030	67.80	2039	73.29	2048	78.78
2022	61.56	2031	68.41	2040	73.90	2049	79.39
2023	62.34	2032	69.02	2041	74.51	2050	80.00
2024	63.12	2033	69.63	2042	75.12		

三　城镇人口就业率

城镇人口就业率是指城镇就业人口在城镇劳动年龄人口中所占比例，在数量上，城镇人口就业率 =（城镇就业人口/城镇劳动年龄人口）×100%。城镇就业人口是城镇养老保险基金缴费收入供给者，我们可以根据城镇就业人口规模以及当年社会平均工资计算得到养老金征缴基数。

同时，通过人口预测获知城镇劳动年龄人口规模，在劳动年龄人口规模已知情况下，可以通过城镇人口就业率间接获知城镇就业人口规模。但是，城镇人口就业率是动态变化的，并受社会发展水平和经济增长速度直接影响，由于城镇人口失业率是登记失业率，在数量上，城镇人口就业率并不与城镇人口失业率呈简单互补关系，这就需要对近年来城镇人口就业率变动情况进行趋势分析，并以此为依据，提出未来时期城镇人口就业指标设定值。

根据《中国人口统计年鉴》和历年《人力资源和社会保障事业发展统计公报》数据，整理计算可知近二十年城镇人口就业率总体保持上升趋势，从 1995 年的 66.64% 上升至 2015 年的 78.42%，年均上升 0.59 个百分点，其中，2000 ~ 2009 年围绕 70% 小幅波动，2010 年开始重拾上升趋势，2015 年达到时期最高值 78.42%（见图 6 - 4）。基于此，考虑到经济增长方式转变、经济结构调整和社会资本有机构成提高等因素，参考美国非农就业率 2000 年以来的变动情况，我们可以设定：全国城镇人口就业率将在 2016 ~ 2030 年持续保持上升趋势，但其上升速度会有所放缓，设定每年上升 0.50 个百分点，到 2030 年达到 85.92%，之后，以平均每年 0.2 个百分点的速度上升，到 2050 年达到将近 90%（见表 6 - 12）。

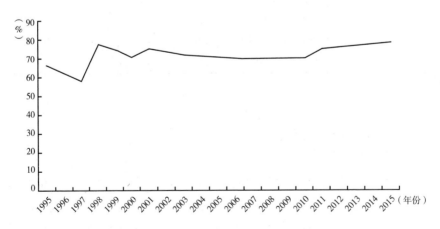

图 6 - 4　全国城镇人口就业率变化趋势（1995 ~ 2015 年）

表 6 - 12　全国未来城镇人口就业率 (2016 ~ 2050 年)

单位：%

年份	就业率	年份	就业率	年份	就业率	年份	就业率
2016	78.92	2025	83.42	2034	86.72	2043	88.52
2017	79.42	2026	83.92	2035	86.92	2044	88.72
2018	79.92	2027	84.42	2036	87.12	2045	88.92
2019	80.42	2028	84.92	2037	87.32	2046	89.12
2020	80.92	2029	85.42	2038	87.52	2047	89.32
2021	81.42	2030	85.92	2039	87.72	2048	89.52
2022	81.92	2031	86.12	2040	87.72	2049	89.72
2023	82.42	2032	86.32	2041	88.12	2050	89.92
2024	82.92	2033	86.52	2042	88.32		

第四节　本章小结

　　本章研究内容是有效开展养老资源供需平衡实证研究的重要基础，并对保证供需缺口测算正确性和动态平衡路径选择起着关键作用。根据各影响因素之间关联关系及动态平衡运行机理，将养老资源供需平衡置于动态平衡过程之中，应用过程控制理论和时变动态平衡理论，构建包含人口老龄化因素的养老金收支模型，具体分析保持养老资源供需动态平衡所需的参数条件，为定量研究各参量指标变动对养老金收支和养老服务供需影响奠定基础。本章主要从以下两方面开展研究。

　　一是建立数学模型。根据相关理论，构建与养老资源供需动态平衡相适应的数学模型。按照社会平均工资将个人年缴费金额进行标准化，对工作期间的缴费系数进行加总，将该加总量在退休年龄时的期望寿命期间内平均分配，由此确定个人退休时可以领取的养老基金收入，以此建立个人养老金数学模型。养老基金收入由养老基金缴费收入和养老基金投资收益构成。缴费收入受养老保险制度缴费率、劳动就业率、养老保险覆盖率和劳动年龄人口占比影响，缴费对象仅限于纳入养老保险制度并处于工作期的劳动年龄人口，特别引入"社会平均工资"，将微观问题宏观化，从宏观上考察当年缴费人口数量与上年社会平均工资，其乘积即为当年缴纳养老保险的工资基数，综合考察缴费率与替代率之间关系，综合考虑影响养老基金收支的相关因素和变量，分析养老基金收支缺口未来变动情况，建立养老基金收支模型。以长期照护作为养老服务最基本需求，考察养老服务供给需求变动情况，构建相应的养老服务人员需求预测模型。

二是选择和设定参量指标。在养老基金收支模型中，各参量不同取值下的养老基金收支状况迥异，深入分析了法定退休年龄、社会平均工资、退休期望寿命、制度缴费率、养老金替代率、保险覆盖率、老年人参保率等参量。通过对这些参量指标的相关因素和历史变动情况进行分析，合理设定未来取值。在提高法定退休年龄上，考虑到起始时点、男女同龄和弹性退休问题，提出了三个方案。对2001～2015年的全国社会平均工资和人均生产总值时间序列数据进行回归分析，推算未来社会平均工资变动情况。根据人口统计原理，推算不同出生预期寿命下的年龄别死亡率，进而推算得到与之相对应的退休期望寿命。分析了不同退休年龄下的制度缴费率和养老金替代率，缴费率应维持现状或适当降低，宜保持在27%～28%；在养老金制度设计上确定的养老金替代率为60%，可以此为标准进行退休年龄、缴费率等指标设计，实际替代率低于理论设计值。考虑到人们对社会保险意识逐渐提高，将2011～2015年的年均增速作为未来保险覆盖率的上升速度，到2040年达到95%以上。设定2016～2050年老年人参保率上升速度先快后慢，2030年和2050年将分别升至83.90%和89.90%。同时，还对人口规模结构、人口城镇化率和城镇人口就业率等人口经济指标的未来变动情况进行了分析和具体设定，为定量研究养老基金收支状况以及探寻养老资源供需动态平衡路径奠定基础。

需要说明的是，本章应用人口间接估计技术，估算了不同出生预期寿命对应的年龄别死亡率，根据历次全国人口普查数据，对各普查年份的年龄别人口死亡率数据进行内插和外延，测算效果比较理想。依据估算得到的不同出生预期寿命对应的人口死亡模式，可以计算与未来某年份相对应的不同法定退休年龄生命余寿，这是一项创新性研究，不仅可以为本研究获得制度缴费率、养老金替代率以及养老基金支出水平提供测算依据，还有助于计算未来某年龄的生命余寿，为保险精算和科学设计保险产品提供方法基础。

第七章
养老资源供需动态平衡
实证测算

　　未来人口发展和老龄化趋势基本确立，养老保险制度下的各项参数指标变动将对养老资源动态平衡产生直接影响。应用第六章推导得出的动态平衡模型，对各单项指标分别取值和对多项指标取值进行组合，测算养老基金收支和养老服务供需情况，具体分析保持养老资源供需动态平衡所需的参数条件，定量研究各参量指标变动对养老基金收支和养老服务供需的影响，为探寻养老资源供需动态平衡路径奠定基础。

第一节　城镇职工养老基金收支测算

　　城镇职工养老保险是养老保险制度的主要组成部分，城镇职工基本养老保险基金收支平衡是实现全国养老保险基金收支平衡的关键和重要基础。根据第六章中的式（6.3）和式（6.4）以及参数选取设定情况，测算 2016～2050 年养老基金收入和支出金额。考察各参量对养老基金收支平衡的边际影响，将当前养老保险政策下的参数指标作为参照基准，当调整某一指标参数值时，其他指标保持现行政策下参数值不变。现沿着增收节支路径展开讨论，对制度缴费率、养老金替代率、法定退休年龄、基金投资收益四项指标设置不同取值，分别测算养老基金收支及其差额变动情况。

一 单独调整制度缴费率

目前的制度缴费率为 28% （含单位缴纳部分和个人缴纳部分，本研究不做进一步区分），最近也有部分省份暂时性地将缴费率下调 1 个百分点，在当前社会经济发展背景下，下调养老保险制度缴费率是大势所趋，这是养老保险制度改革的重要方面，也是减轻单位或个人过高养老负担的一个重要举措。将制度缴费率分两种情况进行分析：一是保持现有制度缴费率 28% 不变；二是全面下调一个百分点，降至 27%。设定养老金替代率、法定退休年龄、基金投资收益保持在 2015 年的水平。

计算结果表明，当制度缴费率为 28% 时，2016～2019 年，养老基金收支差额为正值（见图 7-1），且其结余额呈现逐年减少趋势，从 2016 年的 2383 亿元降至 2019 年的 413 亿元，2020 年开始出现收支缺口，而且缺口额逐年扩大，从 2020 年的 1054 亿元扩大到 2050 年的 45.56 万亿元；从养老基金累计结存额来看，2016～2050 年，呈现先升后降趋势，从 2016 年的 4.23 万亿元增至 2019 年的 4.61 万亿元，2020 年开始以年均 13.36 万亿元的速度快速减少，并自 2025 年开始穿底，到 2050 年时的累计亏欠额达到 396.21 万亿元。当制度缴费率为 27% 时，未来的养老基金收支缺口出现的时间更早，将从 2018 年开始出现收支缺口；而且，2050 年时的收支缺口更大，达到 48.28 万亿元；与之相对应的养老基金累计结余额更少，2050 年时的累计亏欠额高达 433.39 万亿元，而且穿底时间更加提前，将从 2024 年开始穿底，比缴费率为 28% 时提前一年时间。

能否满足老年人基本生活需要关系到国家社会稳定和长治久安，从这个意义上讲，养老保险是政府应该承担的一项重要职责。在保持货币购买力基本稳定前提下，国家财政支付能力难以弥补 2050 年时的养老基金亏欠额，2010～2015 年，财政专项补贴从 1954 亿元增至 4716 亿元，年均增长 19.27%，在经济增长方式转变和增长速度放缓的背景下，国家财政对养老保险的专项补贴将难以长时期保持如此高的增长速度。假定 2016～2050 年的年均财政补贴保持在 5000 亿元水平，其仅能使养老基金收支缺口出现时

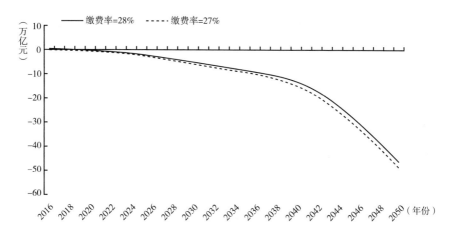

图 7 - 1　不同缴费率下的养老基金收支差额变动情况（2016～2050 年）

间推迟两年，使养老基金穿底时间推迟三年。如果从缴费率着手解决养老基金缺口问题，不仅不能降低缴费率，还应提高制度缴费率。经试算，当制度缴费率从现有水平大幅提高到 42.45% 时，可以使养老基金在 2050 年时达到收支平衡。但对于微观经济个体而言，以"工薪税"形式来将养老保险缴费率提高 14 个百分点是一个较大的经济负担，这将不可避免地增加企业劳动力成本，降低企业市场竞争力，同时也对个人储蓄形成挤出效应，降低经济增长速度，不利于养老资源供需平衡其他目标的实现。由此可见，单独提高制度缴费率并不能从根本上解决养老基金缺口问题。

二　单独调整养老金替代率

养老金替代率是反映退休老人生活水平的重要指标。目前，社会平均工资下的养老金替代率为 62.35%，从其保障内容来看，养老金不仅满足老年退休人员的吃饭穿衣等生理需求，还要支付必要的医疗保健费用，其合理取值范围应处于 50%～60% 区间。在保持制度缴费率、法定退休年龄和基金投资收益等参量不变的情况下，现将养老金替代率分为 50%、55% 和 60% 三种情况进行测算。

计算结果表明，当养老金替代率为 50% 时，2016～2025 年，养老基金收入能够承担起养老基金支出需求，养老基金收支差额从 2016 年的 7993 亿元变动至 2025 年的 2181 亿元（见图 7 - 2），总体呈现下降趋势，自 2026 年开始出现养老基金收支缺口，养老保险基金将在 2033 年开始穿底，2050 年时的累计亏欠额为 154.31 万亿元。当养老金替代率分别为 55% 和 60% 时，养老基金收支缺口出现时间会更早，分别从 2023 年和 2020 年开始收不抵支，比替代率为 50% 时提前了 3 年和 6 年；养老保险基金穿底时间也更为提前，分别在 2028 年和 2025 年穿底，比替代率为 50% 时提前了 5 年和 8 年；而且累计亏欠额将进一步增加，2050 年时的累计亏欠额分别达到 275.76 万亿元和 396.21 万亿元，是替代率为 50% 时的 1.8 倍和 2.6 倍左右。

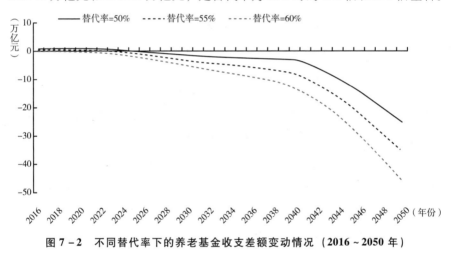

图 7 - 2 不同替代率下的养老基金收支差额变动情况（2016～2050 年）

如果单独调整养老金替代率来达到养老基金收支平衡，并在 2050 年之前不出现收支缺口，需要大幅降低养老金替代率。经试算，当养老金替代率为 39.02% 时，能够确保 2016～2050 年的养老基金收支差额始终为正值，2050 年时的差额为 46.44 亿元。但不足 40% 的社会平均工资替代率甚至低于恩格尔系数，不能完全满足老年人穿衣吃饭等基本生活需求，这将严重损害当期退休一代人的根本利益。可以预见，如果保持 39.02% 的养老金替代率水平，即便 2050 年时能够保持养老基金收入大于支出，但 2051 年之后将会重回收不抵支轨道，单独降低养老金替代率并不能从根本上解决养老基金缺口问题。

三   单独调整法定退休年龄

法定退休年龄直接决定了缴纳保费就业人口规模大小，以及享受退休金老年人口的多寡，从而对养老基金收支两方面产生重要影响。目前，我国领取养老金门槛明显偏低，法定退休年龄不适应出生预期寿命延长和人口快速老龄化形势的需要。按照目前退休政策规定，男性退休年龄为 60 岁，女性干部和女性工人分别为 55 岁和 50 岁，即便如此，仍未得到严格执行，部分企业的男性工人退休年龄为 55 岁。基于此，第六章分析了提高法定退休年龄的可行性，提出了三种渐进式延迟退休年龄方案及其具体实施时间表（见表 6 - 1 和表 6 - 2）。在制度缴费率、养老金替代率、基金投资收益等参量保持不变前提下，考察提高法定退休年龄不同方案下的养老基金收支变动情况。

计算结果表明，方案一是提高法定退休年龄最快方案，将在 2038 年全面实现法定男、女退休年龄均为 65 岁的调整目标，此方案下，养老基金收支变动总体呈现收入大于支出状态，且其收支差额呈现出总体增长趋势，从 2016 年的 1125 亿元增至 2050 年的 17.91 万亿元（见图 7 - 3），仅在 2018 年出现短暂性养老基金缺口。与方案一相比较，方案二的调整进展速度稍微平缓一些，将于 2048 年实现法定男、女退休年龄均为 65 岁，充分体现性别平等，比方案一推后 10 年时间。发生养老基金缺口的时间明显增多，2018 ~ 2034 年将会连续出现养老基金收不抵支问题，存在养老基金缺口的时间占到将近一半；2030 ~ 2037 年，养老基金存在穿底风险，也就是说，在此期间，财政资金必须每年提供补贴 3000 亿 ~ 7000 亿元，才能按时发放退休人员养老金；2035 年开始，养老基金收支差额转变为正值，并呈现出总体增长趋势，2050 年时养老基金收支差额为 14.19 万亿元。如果采用方案三，收不抵支状态将会保持更长时间，2018 ~ 2038 年的养老基金收支差额处于水平线以下，其中，2033 年达到最大缺口 3.15 万亿元，自 2039 年开始养老基金收支状况有所改善，收支差额转为正值且逐年上升，从 2039 年的 6662 亿元上升到 2050 年的 12.72 万亿元。由此可见，提高法定退休年龄对养老基金收支平衡确实有着巨大影响，能够在一定程度上改善养老基金收支状况，不仅有效增加缴费年限，还将减少实际领取养老金时间。此时，仍然保持原有制度缴费率和养老金替代率将损害就业一代人的个人账户平衡。因此，延迟法定退休年龄宜早日实施，但并非调整速度越快越好，宜采用第二套方案，渐进延迟、逐步适应、稳中求进。

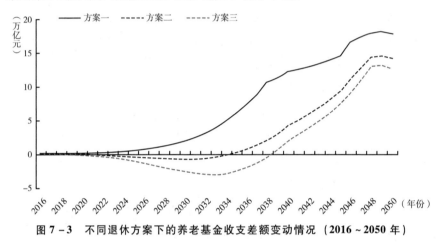

图 7-3　不同退休方案下的养老基金收支差额变动情况（2016~2050 年）

四　单独调整基金投资收益

增加养老基金投资收益是弥补养老基金缺口的重要举措。在数量上，养老基金投资收益等于养老基金存量乘以投资收益率，这决定了可以从两个方向增加投资收益：一是扩大养老基金存量，将中国规模庞大的国有资本的一部分充实到社会保障基金，体现国有资本的公有属性[①]；二是提高投资收益率，让养老基金在经济发展中保值增值。

一是考察扩大养老基金存量对养老基金收支的影响。目前，养老保险基金存量为 3.99 万亿元，如果让国有资本一次性划转充实社保基金，按照当前养老保险个人账户空转规模 4 万亿元计算，划转社保基金并归为养老保险基金的国有资本应为 4 万亿元（与之对应的国有资本划转社

---

① http://finance.ce.cn/rolling/201603/06/t20160306_9305943.shtml.

保基金规模应为 10 万亿元左右），这也是国家负担历史转制成本的应有之责。需要说明的是，国有资本划转后的养老保险基金其存量资金本身不能用于支付当期养老金，只能用每年的投资收益弥补养老基金缺口。计算结果表明，如果一次性拨付使养老基金存量从 3.99 万亿元增至 7.99 万亿元，则产生养老基金缺口的年份将向后推迟两年。经试算，如果仅由国有资本划转补充养老保险基金存量来解决养老基金缺口问题，即便是一次性划转国有资本 50 万亿元，也仅能使养老基金缺口出现时间向后延迟 4 年。由此可见，完全依赖"输血"而缺乏"造血"功能将难以为继，仅仅通过国有资本充实社保基金并不能从根本上解决养老基金缺口问题。

二是考察提高投资收益率对养老基金收支的影响。提高投资收益率是增加养老基金收入的重要手段，可以将投资收益率的取值分为三种情况进行分析：一是将投资收益率按现有养老基金投资收益率 2% 的取值进行计算，将会从 2020 年开始出现养老基金缺口，2050 年时的收支缺口累计额高达 396.21 万亿元，养老保险基金将于 2025 年开始穿底；二是将投资收益率按经济增长率 7% 的取值进行计算，将会从 2021 年开始出现养老基金缺口，2050 年时的收支缺口累计额高达 393.36 万亿元，养老保险基金将于 2026 年开始穿底；三是即便将投

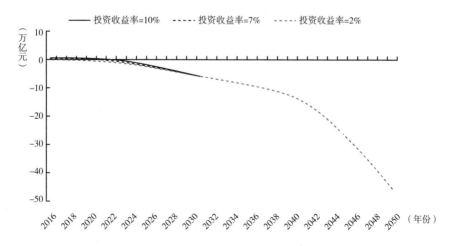

图 7 - 4　不同投资收益率下的养老基金收支差额变动情况（2016~2050 年）

资收益率按 10% 计算，也仅能使发生养老基金缺口的时间向后推迟两年（见图 7 - 4）。由此可见，提高投资收益率是增加养老基金收入的重要手段，有效提高投资收益率可使养老基金具备"造血"功能。但仅仅依靠养老基金投资收益率的提高尚不能完全解决养老基金缺口问题，还需要拥有坚实的养老基金存量基础。

五 综合调整多项参量指标

上述分析表明，单独调整一个参量指标均不能从根本上解决养老基金缺口问题。在养老基金缺口解决路径中，提高投资收益率是可采取的最经济的方式之一，既可以合理配置资金资源，提高资金运行和使用效率，还能够有效促进实体经济发展。但由于养老基金存量较低，即便能够实现较高投资收益率，其获得的绝对收益额依然十分有限。这就需要按照一定的规则对各参量指标进行有机组合，以提高法定退休年龄为基础，对制度缴费率从低到高、养老金替代率从高到低进行排列，并充分考虑扩大养老基金存量和提高投资收益率等因素，经过反复试算，有效设计参量指标组合。

现以提高法定退休年龄的速度适中方案（方案二）为基础，考虑到社会经济发展实际和老年人基本生活需要，选择制度缴费率 27%，养老金替代率 60%，研究不同投资收益率下的养老基金收支状况。可以将投资收益率的取值分为三种情况进行分析：一是将投资收益率按现有养老基金收益率 2% 的取值进行计算，将有 17 个年份（2018 ~ 2034 年）发生养老基金缺口，年度最高差额数值为 7500 亿 ~ 8000 亿元，养老保险基金将于 2030 ~ 2037 年穿底，2038 年开始养老基金累计余额增加；二是将投资收益率按风险资产平均收益率 4% 的取值进行计算，发生养老基金缺口的时间还剩 13 个年份（2022 ~ 2034 年），年度最高差额数值为 6500 亿 ~ 7500 亿元，养老保险基金将于 2031 ~ 2036 年穿底，2037 年开始养老基金累计余额增加；三是将投资收益率按经济增长率 7% 的取值进行计算，发生养老基金缺口的时间仅剩 9 个年份（2025 ~ 2033 年），养老基金累计结余持续增长，从 2016 年的 4.42 万亿元增至 2050 年的208.83 万亿元。经试算，当投资收益率升至 9.94% 时，可以有效解决养老基金缺口问题（见图 7-5），但如何才能持续获得如此高的投资收益率是个现实问题。

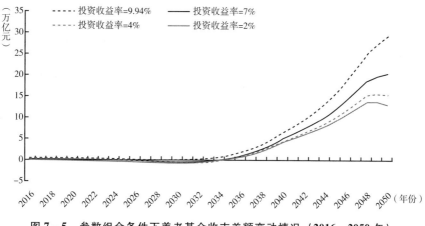

图 7-5　参数组合条件下养老基金收支差额变动情况（2016~2050 年）

如果让国有资本一次性划转充实社保基金，划转社保基金并归为养老保险基金的国有资本规模按照当前养老保险个人账户空转规模 4 万亿元计算，将会使养老基金存量从 3.99 万亿元增至 7.99 万亿元。经试算，当投资收益率为 6.46% 时，养老基金收支缺口得以弥补，2016~2050 年的养老基金收支差额始终保持正值，并呈现先降后升的变动趋势，从 2016 年的 5490 亿元降至 2029 年的 376 亿元，之后，快速上升至 2050 年的 21.41万亿元（见图 7-6）。如果将如此庞大的资金直接投资于实体经济，将会面临较大的产业风险和流动性风险，此时可以通过证券市场间接投资中国经济，这就需要进一步加大养老基金投资证券市场的比例，采取被动投资策略投资大盘蓝筹指标股，分享中国证券市场发展成果。长期来讲，投资收益率确实可以达到市场平均收益率，但难以获得超过市场平均收益率的额外收益率，在中国证券市场环境中，持续保持年均 6.46% 的投资收益率是有可能实现的。

从图 7-6 变动趋势可以看出，2016~2035 年，养老基金支付能力较

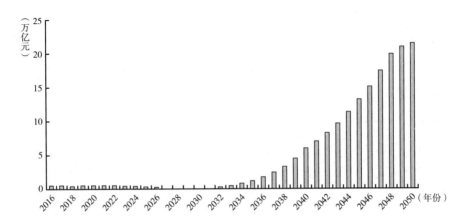

图 7 - 6　参数再组合后养老基金收支差额变动情况（2016～2050 年）

弱，如果没有相关政策或外界资金驰援，出现养老基金收支缺口将是大概率事件，也就是说，最近二十年是养老基金发展最困难时期。2036 年之后，养老基金支付能力迅速增强，自 2044 年开始，年度养老基金收支余额将会达到 10 万亿元以上，尽管收支余额可以为养老基金储备更多资源，但并非多多益善，过于雄厚的养老基金存量资金将不利于经济社会健康发展，不仅影响同一时期两代人基本代际公平的实现，还会阻碍代际财富合理流动。因此，有必要对 2036 年之后的参量指标进行合理调整，适当下调制度缴费率，减轻单位和个人缴费负担，并在经济增长放缓背景下，适度调降投资收益率目标值。

第二节　城乡居民养老基金收支测算

改革开放以来，国家经济社会得到了快速发展，人民生活质量也有了明显改善，但城乡居民养老保障缺失成为阻碍社会可持续发展的重要问题。国家从 2009 年开始建立新型农村居民养老保险制度，从 2011 年开始建立城镇居民养老保险制度，在试点成功基础上，2012 年开始建立统一的城乡居民养老保险制度。现从动态发展角度入手，对城乡居民养老基金缴费收入和养老基金支出情况进行分析和测算。

一　养老基金缴费收入

2011 年以来，城乡居民社会养老保险事业得到了快速发展。参保人口从 2011 年的 33182 万人增至 2015 年的 50472 万人，年均增加 4323 万人，年均增长率为 11.05%；基金收入从 2011 年的 1110 亿元增至 2015 年的 2855 亿元，年均增长 26.64%；国家财政补贴额从 2011 年的 689 亿元增至 2015 年的 2155 亿元，其在基金收入中的贡献率从 62.07% 升至 75.48%，年均上升 3.4 个百分点；同期，个人缴费额亦呈逐年增加态势，但增速不太高，从 2011 年的 421 亿元增至 2015 年的 700 亿元，年均增长率为 13.55%，仅相当于保险基金收入增速的大约一半（见表 7 - 1）。如果将之平均到每个参保人，人均年缴费额从 2011 年的 126.88 元增至 2015 年的 138.69 元，四年来仅增加约 12 元，这表明国家财政对城乡居民养老保险的补贴幅度较大，个人缴费负担较轻，处于城乡居民收入可承受范围内。

表 7 - 1　全国城乡居民养老保险发展情况（2011~2015 年）

单位：万人，亿元

年份	参保人口	领取待遇人口	基金收入	个人缴费	基金支出	累计结存
2011	33182	8760	1110	421	599	1623
2012	48370	13075	1829	594	1150	2302
2013	49750	13768	2052	636	1348	3006
2014	50107	14313	2310	666	1571	3745
2015	50472	14800	2855	700	2117	4483

资料来源：根据 2011~2015 年《人力资源和社会保障事业发展统计公报》整理计算。

在养老保险缴费上，根据 2014 年国务院颁布的《关于建立统一的城乡居民基本养老保险制度的意见》，城乡居民养老保险来源于个人缴费、集体补助、政府补贴，个人缴费从 100 元到 2000 元不等分为 12 个档次。在未来保险缴费测算中，综合考虑未来每年的城镇居民收入水平、农村居民收入水平、物价指数等因素，不仅比较烦琐，而且确无必要，由于在岗职工社会平均工资与货币购买力呈同向变动关系，以社会平均工资作为缴费标准能够跟踪物价变动情况，较为简便易行。城乡居民没有固定工作单位，没有单位为其缴纳社会统筹部分，需要政府财政资金对基础养老金给予一定比例的保险补贴，集体资金对个人缴费部分给予一定金额的保险补助。根据2000~2015年全国收入消费数据，消费性支出占社会平均工资的35.80%，而且，基本生活费用 = 缴费标准×60% = 消费性支出×48%，由此计算得出，该缴费标准相当于社会平均工资的30%左右，可以选择社会平均工资的20%、30%、40%三个档次作为缴费标准（以下分别简称低方案、中方案、高方案），基础养老金的国家财政补贴额为社会平均工资的20%。关于个人缴纳部分，其实际缴纳金额为社会平均工资的8%，该支付额度处于居民可承受范围内，按年或按月缴纳养老保险费，集体资金对个人缴费部分给予一定金额的保险补助。对于城乡低收入人员，可以通过耕地保护制度和小额贷款制度提高居民缴费能力，以基本农田建立耕地保护制度，农民以耕地保护津贴缴纳养老保险费，城镇居民可按照"专款专用、有效担保"原则到指定银行机构贷款参保。[1]

目前，无论是缴费金额还是退休养老金均处于偏低水平，可以先设定缴费金额按一定增长率递增，如果年均增长率被设定为15%、20%和25%，将分别在2044年、2033年和2028年达到与上述社会平均工资计算值相当的缴费水平。待与按社会平均工资计算缴费标准同步后，按前述社会平均增长速度调整缴费标准。假定城乡居民参保率年均上升1个百分点，2024年之后保持参保率85%不变，应用式（6.3）对基金缴费收入进行测算。结果显示：预测期内，养老基金收入将呈快速上升趋势，2016年的养老基金收入介于3302亿~3589亿元，2030年、2040年和2050年将分别介于1.78万亿~6.78万亿元、5.39万亿~10.92万亿元、10.37万亿~14.56万亿元区间内，按中方案进行计算，养老基金收入将从2016

① 王延中：《中国社会保障发展报告（2015）》，社会科学文献出版社，2015，第81~82页。

年的 3445 亿元增至 2050 年的 10.92 万亿元，年均增加 3110 亿元，年均增长率为 10.70%（见图 7 - 7）。

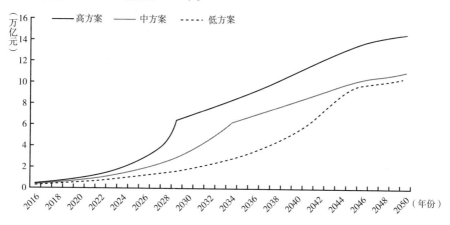

图 7 - 7　全国城乡居民养老保险基金收入变动趋势（2016～2050 年）

二　养老基金支出

2011～2015 年，全国享受城乡居民养老保险待遇人口从 2011 年的 8760 万人增至 2015 年的 1.48 亿人（见表 7 - 1），年均增加 1510 万人，也就是说，平均每年将新增 1000 万个家庭从参保城乡居民养老保险中受益。受益家庭享受退休金待遇后，将带来一定的正面宣传作用，有助于进一步提高养老保险覆盖率和城乡居民参保率。目前，城乡居民养老金水平还处于相对较低层次，每年领取的养老金在 600～1200 元不等，难以成为城乡老年居民的主要生活来源。这就需要建立一个养老金增长机制，如果城乡居民养老金每年上涨幅度分别取值 15%、18% 和 20%，那么将在 2043 年、2037 年和 2032 年达到社会平均工资的 18%，社会平均工资的 18% 能够满足城乡老年居民的吃饭穿衣等基本生活需要。综合考虑城乡居民人口规模、人口老龄化率以及城乡居民参保率变动情况，设定养老金额分别以年均 15%、18% 和 20% 的速度递增（以下简称低方案、中方案、高方案），应用式（6.4）进行计算，测算得出未来城乡居民养老保险基

157

金支出变化情况，如图 7 - 8 所示。

根据中方案预测结果，2016 ~ 2050 年，全国城乡居民养老保险基金支出规模呈现快速上升趋势，从 2016 年的 2481 亿元增至 2050 年的 15.86 万亿元，年均增加 4591 亿元，年均增长率为 13.01%，自 2037 年开始，无须其他来源作为补充，完全依靠养老金即可解决城乡老年居民温饱问题。

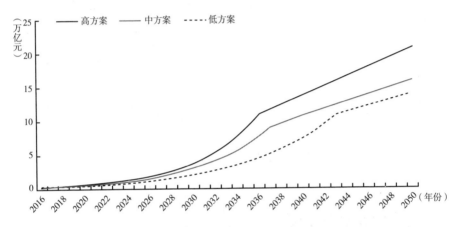

图 7 - 8　全国城乡居民养老保险基金支出变动趋势（2016 ~ 2050 年）

三　养老基金收支差额

现将中方案下的 2016 ~ 2050 年养老基金收入和支出情况进行比较，可以发现：2016 ~ 2034 年，养老基金收支差额将从 1000 亿元增至 6100 亿元，到 2034 年时的累计结余为 6.76 万亿元；2035 ~ 2050 年，养老基金收不抵支，其收支缺口逐年扩大，从 2035 年的 300 亿元增至 2050 年的 4.94 万亿元，到 2050 年时的累计亏欠额为 38.44 万亿元，并将于 2040 开始基金穿底（见表 7 - 2）。城乡居民养老基金出现收不抵支的原因有二：一是劳动年龄人口减少，参保居民数量持续下降，从 2016 年的 5.08 亿人降至 2050 年的 2.17 亿人，将会下降一半以上；二是人口快速老龄化使得享受城乡居民养老金的老年人口稳步增长，从 2016 年的 1.50 亿人增至 2029 年的 1.71 亿人，然后回落到 2050 年的 1.29 亿人。两方面同时作用使得赡养率上升，城乡居民养老基金收支缺口扩大。

上述计算养老基金收入时，未考虑投资收益情况。如果考虑养老基金存量资金的投资收益率，设定投资收益率为5%、7%和10%时，养老基金累计结存额将会有所增加，基金穿底时间也相应延后，但到2050年尚不足以有效弥补收支缺口（见图7-9）。经试算，如果要使2050年时的累计结存额不再是负数，其对应的投资收益率需达到10.70%，长期持续保持如此高的投资收益率，有一定的难度。如果将投资收益率降为7%，需要一次性向养老基金划转3.8万亿元的国有资本。在经济发展中，城乡居民尤其是农民做出了巨大牺牲，为保障城市经济快速发展和改革开放政策顺利实施做出了巨大贡献，在中国成为第二大经济体并达到中等收入水平之后，国家财政理应发挥再分配作用，关注和支持城乡老年居民生活水平提升，使其分享中国改革开放以来的社会经济发展成果。

表7-2　全国城乡居民养老保险基金收支预测（2016~2050年）

单位：万亿元

年份	收入	支出	差额	累计结存	年份	收入	支出	差额	累计结存
2016	0.34	0.25	0.10	0.56	2034	6.20	5.60	0.61	6.76
2017	0.41	0.30	0.12	0.68	2035	6.51	6.54	-0.03	6.73
2018	0.49	0.35	0.14	0.81	2036	6.84	7.63	-0.79	5.95
2019	0.58	0.42	0.16	0.97	2037	7.16	8.87	-1.71	4.23
2020	0.69	0.51	0.19	1.16	2038	7.49	9.44	-1.95	2.29
2021	0.82	0.61	0.22	1.38	2039	7.83	10.04	-2.20	0.09
2022	0.97	0.73	0.25	1.62	2040	8.19	10.68	-2.49	-2.40
2023	1.15	0.87	0.28	1.90	2041	8.54	11.15	-2.61	-5.02
2024	1.35	1.04	0.31	2.22	2042	8.91	11.65	-2.74	-7.76
2025	1.58	1.24	0.33	2.55	2043	9.28	12.18	2.89	-10.66
2026	1.84	1.48	0.35	2.90	2044	9.64	12.71	-3.08	-13.73
2027	2.14	1.77	0.37	3.27	2045	9.96	13.26	-3.30	-17.03
2028	2.49	2.10	0.39	3.66	2046	10.21	13.80	-3.59	-20.62
2029	2.90	2.48	0.41	4.08	2047	10.42	14.35	-3.93	-24.55
2030	3.38	2.93	0.45	4.53	2048	10.58	14.88	-4.30	-28.85
2031	3.93	3.45	0.48	5.01	2049	10.74	15.39	-4.65	-33.50
2032	4.60	4.07	0.54	5.55	2050	10.92	15.86	-4.94	-38.44
2033	5.38	4.78	0.61	6.15					

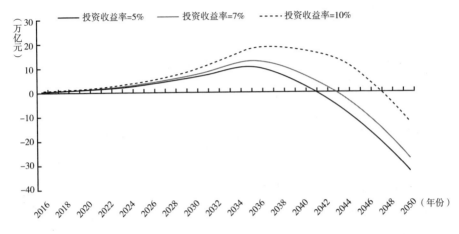

图 7 - 9 不同投资收益率下的城乡居民养老保险基金累计结存（2016～2050 年）

第三节 养老服务资源供需测算

养老服务需求具有多样化、专业化和常态化特征。老年人在年龄结构、文化程度、生活习惯等方面存在较大差异，反映到其对老年服务需求层次上亦存在较大差别，从低到高依次是生活照料、医疗护理、精神慰藉、文化娱乐等。本研究所指养老服务资源主要是生活照料和医疗护理服务，不包括与老年人相关的基础设施投入和固定资产购置，专指为老年人提供生活照料和保健康复的服务人员供需情况，现主要从老年人基本服务需求出发，测算老年人长期照护服务供需变动情况。

一 生活不能自理老人规模结构

根据 2010 年全国第六次人口普查数据，随着年龄增大，老年人口健康状况变差，老年人生活不能自理率呈上升趋势，从 60～64 岁年龄组的 0.88% 上升到 100 岁及以上的 29.19%；在所有年龄组上女性老人的生活不能自理率均高于男性老人，而且，两者之间的差距逐渐扩大，60～64 岁年龄组两者相差 0.04 个百分点，100 岁及以上年龄组两者相差 9.06 个百分点（见表 7 - 3）。假定保持该年龄性别结构不变，依据第二章中未来人口规模结构预测结果，可以估算 2016 ~ 2050 年生活不能自理老人规模。估算结果显示：2016 ~ 2050 年，生活不能自理老人规模持续增长，其中，高龄老人增长较快，女性老人占比快速上升，长期照护服务需求人群逐年扩大，在劳动力人口供给不足背景下，养老服务压力巨大。

表 7 - 3　2010 年全国分性别分年龄生活不能自理老人构成情况

单位：%

年龄组	总体	男性	女性	年龄组	总体	男性	女性
60 ~ 64 岁	0.88	0.86	0.90	85 ~ 89 岁	12.68	10.72	13.91
65 ~ 69 岁	1.51	1.47	1.55	90 ~ 94 岁	20.96	17.37	22.70
70 ~ 74 岁	2.67	2.57	2.77	95 ~ 99 岁	26.05	20.37	28.36
75 ~ 79 岁	4.33	4.01	4.62	100 岁及以上	29.19	22.30	31.36
80 ~ 84 岁	7.97	7.04	8.69				

（一）生活不能自理老人规模持续增长

2016 ~ 2050 年，生活不能自理老人将从 2016 年的 652.02 万人增至 2050 年的 1643.43 万人（见表 7 - 4），年均增加 29.16 万人，年均增长率为 2.76%，比同期老年人口增速高出 0.9 个百分点。这是人口快速老龄化的直接影响，随着科技进步和医疗技术发展，人口出生预期寿命延长，慢性病及其并发症发病率上升，使得各年龄组老人的生活不能自理率上升，从这个意义上讲，此规模是较为保守的估算值。

（二）高龄老人是增长最快的人群

2016 ~ 2050 年，生活不能自理老人中的 80 岁及以上高龄老人将从 2016 年的 276.84 万人增至 2050 年的 911.12 万人（见表 7 - 4），年均增长 3.57%，比生活不能自理老人总体增速高出 0.8 个百分点。如果将 70 ~ 79 岁中龄老人计算在内，全国中高龄生活不能自理老人在总量中的占比将从 2016 年的 75.68% 上升到 2050 年的 85.90%，生活不能自理老人的年龄分布逐步上移，医疗技术进步延长了从慢性病发病到严重残障的过程①，使低度和中度残障老人的年龄结构向高龄演进。

表7-4　全国生活不能自理老人规模结构预测（2016～2050年）

单位：万人

主要年份	合计	性别结构		年龄结构		
		男性老人	女性老人	低龄老人	中龄老人	高龄老人
2016	652.02	266.54	385.49	158.59	216.60	276.84
2020	728.92	291.76	437.16	173.39	250.26	305.27
2025	856.26	336.03	520.23	186.66	328.91	340.69
2030	1024.43	393.93	630.50	234.89	370.56	418.98
2035	1206.22	453.05	753.17	254.42	407.55	544.24
2040	1360.19	496.21	863.98	229.85	513.67	616.67
2045	1495.12	530.24	964.88	205.42	554.27	735.43
2050	1643.43	559.87	1083.55	231.79	500.52	911.12

（三）女性老人占比将会快速上升

生活不能自理老人中，考察100名生活不能自理男性老人对应的女性老人数量（以下简称：老人性别比）变动情况，老人性别比将从2016年的144.63升至2050年的193.54，年均上升1.44；老人性别比上升趋势在高龄老人中表现得更为明显，将从2016年的202.53升至2050年的285.74，年均上升2.45。女性老人在经济收入上处于明显弱势，再加上其在生活不能自理老人中的占比上升，将会使全国养老服务供不应求形势更为严峻。

二　长期照护服务需求分析

对于生活不能自理老人来说，哪些有长期照护需求呢？这必须满足两个条件：一是有服务需求意愿，二是有经济支付能力。这才能构成真正的

---

① Kenneth Manton and Kenneth C. Land, "Active Life Expectancy Estimates for the U. S. Elderly Population: A Multidimensional Continuous-Mixture Model of Functional Change Applied to Completed Cohorts, 1982 - 1996," *Demography* 37（2000）：253 - 265.

有效需求。下面分别从需求意愿和支付能力两个方面进行分析，进而测算未来长期照护服务需求变动情况。

（一）服务需求意愿

采用中国健康与养老追踪调查 CHARLS（2011～2012 年）的家户数据进行分析，筛选出 60 岁及以上老年人口样本，对老年人长期照护需求进行评估。对于自理能力较差且表现为中度和重度缺失的老年人，根据其是否患有慢性疾病和有无家庭照料支持情况，评估确定其长期照护服务需求情况。结果显示，生活不能自理老人中有长期照护服务需求的比例为 75.46%（见表 7-5）。其中，在性别结构上存在一定差异，女性老人和男性老人中有长期照护服务需求的比例分别为 72.82% 和 69.79%，前者比后者高出大约 3 个百分点；在年龄结构上也存在一定差异，随着年龄增加，长期照护需求比例呈上升趋势，低龄老人、中龄老人和高龄老人中需要照护的比例分别为 68.22%、75.27% 和 78.11%，高龄老人的需求比例比低龄老人高出将近 10 个百分点，这表明高龄老人对长期照护服务需求更为迫切。而且，由于中高龄老人的残障率和残障程度更高，其所需要的长期照护服务的专业性将会更强。

表 7-5　全国生活不能自理老人长期照护需求结构

单位：%

	总体	性别结构		年龄结构		
		男性老人	女性老人	低龄老人	中龄老人	高龄老人
不需照护	24.54	30.21	27.18	31.78	24.73	21.89
需要照护	75.46	69.79	72.82	68.22	75.27	78.11
合计	100.00	100.00	100.00	100.00	100.00	100.00

资料来源：根据 CHARLS（2011～2012 年）数据整理。

（二）经济支付能力

运用全国第六次人口普查资料，对 2010 年分性别、年龄的生活不能自理老人主要生活来源情况进行考察，根据研究目的，对相关数据进行适当处理。考虑到有社会长期照护服务支付能力的老年人的收入来源包括离退休金养老金、财产性收入和家庭其他成员供养，现将依靠劳动收入、最低生活保障金和其他三个来源的人口比例扣除，由此计算得到长期照护需求比例为86.85%（见表7-6）。由于家庭成员供养水平不一，需要从这些老人受供养收入中减去人均生活费用支出，之后仍有剩余收入的才可用于支付长期照护服务费用。现设定有一半的受家庭其他成员供养的老人能够支付长期照护服务费用，那么，有长期照护服务支付能力的老人其比例为51.69%，其中，男性老人和女性老人中有支付能力的比例分别为54.38%和49.77%，男性老人中有支付能力的比例高于女性老人。从年龄结构上进行分析，生活不能自理的低龄老人中有长期照护需求者占比为84.42%，中龄老人和高龄老人中有长期照护需求的比例分别为87.44%和87.61%，高龄老人中有长期照护需求的比例稍高一些；但是，低龄老人中有长期照护服务支付能力的比例为55.13%，中龄老人和高龄老人中有长期照护服务支付能力的比例分别为52.02%和49.59%，低龄老人中有支付能力的比例高于高龄老人，中龄老人介于两者之间。需说明的是，领取最低生活保障金的生活不能自理老人是生活在社会最底层的人群，不仅个人经济收入较低，其家庭收入也基本上没有其他来源，从这个意义上讲，这些老人是最需要长期照护服务的老人，如果没有政府专项补贴，其长期照护服务意愿将难以转化为现实。

表7-6　全国生活不能自理老人主要生活来源情况

单位：%

	总体	性别结构		年龄结构		
		男性老人	女性老人	低龄老人	中龄老人	高龄老人
劳动收入	1.16	1.51	0.91	3.74	0.77	0.16
离退休金养老金	16.32	23.92	10.90	25.42	16.43	11.47
最低生活保障金	9.88	11.49	8.72	9.07	9.77	10.40
财产性收入	0.20	0.26	0.15	0.42	0.17	0.11
家庭其他成员供养	70.33	60.38	77.43	58.57	70.85	76.03
其他	2.11	2.43	1.88	2.77	2.02	1.84
合计	100.00	100.00	100.00	100.00	100.00	100.00

资料来源：根据2010年全国第六次人口普查数据整理。

（三）未来需求分析

根据上述分析结果，可以计算得出有长期照护服务需求的老年人口规模（见表 7 - 7），进而估算与有长期照护服务需求的老年人口规模相适应的长期照护服务人员数量，这时就需要设定服务人员配置标准，也就是说一名养老服务人员可以对应的老年人口数量。目前，国家层面上尚未规定具体的人员配备比例，一些地方已经出台了具体规定，上海市《养老机构设施与服务要求》提出了护理员与入住老年人配备比例，重度照护比为 1∶2.5，中度照护比为 1∶6.6[①]；郑州市《社会办养老服务机构管理暂行办法》提出，需要半护理的配备比例不低于 1∶5，需要全护理的配备比例不低于 1∶3；福建省《养老机构护理服务规范》提出，养老护理员和老年人的配比不应低于 1∶4。由此可见，服务人员配置标准与养老服务模式以及照护服务项目直接相关，根据我国养老服务和长期照护服务特征，这些老年人所需的社会养老服务专业性较强，很多老年人甚至还需要全天或日间陪伴，基于此，以 1∶4 作为配置标准较为合理，以此测算该配置标准下的未来长期照护服务人员需求量变动情况。预测结果表明，2016～2050

表 7 - 7　全国未来有长期照护服务需求的老年人口规模

单位：万人

年份	老年人口	年份	老年人口	年份	老年人口	年份	老年人口
2016	251.70	2025	330.97	2034	451.97	2043	556.58
2017	258.77	2026	342.62	2035	466.11	2044	567.50
2018	265.91	2027	354.90	2036	479.73	2045	579.19
2019	273.41	2028	367.85	2037	492.68	2046	591.40
2020	281.46	2029	381.49	2038	504.78	2047	603.66
2021	290.15	2030	395.75	2039	515.98	2048	615.54
2022	299.46	2031	408.12	2040	526.48	2049	626.50
2023	309.40	2032	422.74	2041	536.49	2050	636.12
2024	319.91	2033	437.43	2042	546.38		

① http://www.shmzj.gov.cn/gb/shmzj/node8/node194/u1ai40473.html.

年，长期照护服务人员需求量将呈现逐年上升趋势，从 2016 年的 62.93
万人增至 2050 年的 159.03 万人（见表 7-8），年均增加 2.83 万人，年
均增长率为 2.76%，而同期的劳动年龄人口增长率为 -0.77%。需要说
明的是，该预测值仅仅是长期照护服务人员的最低配置量，实际从事长期
照护服务工作的人员数量很可能是该预测值的数倍，在劳动年龄人口下降
过程中，大幅增加长期照护服务人员配置量将给未来劳动力供给带来严峻
挑战，并将在一定程度上制约经济增长。

表 7-8 全国未来长期照护服务人员需求量变动情况

单位：万人

年份	长期照护服务 人员需求量	年份	长期照护服务 人员需求量	年份	长期照护服务 人员需求量	年份	长期照护服务 人员需求量
2016	62.93	2025	82.74	2034	112.99	2043	139.14
2017	64.69	2026	85.65	2035	116.53	2044	141.87
2018	66.48	2027	88.72	2036	119.93	2045	144.80
2019	68.35	2028	91.96	2037	123.17	2046	147.85
2020	70.37	2029	95.37	2038	126.19	2047	150.92
2021	72.54	2030	98.94	2039	129.00	2048	153.88
2022	74.87	2031	102.03	2040	131.62	2049	156.62
2023	77.35	2032	105.68	2041	134.12	2050	159.03
2024	79.98	2033	109.36	2042	136.59		

三　长期照护服务供给现状

长期照护服务供给能力受服务体系、服务制度、服务设施和服务人员
等多因素共同影响，并取决于服务机构设置和服务人员配置情况。2000
年以来，国家及地方政府在应对人口老龄化方面做了大量工作，对养老机
构尤其是民营养老机构进行政策倾斜，注重加强养老服务人员素质培养，
有效促进养老服务水平提升。但是，老年人长期照护服务方面还存在着一
些问题和不足之处，制约着长期照护服务供给能力有效发挥。

（一）服务机构设置

长期照护社会化服务主要体现在机构照护和社区养护两个方面，从事长期照护的机构主要包括慢性病医院、护理照料机构和康复机构等。近年来，全国养老服务机构床位数呈现快速增长态势，2010～2015年，床位数从314.9万张增至672.7万张，年均增长率为16.39%，每千名老年人拥有养老床位30.3张，但仍低于发达国家50～70张的配置水平。全国共有各类社区服务机构和设施36.1万个，覆盖率为52.9%，其中，社区服务指导中心863个，社区服务中心2.4万个，社区服务站12.8万个，社区养老服务机构和设施2.6万个，互助型的养老设施6.2万个，其他社区服务设施12.0万个。城镇便民、利民服务网点24.9万个。社区志愿服务组织9.6万个。目前尚未建立老年长期照护服务网络，社区照护主要依靠基层社区卫生服务机构，而当前医疗体制改革形势下的基层医疗卫生服务发展缓慢。2015年，全国已设立社区卫生服务中心（站）34321个，其中，社区卫生服务中心8806个，社区卫生服务站25515个，开展家庭病床服务的机构不超过三成。城乡社区只能提供一些家政服务，清扫卫生、提供老年人饭桌或送饭服务，生活不能自理老人大多依靠家庭，部分经济收入较高家庭可通过中介市场招聘保姆。

（二）服务人员配置

长期照护服务不仅需要加强机构设置和基础设施建设，更关键的是要优化养老服务人员配置。社区卫生服务机构的一项重要职能是为老年慢性病人免费提供公共卫生服务，注重宣传教育和随访服务，有效预防并降低慢性病及其并发症发病率。2015年，全国社区卫生服务中心人员39.7万人，平均每个卫生服务中心45人；社区卫生服务站人员10.8万人，平均每个卫生服务站4人，按照现行社区卫生服务站设置标准，每个卫生服务站必须配备6名卫生技术人员的要求，当前基层社区卫生机构的卫生技术人员严重不足，不仅会降低基层医疗卫生服务水平，还将制约公共卫生服务工作有效开展。基层卫生服务机构的卫生技术人员较为欠缺，与社区卫生技术人员待遇偏低有着直接关系，社区卫生技术人员的薪酬在卫生系统中处于最低水平，尤其是全科医生地位低、收入低，这是优秀医学人才不去社区卫生机构从事全科医疗服务而使全科医生缺乏的重要原因。另外，长期照护服务能力不仅取决于养老服务人员数量多寡，还与养老服务人员所拥有的人力资本及其工作效率直接相关。社区社会工作者严重缺乏，接受过正规训练的社会工作者更是寥寥无几，真正被安排在长期照护岗位上的社会工作者待遇偏低，工资待遇与其工作环境和工作强度不匹配。

可以预见，未来相当长一段时期内，从事长期照护服务的专业人员将十分缺乏，如果从劳动年龄人口中专门分离出一部分人从事养老服务工作，将对经济发展所需劳动力形成分流效应，从而在一定程度上制约经济增长。随着提高法定退休年龄政策实施在即，可以安置一些低龄老人从事养老服务业，为中高龄老人提供生活照料和医疗护理服务，既可实现延迟退休年龄效果，又充分挖掘现有劳动力资源潜力，可置换出一些劳动年龄人口从事工业生产和现代服务业，有效促进社会经济可持续发展。

第四节　养老服务资源需求侧分析

未来三十年，养老服务资源供不应求将呈常态化，供求矛盾日趋尖锐，如何化解供需不平衡问题将是我国社会经济面临的重大考验，在供给能力难以有效提升的情况下，有必要另辟蹊径，从需求侧入手进行分析和论证。

一　现实背景

慢性病及其并发症是造成老年人失能的主要原因。近年来，我国高血压、糖尿病等非传染性慢性疾病呈爆发性高发态势，其中将有一半出现并发症。2012 年，18 岁及以上成人高血压患病率为 25.2%，比 2002 年高出 6.4 个百分点；2013 年 30 岁以上人口糖尿病患病率为 11.6%，比 2007年高出 1.9 个百分点，呈现出明显的上升趋势，由其引起的并发症亦将大幅增加。分析认为，发病情况呈现如下四大特征：一是病程较长并将伴随终生，二是患病年轻化趋势明显，三是慢性病及其并发症发病率上升，四是慢性病及其并发症造成的失能老人增加。一旦患上高血压和糖尿病，基本就是终身疾病，但也并非是不可控制的。郑红梅、杜雪平研究了社区规范化管理对高血压患者血压及并发症的影响，结果表明，试验组管理后10年1级高血压发病率高于对照组，试验组管理后5年和管理后10年2级高血压发病率和3级高血压发病率均低于对照组。[1] 慢性病及其并发症造成的失能老人是长期照护服务刚性需求的重点人群，在家庭少子化、劳动力短缺背景下，对失能老人长期照护将给社会养老服务带来沉重压力，必须做到未雨绸缪，加强慢性病提前筛查和专业预防工作。

二　基本公共卫生服务财政投入政策沿革

在我国，基本公共卫生服务项目主要通过城市社区卫生服务中心（站）、农村乡镇卫生院和村卫生室等城乡基层卫生服务机构免费向居民提供。因此，完善的基层卫生服务体系是实现城乡基本公共卫生服务均等化的前提和基础。尽管从新中国成立之初就提出了"四苗六病"计划免疫、公费劳保和新农合保障制度，但仅仅是低水平和局部性覆盖的均等化，直到2009年正式提出了建立覆盖城乡的基本医疗卫生制度，实现人人享有基本医疗卫生服务的工作目标，并将促进基本公共卫生服务逐步均等化列为重点改革内容。

从基本公共卫生服务运行情况看，主要包括两个阶段：第一个阶段是2009～2012年，大力发展基层公共卫生服务网络建设，将之作为城市基本医疗服务体系的重要一环，国家财政根据辖区居民数量定额拨款；第二个阶段是2013年至今，国家财政根据服务量拨款，目的在于提高基层卫生服务机构的工作积极性，避免只拿钱不服务现象，体现多劳多得。从运行效果进行比较，定额拨款方式能够覆盖社区卫生服务站的成本，并小有盈余，但很容易让大家形成大锅饭心理；按量拨款方式能够激发社区卫生

---

[1]　郑红梅、杜雪平：《社区规范化管理对高血压患者血压及并发症的影响分析》，《中国全科医学》2014年第10期，第3421～3424页。

服务站的工作热情，但如果社区居民拒绝接受该项服务，将直接导致社区卫生服务站收入减少。也就是说，当前社区卫生服务站公共卫生服务收入高低直接取决于其为社区居民服务情况以及社区居民配合情况。

三 社区卫生服务站收入支出分析

落实基本公共卫生服务经费是保障基本公共卫生服务均等化的基础和关键。根据 2009 年卫生部、财政部、国家人口计生委联合印发的《关于促进基本公共卫生服务逐步均等化的意见》，基本公共卫生服务项目经费按单位服务综合成本核定后纳入政府预算安排，2009 年人均经费标准不低于 15 元，2011 年不低于 20 元，中央政府通过一般性转移支付和专项转移支付对困难地区予以补助。2016 年，人均基本公共卫生服务经费财政补助标准被提高到 45 元。本研究对华北地区 C 市所有城市社区卫生服务站进行问卷调查，分析各社区卫生服务站的经营现状和经费拨款使用情况。

社区卫生服务机构经济收入主要来源于两个方面：一是面向社会提供医疗服务，其经营模式接近于普通个体门诊，通过为患者提供医疗服务或零售基本药品赚取相应的收入；二是为社区居民提供公共卫生服务，其服务职能更接近于卫生保健站或防疫站，政府财政按其服务量大小予以拨款。我们可以将所调查的社区卫生服务站分为以下三类。A 类：90% 收入来源于医疗，10% 来源于公共服务；B 类：50% 收入来源于医疗，50% 来源于公共服务；C 类：10% 收入来源于医疗，90% 来源于公共服务。经营效益较好的服务站有两类：一是以西医输液为主，与当地三甲医院医生联合，或者违规做一些外科手术；二是以专科治疗为主，比如中医、牙科、妇科、骨科等。相比较而言，经济效益较好的社区卫生服务站，主要是靠医疗支撑起来，很少依靠服务保障。

在经营费用成本上，主要包括药品、敷料、试剂、工资等，前三项与医疗服务量呈正向变动关系，在此不再具体细化，只体现经营利润即可，其利润与变动成本成正比。本文主要分析人员工资情况，社区卫生服务站要比普通诊所复杂一些，按照卫生管理部门规定，每个社区卫生服务站必须配备至少 6 名医护人员，其中，三名执业医师、两名护士，另外一名医师或护士均可。如果 A 类社区卫生服务站定位在重点发展医疗服务事业，那么至少需要 6 名医护人员，并且在此基础上可能还会有所增加。但对于 C 类社区卫生服务站来说，开展医疗业务较少，实际上不需要那么多医护人员，但必须达到卫生管理部门规定的标准，只能从社会上租借其他医护人员从业资格证件，这将增加一部分"无谓"成本。

目前经费管理制度下的公共卫生服务费太少，实际开展的免费服务项目有限，到社区卫生服务站建立电子健康档案的居民不足全体居民的 20%。现以一个拥有 8000 人的居委会为例，此时有 1600 人自愿参加建档登记，如果有八成建档居民接受免费公共卫生服务，那么，该社区卫生服务站的实际公共服务收入为 57600 元（$45 \times 1600 \times 80\% = 57600$），该收入明显偏少，尚不足以覆盖从事公共卫生服务的 2 名医护人员的基本工资。公共卫生服务收入较少与每年提供的公共卫生服务量太少有关，但归根结底是由居民不愿接受服务造成的。

调查了解到，居民不愿接受服务的原因主要有以下几点：一是部分居民尤其是退休人员由原工作单位提供每年一次的体检，这些居民将年度体检等同于定期健康随访服务；二是有些居民防范意识较强，不了解公共卫生服务，将工作人员作为社会推销人员看待，拒不开门，甚至恶言辱骂，让人无可奈何；三是部分政府部门工作没有实质意义，存在扰民现象，以检查代替服务，以查证代替登记，使得外地流动人口形成嫌麻烦和多一事不如少一事心理，干脆拒绝接受任何上门登记服务，有的生怕身份证或电话信息泄露而拒绝接受服务；四是服务项目较少，对居民没有吸引力，在服务站经营状况不佳情况下难以聘到优秀服务人员，服务人员素质参差不齐，难以真正实施和开展公共卫生服务项目，长此以往，将使社区卫生服务站的公共卫生服务陷入恶性循环。

四　社区卫生服务存在的主要问题

一是公共卫生服务体系建设问题。一般认为，目前已经以每个社区居委会为单元建立了社区卫生服务站，保障居民步行 10~15 分钟即可享受免费公共卫生服务，但此处有一个误区，就是没有将社区卫生服务质量列为考核指标，而片面的追求网底建设和服务全覆盖，服务质量难以从制度上得到真正保障。

二是社区公共卫生宣传力度不够。尽管每个社区卫生服务站都在各自经营范围内设立宣传栏和宣传标语，但这些均是以卫生服务站名义设立的，居民将其视为服务站的一种商业宣传行为，在各处张贴广告的单位和个人太多，居民很难分辨清楚。在官方媒体上很难见到社区公共卫生方面的宣传，国家政策不能像计划生育国策那样家喻户晓，居民拒绝接受公共卫生服务也就不难理解了。

三是社区公共卫生服务队伍不强。社区卫生服务中心（站）的工作待遇太低，在职称评聘、工资收入、劳动保障等方面存在现实问题，医学专业毕业生不愿到基层社区卫生机构从事服务工作，而公共卫生服务又是一个专业性强的工作，"好汉子不愿意干，赖汉子干不来"，再加上每年的公共卫生服务补贴太少，低薪难以聘到高人，服务力量不足将使服务质量难以得到保障。

五　可供选择的解决方案

一是政府定向培养公共卫生服务人才。在高等学校预防医学和全科医学专业，定向委培有意从事社区公共卫生服务的医学生，待其毕业后指定委派到所属社区卫生服务站工作，由政府负责解决人员编制、劳动保障等问题，这些服务人员的工资报酬由政府财政负担，并从公共卫生服务事业经费中列支。

二是增加中医体质辨识服务项目。目前，公共卫生服务软件系统设置了中医体质辨识栏目，但在实践中基本流于形式，原因在于公共卫生服务人员专业能力不能满足该项服务要求，难以将之真正落到实处，可以聘请有名望的中医专家分片集中对社区居民的中医体质进行分析，针对居民的体质情况，辨证论治，重在预防，提出与之相适应的饮食、保健意见和建议，减少高血压、糖尿病等慢性病及其并发症的发生。

三是创新公共卫生服务公益宣传活动。通过政府官方网站和电视台、报纸等媒体渠道，普及慢性病防治知识，广泛宣传国家开展免费公共卫生服务项目的意义，号召广大居民到社区卫生服务站登记建档并接受基本公共卫生服务。无论是在可信程度还是在宣传力度方面，政府主导的公益宣传的影响都远胜于基层社区卫生服务站，其效果将会增加数倍，从而有效推动公共卫生服务工作，降低老年人失能率，促进社区居民健康水平和生活质量提高。

第五节　本章小结

应用养老资源供需动态平衡模型，具体分析保持养老资源供需动态平衡所需的参数条件，定量研究各参量指标变动对养老基金收支和养老服务供需的影响，并对各单项指标分别取值和对多项指标取值进行组合，测算养老基金收支和养老服务供需变动情况，为探寻养老资源供需动态平衡路径奠定基础。本章主要从四个方面进行研究。

一是城镇职工养老基金收支测算。将当前养老保险政策下的参数指标作为参照基准，当调整某一指标参数值时，其他指标保持现行政策下参数值不变。现沿着增收节支路径展开讨论，对制度缴费率、养老金替代率、法定退休年龄、基金投资收益四项指标设置不同取值，分别测算养老基金收支及其差额变动情况。①单独调整制度缴费率。如果仅从缴费率着手解决养老基金缺口问题，将制度缴费率从现有水平大幅提高到 42.45% 时，可以使养老基金在 2050 年时达到收支平衡，但以"工薪税"形式来将养老保险缴费率提高 14 个百分点是不现实的。②单独调整养老金替代率。如果单独调整养老金替代率来达到养老基金收支平衡，并在 2050 年之前不出现收支缺口，需要将养老金替代率降至 39.02%，该替代率下的养老基金收入将难以满足老年人穿衣吃饭等基本生活需求。③单独调整法定退休年龄。提高法定退休年龄不仅在一定程度上改善养老基金收支状况，还将减少实际领取养老金时间，对养老基金收支平衡有着重大影响，延迟法定退休年龄宜早日实施，但并非调整速度越快越好，宜采用第二套方案，渐进缓步推进。④单独调整基金投资收益。完全依赖"输血"而缺乏"造血"功能将难以为继，仅仅通过国有资本充实社保基金并不能从根本上解决养老基金缺口问题；提高投资收益率可使养老基金具备"造血"功能，但这需要拥有坚实的养老基金存量基础。⑤综合调整多项参量指标。单独调整一个参量指标不能从根本上解决养老基金缺口问题，以提高法定退休年龄方案二为基础，选择制度缴费率27%，养老金替代率60%，国有资本一次性划转社保基金并归为养老保险基金4万亿元，投资收益率为6.46%时，养老基金收支缺口将得以弥补。长期来讲，在中国证券市场环境中，持续保持年均6.46%的投资收益率是有可能实现的。

二是城乡居民养老基金收支测算。从动态发展角度对城乡居民养老基金缴费收入和养老基金支出情况进行分析和测算，在养老基金缴费收入方面，无论是缴费金额还是退休养老金均处于偏低水平，可以先设定缴费金额按一定增长率递增，如果年均增长率被设定为20%，将在2033年达到与上述社会平均工资计算值相当的缴费水平，待与按社会平均工资计算缴费标准同步后，按前述社会平均增长速度调整缴费标准，养老基金收入将从2016年的3445亿元增至2050年的10.92万亿元，年均增加3110亿元。城乡居民养老金每年上涨幅度取值18%时，自2037年开始，无须其他来源作为补充，完全依靠养老金即可解决城乡老年居民温饱问题，此时的城乡居民养老保险基金支出规模呈现快速上升趋势，从2016年的2481亿元增至2050年的15.86万亿元，年均增加4591亿元。如果投资收益率达到7%，并一次性向养老基金划转3.8万亿元的国有资本，将能够实现城乡居民养老保险基金平衡。在中国成为第二大经济体并达到中等收入水平之后，国家财政理应发挥再分配作用，让城乡老年居民分享中国改革开放以来的社会经济发展成果。

三是养老服务资源供需测算。养老服务需求具有多样化、专业化和常态化特征，从老年人基本服务需求出发，测算老年人长期照护服务供需变动情况。首先是生活不能自理老人规模结构。2016~2050年，生活不能自理老人规模持续增长，其中，高龄老人增长较快，女性老人占比快速上升，长期照护服务需求人群逐年扩大，在劳动力人口供给不足背景下，养老服务压力巨大。其次是长期照护服务需求分析。通过分析低龄、中龄和高龄老人的需求比例以及生活不能自理老人经济支付能力，计算得出有长期照护服务需求的老年人口规模，进而估算与有长期照护服务需求的老年人口规模相适应的长期照护服务人员数量。未来长期照护服务人员需求量将呈现逐年上升趋势，从 2016 年的 62.93 万人增至 2050 年的 159.03 万人。最后是分析长期照护服务供给现状。从机构照护和社区养护两个方面分析服务机构设置，并分析社区卫生技术人员和社会工作者配置情况。未来相当长一段时期内，从事长期照护服务的专业人员将十分缺乏，远远不能满足长期照护服务需求，可以采取适当政策吸引低龄老人从事养老服务业，将置换出来的劳动年龄人口充实到工业生产和现代服务业，有效促进社会经济可持续发展。

四是养老服务资源需求侧分析。近年来，我国高血压、糖尿病等非传染性慢性疾病呈爆发性高发态势，其中将有一半出现并发症，慢性病及其并发症是造成老年人失能的主要原因。慢性病是难以治愈的，但也并非是不可控制的。这就需要国家在基本公共卫生服务方面加大投入力度，提高群众健康意识和慢性病预防能力。目前，国家财政根据服务量拨款，实际开展的免费服务项目有限，到社区卫生服务站建立电子健康档案的居民不足全体居民的20%。公共卫生服务收入较少与每年提供的公共卫生服务量太少有关，但归根结底是由居民不愿意接受服务造成的。由此发现，社区卫生服务主要存在三个方面问题，一是公共卫生服务体系建设问题，二是社区公共卫生宣传力度不够，三是社区公共卫生服务队伍不强。可以从以下三个方面入手加强基本公共卫生服务工作：一是政府定向培养公共卫生服务人才，由政府负责解决人员编制、劳动保障等问题，服务人员工资报酬由政府财政负担；二是增加中医体质辨识服务项目，提出与居民体质相适应的饮食、保健意见和建议；三是创新公共卫生服务公益宣传活动，通过政府官方网站和电视台、报纸等媒体渠道，普及慢性病防治知识，广泛宣传国家开展免费公共卫生服务项目的意义，有效推动公共卫生服务工作，提高社区居民健康水平和生活质量。

第八章
养老资源供需动态平衡实现路径

养老资源供需动态平衡是多因素共同作用的结果。单独调整某一参量指标无法从根本上解决养老资源供需失衡问题，需要对多项参量指标进行优化和综合调整。通过对提高养老资源供给能力可行方案进行分析，并借鉴国外实践经验和做法，探寻养老资源供需动态平衡实现路径，为有效构建与之相适应的社会经济政策体系服务。

第一节　动态平衡路径分析

养老资源具备准公共物品特性，其供给能力明显不足，但其需求呈现一定刚性，这将必然导致养老资源供需失衡。在养老资源需求刚性条件下，提高养老资源供给能力是实现供需平衡的关键。现针对养老基金收支缺口和养老服务人员短缺等问题，深入分析所应采取的对策措施，有效提高养老资源供给能力。

一　养老基金收支缺口问题

根据第七章的实证研究结论，可以通过以下五条途径解决养老基金缺口问题，但每条途径都不是孤立存在的，每两条或几条途径之间存在一定关联性，需要将其对平衡目标的影响进行统筹分析。鉴于城镇职工基本养老保险的养老基金缺口问题最为突出，现仅对城镇职工养老保险相关情况进行深入分析,其结论对于城乡居民养老保险具有同等的分析意义。

(一) 提高制度缴费率对增加养老基金收入具有直接作用

基本养老保险缴费具有强制性,由参保人和用人单位按月或按年缴纳,带有工薪税性质。目前,我国城镇职工基本养老保险参保劳动就业人口为 2.6 亿人左右,缴费基数约为 12.59 万亿元,以目前的养老保险制度缴费率 28% 计算,每年的养老保险缴费收入为 3.52 万亿元。在如此高的缴费基数下,制度缴费率每升高 1 个百分点,则养老保险缴费收入将增加1200 多亿元。随着人口老龄化水平快速上升,养老基金收支缺口开始出现并逐年扩大,如果保持现有参量指标值不变,则 2050 年时的养老基金缺口将达到 45.56 万亿元。测算结果表明,如果要使 2050 年之前不出现养老基金收支缺口,可以通过提高制度缴费率的方法予以解决,此时需将2016～2050 年的缴费率调整至 42.45%,该缴费率比现有水平高出约 14个百分点。与世界其他国家相比,我国现有养老保险制度缴费率明显偏高,如果在原有基础上将缴费率再提高 14 个百分点,相当于以"工薪税"的形式给参保人及其用人单位增加经济压力,使本已沉重的缴费负担雪上加霜。大幅增加制度缴费率的经济学后果是,不可避免地增加企业劳动力成本,提高企业盈亏平衡点,降低企业市场竞争力,同时也对个人储蓄形成挤出效应,不利于投资资本形成,这将最终放缓经济增长速度,进一步产生新增劳动力就业难的问题。由此可见,单独提高制度缴费率并不能从根本上解决养老基金缺口问题,需要与其他调整方式组合使用。而且,在经济结构调整大背景下,考虑到企业发展、劳动就业和经济增长因素,不仅不能提高养老保险制度缴费率,还应使制度缴费率适当降低,发挥政策调节作用。

(二) 加大财政支持力度是增加养老基金收入的有效途径

养老基金缺口和个人账户空账运行是历史原因造成的,国家没有支付本应承担的改制成本,使得养老金实质上采取现收现付制,在社会统筹资金难以覆盖快速增长的养老金支出时，不得不拆东墙补西墙，挪用就业人员个人养老金账户资金来支付退休人员养老金，使得个人账户空账额达到 4 万亿元左右。如果用财政资金弥补每年的养老基金缺口，为了保持养老基金收支平衡，需要的财政补贴额从 2020 年的 1054 亿元增至 2050 年的 45.56 万亿元，年均增加 1.52 万亿元，占当年财政收入的比例从 0.1% 增至 5%，如果一味"输血"而缺乏"造血"功能，即便是一次性划转国有资本 50 万亿元，也仅能使养老基金缺口出现时间向后延迟 4 年，最终结果是养老基金缺口问题越来越严重。国家每年拿出 5% 的财政收入用于养老金专项补贴，而这部分财政补贴只是用于弥补当期缺口，而不会给养老基金带来任何积累。由此可见，增加财政专项补贴是解决养老基金收支缺口的有效途径，但是，需要坚持一定的资金监管使用原则：财政投入资金只能用于养老基金积累，不得用于支付养老金支出，可以利用养老基金存量所产生的投资收益支付当期养老金支出。此时，不必投入实际货币资金，完全可以通过国有资本划转社保基金的方式投入资金。目前可划转国有资本 10 万亿元左右，其中，可划转并归入养老保险基金管理的国有资本量为 4 万亿元左右。完全依赖"输血"而缺乏"造血"功能将难以为继，仅仅通过国有资本充实社保基金并不能从根本上解决养老基金缺口问题。

（三）降低社会平均工资替代率是减少养老基金支出的重要方面

养老保险制度缴费率与社会平均工资替代率之间存在显著正相关关系，就业期间缴费率越高，其退休后所能享受的退休金越多。根据保险精算原理，对于参保人来说，一生中的缴费总额应等于养老金总收入，体现参保者生命周期纵向平衡。假定参保者 25 岁开始工作，到 60 岁达到法定退休年龄，退休时的期望余寿为 18.81 年，则与 28% 的制度缴费率相对应的社会平均工资替代率为 52.09%，52.09% 的社会平均工资是其 60 岁时的退休金收入，该金额是保障其基本生活所需产品和服务的货币表示。如果通过降低社会平均工资替代率来解决养老基金收支缺口问题，需要在原有基础上大幅降低替代率，自 2016 年开始替代率由 60% 降至 39.02%，才能使 2016～2050 年期间的养老基金收支差额为正值。这将带来以下两个方面问题。一是直接导致老年退休人员生活水平下降。老年人退休金收入水平将会由此下降三成以上，社会平均工资的 39.02% 甚至低于恩格尔系数，也就是说，工作期间工资收入相当于社会平均工资的参保者，其退休后的退休金收入难以满足其吃饭穿衣等基本生活需要。二是造成代际不公平。按照 28% 的缴费率缴纳养老保险费，其对应的养老金替代率为 52.09%，而保持养老基金收支平衡时的替代率为 39.02%，将会下降 13 个百分点，这实质上是损害退休一代人的经济利益。由此可见，单独降低社会平均工资替代率并不能从根本上解决养老基金收支缺口问题。当前，社会上确实存在部分行业退休人员退休金偏高，甚至高于其工作期间的工资报酬，有必要梳理现有各行业退休人员工资结构，并对退休金核算不合理状况进行适当纠正和调整。

（四）提高法定退休年龄对养老基金增收节支具有显著作用

提高法定退休年龄不仅可以增加就业人口的养老保险缴费年限，还可以有效减少退休人员领取养老金时间，"一增一减"将对养老基金收支产生重大影响。如果采用渐进式延迟退休政策，到 2048 年全面实现男、女法定退休年龄均为 65 岁的调整目标，2018～2034 年将会出现养老基金收支缺口问题，其余年份均能实现收支平衡或收大于支；如果到 2038 年实现男、女法定退休年龄均为 65 岁的调整目标，则仅在 2018 年出现养老基金收支缺口，其余年份的收支差额均为正值。但是，我们也应看到，这是以损害正在就业而尚未退休一代人的利益为前提的，假定参保者自 25 岁开始工作，到 65 岁达到法定退休年龄，退休时的期望余寿为 15.82 年，则与 28% 的制度缴费率相对应的社会平均工资替代率为 70.80%，与 60% 的社会平均工资替代率相对应的制度缴费率为 23.73%。也就是说，如果就业一代在工作期间依然按照社会平均工资的 28% 缴纳养老保险费，那么，其退休后的养老金应为社会平均工资的 70.80%；如果退休后领取的养老金依然为社会平均工资的 60%，那么，其在职期间应该按社会平均工资的 23.73% 缴纳养老保险费。从以上分析还可以看出，越早实现延迟退休目标，养老基金缺口问题将会解决得越充分，但这将更加严重地损害尚未退休人员的经济利益，不利于实现代际公平。因此，渐进式平缓提高法定退休年龄是可行的，能够将其给代际公平带来的负面影响降至最低限度。

（五）提高投资收益率是养老基金保值增值的关键环节

在征缴收入和财政补贴难以挖潜的情况下，提高养老基金投资收益率将有效增加养老基金收入。结合养老基金资产分布现状，借助中国证券市场发展机遇，通过动态调整各类资产的配置比例，适当增加股权资产比例，提高养老基金投资收益率，实现养老基金保值增值。测算结果表明，如果将投资收益率按现有养老基金投资收益率 2% 的取值进行计算，将会从 2020 年开始出现养老基金缺口，2050 年时的收支缺口累计高达 396.21 万亿元，养老保险基金将于 2025 年开始穿底；如果将投资收益率按经济增长率 7% 的取值进行计算，将会从 2021 年开始出现养老基金缺口，2050 年时的收支缺口累计高达 393.36 万亿元，养老保险基金将于 2026 年开始穿底；即便将投资收益率按 10% 计算，也仅能使养老基金缺口出现时间向后推迟两年。由此可见，提高投资收益率是增加养老基金收入的重要手段，有效提高投资收益率可使养老基金具备"造血"功能。但仅仅依靠养老基金投资收益率的提高尚不能完全解决养老基金缺口问题，还需要在全国层面上归集养老金结余，加大国有资本划转社保基金力度，夯实养老基金存量基础。另外，还需建立或选择养老基金专业投资运营机构，加强专项资金投资监督管理，避免道德风险，有效提升养老基金投资收益能力。

二 养老服务人员短缺问题

未来三十年，随着人口老龄化程度加深，不能自理老人规模快速增加，而老年人养老服务需求是多样的，涉及生活照料、医疗护理、精神慰藉、文化娱乐等多个方面，仅长期照护服务人员需求量就上百万人，而且其需求仍在持续增长中。从目前实际情况来看，无论是养老服务人员规模结构还是养老服务人员素质，与养老服务多样化需求相比还有很大差距。

（一）扩大养老服务人员规模

根据本研究测算，2016～2050 年，长期照护服务人员将呈现逐年上升趋势，从 2016 年的 62.93 万人增至 2050 年的 159.03 万人，年均增加 2.83 万人，年均增长率为 2.76%，该预测值是养老服务人员的最低估算量，未来从事养老服务的人员规模很可能是该预测值的数倍。根据我国长期照护服务特点，这些老人所需的社会养老服务专业性较强，很多老人甚至还需要全天或日间陪伴，就目前养老服务供给情况看，基本是从保姆市场上招聘护工，并以家庭养老服务为主，社会化长期照护服务几近空白。在未来劳动年龄人口规模快速下降形势下，本已短缺的劳动力资源将难以满足日益增长的养老服务需求，可以通过就业政策吸引劳动力人口从事养老服务业，但大幅增加养老服务人员数量将对其他产业劳动力供给形成挤压，给未来劳动力供给带来更为严峻的挑战，并将在一定程度上制约经济增长。

（二）调整养老服务人员结构

未来相当长一段时期内，从事长期照护服务的专业人员将十分缺乏，远远不能满足长期照护服务需求。养老服务人员缺乏问题不仅体现在数量上，更反映在结构上。目前，养老服务人员年龄集中在 40～50 岁，年龄构成不合理，尚未形成真正的年龄梯次，一是缺少 20～30 岁年轻人的加入，二是缺乏低龄老人的参与。随着未来延迟退休政策实施，高年龄组的劳动者会陷入不利竞争地位，劳动力供求中的结构性矛盾将更加突出，与劳动者技能和适应能力相关的结构性失业及摩擦性失业问题愈益突显，甚至很可能导致部分年龄偏大的劳动者陷于尴尬境地——丧失了工作却又一时拿不到退休金[①]，可以采取适当政策吸引低龄老人从事养老服务业，将

---

① 蔡昉：《未富先老与中国经济增长的可持续性》，《国际经济评论》2012 年第 1 期，第 82～95 页。

由其置换出来的劳动年龄人口充实到工业生产和现代服务业，有效促进社会经济可持续发展。

（三）提高养老服务人员素质

当前，养老专业服务人员十分缺乏，需要长期照料的老人基本上都存在身体机能弱化等问题，糖尿病、高血压等慢性病及其并发症患者数量呈上升趋势，对长期照护和康复护理等服务的需求将越来越多，对护理人员的专业化素质要求较高，而经过系统性专业培训的护理人员严重不足。养老服务人员素质参差不齐也使得社会对养老服务行业的认同度偏低，这与当前养老服务标准不完善有着很大关系。需要政府制定并实施养老服务规范标准，充分发挥标准化工作对养老服务业发展的支撑作用，尤其是在养老服务专业人才建设方面，加紧制定养老服务从业人员基本要求和养老服务从业人员职业培训规范，对所有从业人员进行统一和标准化的岗前培训和职业道德教育，学习专业护理、老年人心理、老年人发展等方面知识。① 鼓励准老年人和低龄老人参加专业培训并给予一定政府补贴，促进低龄老人参与到养老服务中来。另外，还需要在大学普及设置社会工作专业和老年护理专业，为养老服务事业发展培养高素质的专业人才。

（四）减少需要长期照护的失能老人数量

未来三十年，养老服务资源供不应求将呈常态化，供求矛盾日趋尖锐，如何化解供需不平衡问题将是我国社会经济面临的重大考验。提高养老服务供给能力是必不可少的，但在供给能力难以有效提升的情况下，有必要另辟蹊径，从需求侧入手进行分析和论证。我国高血压、糖尿病等非传染性慢性疾病呈爆发性高发态势，其中将有一半出现并发症，慢性病及其并发症是造成老年人失能的主要原因，虽然糖尿病、高血压等慢性病是难以治愈的，但通过一级预防可以有效降低慢性病及其并发症发病率。这

---

① 王述祖、原新：《天津市助老服务模式探索研究》，中国人口出版社，2014，第328～330页。

就需要国家在基本公共卫生服务方面加大投入力度，提高群众健康意识和慢性病预防能力。针对国家在公共卫生服务管理和政策设计上存在的主要问题，可以从以下三个方面入手加强基本公共卫生服务工作：一是政府定向培养公共卫生服务人才，二是增加中医体质辨识服务项目，三是创新公共卫生服务公益宣传活动，有效推动公共卫生服务工作，促进社区居民健康水平和生活质量提高。

三　进一步分析

养老资源供需动态平衡受多个参量指标共同影响，单独调整一个参量并不能从根本上解决养老基金缺口问题，需要对其进行统筹考量和综合分析。根据测算结果，在渐进式延迟退休并到2048年实现退休年龄65岁调整目标的方案下，如果将制度缴费率、养老金替代率分别设定为27%和60%，且2016年一次性划转4万亿元国有资本至养老保险基金账户，养老保险基金保持每年投资收益率6.46%，那么，2016～2050年将不再出现养老基金收支缺口，养老基金收支差额将从2016年的5490亿元降至2029年的376亿元，然后快速上升至2050年的21.41万亿元，其中，扩大基金存量规模和提高基金投资收益率对于解决养老基金收支缺口问题起到决定性作用。

2016～2035年是养老基金支付能力较为脆弱时期。如果不划转国有资本充实社保基金及实施延迟退休政策，出现养老基金收支缺口将是大概率事件，最近二十年将是养老保险基金发展最困难时期，稍有不慎，就会出现收不抵支状况。自2036年开始，延迟退休政策逐步发挥效力，养老基金收支差额呈现快速增加态势，自2044年开始年度养老基金收支余额甚至将会达到10万亿元以上，可为重度老龄化社会到来储备更多资源。我们关注的目标是养老基金收支差额保持正值，但收支余额太多也并不值得提倡，过于雄厚的养老基金储备不仅影响代际公平，还会阻碍代际财富合理流动，不利于经济社会健康发展。

以2036～2050年养老基金收支差额快速增加为背景，分别对退休人员的养老金水平和就业人员的养老保险缴费水平进行考察。一是就退休人员的养老金水平而言，2036 年和 2050 年的法定退休年龄将分别延迟到 63 岁和 65 岁，与制度缴费率 27% 相对应的养老金替代率分别为59.34% 和 66.50%，也就是说，2036～2050 年的养老金替代率将介于59%～67%。鉴于社会平均工资的 60% 已经可以满足退休人员基本生活需要，随着经济发展和社会进步，恩格尔系数可能更低，替代率能够达到 60% 已经确实不低，就业期间的缴费贡献与退休时期的退休金收入能够保持基本平衡。二是从就业人员的养老保险缴费水平来看，我国现行养老保险制度缴费率明显偏高，就业人员待其退休时的社会养老负担可能更加沉重，给未来养老问题埋下隐患。在不提升当前退休人员养老金的前提下，有必要对 2036 年之后的参量指标进行合理调整，将制度缴费率适当下调至 25% 左右，减轻单位和个人缴费负担，促进国民经济持续增长。

增加养老基金投资收益是弥补养老基金缺口的重要途径。可从以下两个方面入手。一是增加养老基金存量，加快落实国有资本划转社保基金政策，当前养老基金余额为 3.99 万亿元，如果在此基础上再划转 4 万亿元国有资本至养老基金账户，可使养老基金存量翻一番。二是提高投资收益率，长期来讲，投资收益率确实只能达到平均收益率，难以获得超过市场平均收益率的额外收益率。可参考的是，近 30 年来的美国证券市场指数变动与养老基金变动趋同度达到 90% 以上，假定对养老基金采取被动式投资策略，年均投资收益率保持 6.46% 是切实可行的。

第二节　国外实践与启示

"他山之石，可以攻玉"。OECD 国家和南美洲国家在养老制度改革方面做了大量工作，积极推出了许多创新性政策措施，在政策实践中既有成功经验也有失败教训。随着人口快速老龄化，我国养老资源供不应求状况愈加严重，有必要借鉴这些国家的具体做法，学习经验，吸取教训。

一　个人账户制度实践

按照缴费与待遇之间的关联性，可以将现有养老金制度归结为缴费确定型、待遇确定型和名义账户制三种模式，许多国家在养老制度建设和运行中对此进行了长时期实践。

（一）缴费确定型（DC）

该制度中的参保人按其收入的固定比例缴费并将之存入个人账户，因此常称之为积累制个人账户。这些保险缴费额用于投资或购买资产，其所获得的投资收益也一并纳入个人账户进行累积，参保人退休后的收入水平取决于其工作期间缴纳的养老金及其资产累积情况。在 OECD 国家中，有 9 个国家选择采取了 DC 模式，分别为澳大利亚、丹麦、匈牙利、冰岛、墨西哥、挪威、瑞士、斯洛伐克、荷兰，既保持第一支柱的再分配性质，又通过第一支柱突出一定的激励性[①]。在个人积累之间不进行调剂的情况下，DC 模式可以化解个人长寿风险，但也会使人们面临大量其他风险，包括养老金投资回报率变动、未来收益不确定以及通货膨胀下的货币购买力下降风险。

（二）待遇确定型（DB）

在待遇确定型模式下，一般采取现收现付制，不是以个人积累为基础计算和发放退休人员养老金，而是基于之前年度的个人工资，抑或养老金只与其退休前的最后收入相关，而不必关心雇主为其缴纳了多少养老保险费用，其暗含假设是将参保就业人口的缴费作为保持养老基金收支平衡的内生条件[②]。大多数 OECD 国家在第一支柱保持 DB 性质不变，重点体现强制性和再分配性，由政府通过税收融资并强制实施，通过代际转移筹资为老年人提供一定水平的长寿保险，体现第一支柱的再分配性质。

---

① 李珍：《基本养老保险制度分析与评估》，人民出版社，2013，第 162 ~ 167 页。
② 〔英〕尼古拉斯·巴尔、〔美〕彼得·戴蒙德：《养老金改革：理论精要》，郑秉文译，中国劳动社会保障出版社，2013，第 31 ~ 32 页。

(三) 名义账户制 (NDC)

名义账户制实质上是缴费确定型和待遇确定型的综合，在融资方式上实行的是现收现付制，在给付方式上采取的是缴费确定型，这种模式突破了传统的待遇确定型现收现付制和缴费确定型完全积累制，而将 DB 模式和 DC 模式混合在一起，建立名义账户制。目前，主要有 7 个国家采取 NDC 模式，分别为瑞典、意大利、波兰、拉脱维亚、俄罗斯、蒙古国、吉尔吉斯斯坦。瑞典是名义账户制度执行最成功的国家。而吉尔吉斯斯坦的改革是最不成功、不彻底的[①]。究其原因，无论是在改革准备还是时机选择上，吉尔吉斯斯坦均存在一定失当，无法解决庞大农业人口充分就业问题，另外，没有引入初始资本而使制度转型期太长。

总而言之，个人账户制度本身并无优劣之分，养老金制度具体属于哪种类型是由其经济实质所决定的。目前，我国养老金制度实行的是统筹账户与个人账户相结合的部分积累制，在资金筹集上，由单位（缴纳比例为20%）和个人（缴纳比例为8%）分别缴纳相应比例，其中，11% 计入个人账户，但在实际运行中，在养老金支付上采取的是现收现付制。由于国家财政没有支付改制成本，养老金统筹账户难以支付现有退休人员的养老金，只能挪用个人账户资金，致使个人账户持续空账运行。即便不考虑空账运行因素，大量资金累积在个人账户上也会面临如何保值增值的现实问题。分析认为，我国养老金制度实际上是按照 DB + DC 模式运行，个人账户与统筹资金一并归集到养老基金管理，个人账户累积额及其历史缴费情况可以作为计算参保人未来养老金收入的依据，本着"实质重于形式"原则，应向名义账户制转型。

二 养老金参量性改革与实践

为了应对人口老龄化带来的危机，各国从养老金待遇计算方法和领取

---

① 郑秉文：《中国养老金发展报告 2014——向名义账户制转型》，经济管理出版社，2014，第 199 页。

养老金条件等方面做出一些尝试，努力保持养老金体系财务可持续性，有效增强养老金安全性。

（一）调整养老金计算公式

20世纪90年代以来，OECD国家逐渐改革养老金待遇调整方法，从原来的根据收入调整更改为根据收入和物价变动共同调整或直接根据物价变动调整。法国最先将公共养老金计划和职业年金计划的待遇变更为根据物价进行调整，其后，加拿大根据消费价格指数调整，美国根据生活费变动指数调整，芬兰、波兰、葡萄牙、瑞士根据物价和工资增长率共同调整。由于收入增长率快于物价上涨速度，如果根据物价变动来调整养老金待遇，相当于减缓养老金增长速度。另外，德国、奥地利、芬兰、葡萄牙、丹麦等国家将人口预期寿命引入养老金计算公式之中，降低养老金待遇以应对不断延长的人口预期寿命，改善养老金财务收支状况。

（二）调整领取养老金条件

2000年以来，随着人口预期寿命持续升高，OECD国家纷纷出台提高法定退休年龄政策，丹麦、德国、捷克立法延迟领取养老金年龄，并于2030年之前延迟到67岁左右；荷兰和芬兰采取了相对比较激进的措施，用两年时间将退休年龄提高两岁，分别从65岁提高到67岁和从63岁提高到65岁①。另外，许多国家还出台了严格提前退休条件和鼓励延迟退休的规定，比利时、丹麦、希腊、匈牙利和意大利对提前退休者增加最低缴费年限，芬兰减少提前退休者的养老金待遇；对于到达退休年龄仍继续工作者，澳大利亚给予一定的现金奖励，芬兰和英国将其待遇与养老金增长率挂钩。

（三）扩大养老保险覆盖面

OECD国家的公共养老金体系发展比较充分，其扩大养老保险覆盖面主要集中在私营领域。法国、匈牙利和波兰建立了税收优惠的私营养老体系，

---

① OECD, "Pensions at a Glance: Public Policies Across OECD Countries," June 2007.

韩国、意大利将原来的解雇遣散费用调整为职业养老金计划，瑞士、英国适当降低养老金计划门槛，将更多低收入者和非全职工作者纳入养老金体系。另外，所有 OECD 国家均建立了私人养老金制度，瑞典、瑞士、丹麦、荷兰等国家实行强制性私人养老金制度，其覆盖率达到了 90% 以上，德国、英国、美国实行自愿性私人养老金制度，其覆盖率在 40% 左右，有些国家老年人私营性养老金收入占养老金总收入的一半以上，成为其主要收入来源[①]。

概括而言，调整参量指标取值可以在一定程度上缓解养老基金缺口问题，OECD 国家调整养老金计算影响因子的目的是减少养老金支出，但这会降低退休老人生活水平，不利于代际公平的实现，将养老金与社会平均工资挂钩更能体现代际公平。随着人均寿命不断延长，提高法定退休年龄成为养老金改革的必选项，严格限制提前退休行为也是改善养老基金收支状况的重要途径。扩大养老保险覆盖面不仅可以增加养老基金收入，更能提升低收入弱势群体的保障水平。我国在养老金改革中可以优化调整参量指标，渐进式缓步提高退休年龄，增加领取养老金的最低缴费年限，并进一步扩大养老保险覆盖人群。

三　养老金投资资本市场实践

养老基金积累与资本市场发展互相支撑、相辅相成，养老基金是资本市场的重要机构投资者，成熟的资本市场是养老基金保值增值的重要渠道。1970 年以来，在人口老龄化形势下，世界各国公共养老基金逐步进入资本市场进行投资，应对可能面临的养老金支付危机。

（一）美国 "401K" 计划

养老金为美国资本市场发展奠定了坚实基础，美国资本市场也为 "401K" 计划获取投资收益提供了丰富的可选投资工具。在过去 30 年，养老金与道琼斯指数变动相关系数达到 90% 以上，保障了参保人利益和

---

① 李珍：《基本养老保险制度分析与评估》，人民出版社，2013，第 167～174 页。

财务可持续发展。从投资结构上看，"401K"计划中近60%的资产是通过投资股票基金、公司股票和平衡基金而最终投资于股市。另外，"401K"计划参与者的资产配置结构较为稳定，没有出现大规模调整资产配置行为，基本未受互联网泡沫危机和金融危机影响。

（二）OECD国家养老基金

在OECD国家，各国均对主权养老基金实行市场化投资策略，其社保储备基金的投资策略却不尽一致，日本、韩国、加拿大和瑞典实行市场化投资策略，其投资股票市场的比例达到了50%，但是，美国和西班牙没有实施市场化投资策略，而是将资金全部投资于债券市场。另外，在OECD国家中，有18个国家对养老基金投资证券市场没有比例限制，6个国家对养老基金投资OECD国家证券市场没有比例限制。随着人口老龄化程度加重，促进养老基金市场化投资运营的呼声渐高。

（三）智利养老基金

智利养老金个人账户与资本市场几乎同时建立和发展，随着养老金账户金额快速累积，养老基金投资比例逐渐扩大，从只能投资国债、公司债等固定收益类品种，到投资股票市场直至国外证券市场，从而促进资本市场不断发展壮大。智利养老基金投资的突出特点是注重集中投资，主要投资了全国几乎全部房屋抵押贷款证券和银行债券、将近一半的公司债券、一半以上的政府债券。但这不可避免地存在投资渠道狭窄、投资品种单一和投资结构不合理等问题，再加上智利政府过度管制，使得机构投资者的投资理念相似、投资组合高度重合，由此产生明显的机构投资者"羊群效应"。

综上所述，美国监管部门对"401K"计划的发起、缴费、投资、领取过程进行有效外部监管，并在投资机构选择上坚持充分市场竞争原则，各个投资机构必须以提高投资质量、降低成本和内部风险为准则。OECD国家养老基金基本实行坚持市场化投资策略，允许投资债券市场和股票市场的比例达到一半以上。智利养老基金促进了全国资本市场快速发展，但受政府管制影响和资本市场规模约束，投资渠道过于狭窄，运作不是特别理想，存在明显的机构投资者"羊群效应"。分析认为,在资本市场发展初期,养老基金是促进资本市场发展的重要力量,可以通过推动养老基金发展促进多层次资本市场建设,快速发展的资本市场也为养老基金组合投资和多元化投资创造条件。可从政策上进一步提高养老基金投资资本市场的比例直至放开比例限制,在投资机构选择上,坚持市场竞争方式,兼顾基金风险和投资收益。

四 长期照护服务政策与实践

随着人口老龄化水平上升,失能老人的长期照护服务需求急剧增加,在家庭日益小型化、核心化背景下,仅靠家庭照护已经难以满足老年人的长期照护服务需要,社会化照护服务是大势所趋。OECD 国家自 20 世纪七八十年代开始对长期照护服务进行有益实践,并建立了系统化长期照护制度,取得了良好社会成效。

(一) 长期照护保险制度

荷兰在 1968 年开始建立长期照护保险制度,美国和法国于 20 世纪七八十年代开展长期照护商业保险,其他 OECD 国家也陆续将老年人长期照护纳入社会保障范围。德国、卢森堡和日本颁布了社会化长期照护保险法案,英国、奥地利、澳大利亚、瑞典推行了以公共财政为责任主体的长期照护津贴计划,韩国 2008 年开始实施了长期照护社会保险制度。在实际运行过程中,各国长期照护体制大致分为三类:一是以美国为代表的由市场供给的长期照护制度;二是以英国为代表的由税收支持的长期照护制度;三是以德国、日本为代表的由财政提供资金、市场提供服务的长期照护制度。目前,在经济发达国家社会保障体系中,老年照护服务已经发展成为一个独立的社会保障项目,相应地,老年人长期照护制度成为继养老保障制度、医疗保障制度之后的老年人生活保障体系的第三大支柱。[①]

---

① 陶裕春:《失能老年人长期照护研究》,江西人民出版社,2013,第 86 ~ 87 页。

（二）长期照护人员配置

大部分 OECD 国家明确规定了长期护理机构护理人员配置标准，将之作为长期护理机构运营的前提，充分保证了老年照护服务质量。美国要求所有护理机构配备足够数量的护理人员，每天需要有至少 1 名注册护士至少 8 小时在岗，至少 1 名执业护士 24 小时在岗。日本要求养老机构保证配备最低固定数量的护理人员，收住老人与护理服务人员比例基本为 3∶1，如果收住经常辅以医疗诊治的长期疗养型老人，每 100 名老人需配备护士 34 名；收住需要医疗护理的老人，入住者每增加 3 名，护士增加 1 名。澳大利亚规定每个养老院中需要至少 1 名注册护士（不包括精神科注册护士）24 小时在岗，配备相应的照顾人员，收住老人与照顾人员的比例大约是 3∶1 至 1∶1，老人数多于 30 时需要有至少 2 名照顾人员 24 小时值班，老人数多于 60 时需要有至少 3 名照顾人员 24 小时值班。[①]同时，这些国家还规定了不同自理程度的老人只能入住对应的长期护理机构，同时配置具备照顾这类老人能力的相应资质人员。

（三）长期照护服务模式

在 OECD 国家，以社区为基础的老年人长期照护服务模式正在成为一种主流的照护服务模式。许多国家通过立法形式开展了制度化长期照护实践，以色列、奥地利、德国、英国、韩国、日本等国家先后出台了长期照护保障相关法律，明确了国家和社会应当承担起对失能老年人群的照护责任，整合家庭、社区、社会资源为老年人提供长期照护服务。另外，OECD 国家还通过标准化建设和外部监督提高长期照护服务质量，实现了长期照护服务标准化，奥地利、加拿大、芬兰、法国等国家对老年人长期照护服务标准的制定主体和监测主体进行了有效的制度安排[②]，日本建立

---

① 王黎、郭红艳、雷洋、谢红：《国内外长期护理机构护理人力配置现状研究》，《中华护理杂志》2014 年第 8 期，第 981~985 页。

② OECD, "A Good Life in Old Age? Monitoring and Improving Quality in Long-term Care," OECD Publishing, 2013.

了照护人员资格认证制度，德国对长期照护服务开展情况进行监督并接受消费者的投诉。

我国部分地区仅初步建立了计划生育家庭长期照护保险，针对所有家庭的长期照护保险制度尚属空白。借鉴 OECD 国家的经验做法，我国急需构建长期照护服务体系基本框架，设立制度完善、运行高效的管理机构，培育长期照护服务市场，建立社会保险为主和商业保险为辅的长期照护保险制度，以及长期照护服务行业标准规范和监督管理体制。[1] 如果说将老年人长期照护纳入社会保障范围解决的是"钱"的问题，那么给老年人提供长期照护的"人"的问题如何解决呢？一是增加养老服务人员数量，二是提高长期照护服务效率，这就需要提高当前养老服务人员的素质和待遇，造就一支高素质的长期照护服务队伍，为老年人提供优质的长期照护服务。[2]

第三节　实现路径选择

养老资源供不应求呈常态化。养老资源需求具有刚性，提高养老资源供给能力是从根本上解决问题的必由之路。从这个意义上讲，实现养老资源供需平衡将转变成为如何有效提高养老资源供给能力的问题。现以前述研究分析为基础，探求和选择实现养老资源供需动态平衡的有效路径。

一　基本原则

在路径选择上，必须围绕养老金收支平衡、代际基本公平、服务满足需求、经济可持续发展等目标进行研究，并坚持以下三项基本原则：一是政府与市场结合，二是监管与自律并重，三是公平与效率兼顾，努力实现养老资源供需动态平衡。

---

① 党俊武：《中国城镇长期照料服务体系研究》，博士学位论文，南开大学经济学院，2007。
② 陈卓颐、黄岩松、罗志安：《关于提高养老照护从业人员素质的思考》，《中国老年学杂志》2006 年第 2 期，第 280～281 页。

（一）政府与市场结合

政府在养老保险费用征缴和养老服务体系建立过程中具有重要作用，但在养老服务资源供给配置方面，往往存在政府失灵问题，需要充分发挥市场调节作用，坚持政府引导、市场驱动。发挥政府在制定规划、出台政策、引导投入、规范市场、营造环境等方面的引导作用，整合各方养老服务资源，推动形成互利共赢的发展格局。充分发挥市场在资源配置中的决定性作用，使市场主体平等参与市场竞争，调动社会资本和非营利性机构的积极性和创造性。

（二）监管与自律并重

社会养老服务是一项系统工程，涉及多个政府部门，有必要加强社会养老服务体系建设。加强政府监管作用，完善政策法规体系，健全养老服务的准入、退出、监管制度，建立和完善养老服务行业管理标准体系，逐步形成制度完善、机制健全的社会养老保障体系。组建养老服务行业协会，加强内部管理，引导会员单位建章立制，不断提高管理水平，实现行业自律。建立养老服务调查评估制度，引入第三方评价体系，接受社会各界监督，促使养老服务纳入职业化、规范化管理。

（三）公平与效率兼顾

我国现行养老保险制度实行统筹账户与个人账户相结合，统筹账户体现社会公平，个人账户体现经济效率，但在实际运行中，既缺乏效率，也不够公平，其主要原因在于，个人账户和统筹账户资金的管理使用不规范，制度设计不合理。[①] 因此，在制度调整中实行名义账户制，将单位缴费和个人缴费均纳入个人账户进行统计，以此作为计算参保人未来退休金的依据，多缴多得，体现经济效率；同时，将国有资本划转充实社保基金，让所有参保人员分享经济发展成果，体现社会公平。

---

① 黄贻芳：《论中国养老社会保险的公平与效率》，《经济评论》2002年第4期，第63~74页。

二 可行路径

综合上述分析，结合我国社会经济发展实际，未来一段时期，应从增加养老资源供给能力、减少养老资源需求总量和提高养老基金投资收益三个方面着手，进一步扩大养老保险覆盖面，渐进式缓步提高退休年龄，优化调整参量指标，提高领取养老金资格条件，积极实施国有资本划转社保基金，提高养老基金投资收益。

（一）增加养老资源供给能力

一是扩大保险覆盖面，创造条件将非正规就业、低收入人群纳入养老保险范围，有效增加养老保险缴费收入，争取 2030 年时的养老保险覆盖率在 83% 以上，2050 年达到 95% 以上，接近或超过 OECD 国家平均水平；增强养老保险缴费强制性，使所有参保者按时足额缴费。二是有条不紊地提高法定退休年龄，在人口寿命提高形势下挖掘人口红利，渐进式缓步提高退休年龄，以现有退休政策为基础，女性工人每两年延迟 1 岁、女性干部每三年延迟 1 岁、男性职工每六年延迟 1 岁，到 2048 年全面延迟到 65 岁退休，实现男女同龄退休；同时，加大延迟退休政策宣传力度，鼓励和引导低龄老人参与养老服务工作，充分发挥低龄老人比较优势。三是整合服务资源，对不同主体提供的养老服务加强统一管理，改变服务项目零散分布的状况，根据照护对象需求提供整体性服务计划，鼓励社会力量和非营利性机构参与养老服务。在劳动年龄人口总量下降背景下，大规模增加养老服务人员数量面临巨大现实问题，需要重视和加强社会工作、老年护理等专业的人才培养，提高养老服务业人力资本含量，有效促进养老服务效率提升。

（二）减少养老资源需求总量

延迟退休年龄不仅能够增加养老保险缴费收入，还可在一定程度上减少每年养老基金支出，但确保实现延迟效果必须首先严格限制提前退休行为，杜绝"政策规定延迟退休，单位内部提前退休"现象。对符合从事井下、高空、高温、特殊繁重体力劳动以及其他有害身体健康等特殊工种一定年限而确需提前退休的，相应提高提前退休年龄，其提升幅度、进度与延迟退休年龄政策进展情况保持一致；严格病退政策中的病种及其患病程度规定，建立第三方评估机制，实行病退人员总量控制。另外，针对部分行业退休金过高甚至高于其在岗工资问题，有必要在全国范围内重新计算核定退休人员养老金，以社会平均工资作为计算标准，根据养老保险缴费贡献和视同缴费情况，计算个人养老金收入系数，以此核定养老金并与社会平均工资变动挂钩，保持货币工资购买力和退休老人生活水平基本稳定。加强基层公共卫生服务，预防和减少非传染性慢性疾病及其并发症发生，提高老年人生命质量，降低慢性病人残障率，从根本上减少长期照护服务需求。

（三）提高养老基金投资收益

对于养老基金收支缺口问题，一味"输血"并不能从本质上解决，更重要的是应增强"造血"功能，对症下药，标本兼治。[1] 可以从以下两个方面入手。一是夯实"造血"基础，做实做大养老基金存量。将分散在各省份的养老金累计结余进行归集，统一委托给全国社保基金理事会或者设置中央层面专门管理机构；出台相关细则和具体办法，划转部分国有资本充实社会保障基金，体现国有资本的公有属性，并将其中四成划拨到养老基金账户[2]。二是增强"造血"功能，有效提高投资收益率。健全公正公平的监督管理制度，选择养老基金专业投资运营机构，动态调整各类资产的配置比例，适当增加股权资产比例，促进中国证券市场长期稳步上升，抓住中国证券市场发展机遇，提高养老基金投资收益率，保持与国民经济发展同步，实现养老基金存量资金保值增值。

---

[1]　胡耀岭：《解决养老金缺口问题应如何"对症下药"》，《党政视野》2016年第2期，第66页。

[2]　http://finance.ce.cn/rolling/201603/06/t20160306_9305943.shtml.

三 分析与评价

养老资源供需平衡是一个动态过程。需要对社会目标、经济目标等多目标实现情况进行权衡，综合分析和调整多项变量指标，将有效提升养老资源供给能力作为研究养老资源供需动态平衡的核心。当前企业和个人负担较重，劳动力成本较高，个人消费能力下降，严重降低了企业市场竞争力，从而对经济增长产生抑制作用。此时，无法提高养老保险制度缴费率，甚至还需要在原有基础上适当降低。近年来，尽管全国经济得到了快速发展，但列入国家财政预算的支出项目繁多，完全依靠国家财政解决养老基金缺口是不现实的。

在征缴收入和财政补贴难以挖潜的情况下，提高养老基金投资收益将是增加养老基金收入的重要途径。根据测算结果，在渐进式缓步延迟退休政策下，如果一次性向养老保险基金划转 4 万亿元国有资本，那么，保持养老基金收支平衡所需的年均投资收益率为 6.46%。对于一项长期投资来说，确实难以获得超过市场平均水平的收益率，但在资本市场发展过程中，采取被动式投资策略获得 6.46% 的年均收益率是可以实现的，不仅能使养老保险基金在经济发展中保值增值，有助于弥补养老基金缺口，还能优化资金资源配置，促进经济可持续发展。

未来劳动年龄人口规模将快速下降，从 2016 年的 9.21 亿人降至 2050 年的 7.09 亿人，年均下降 0.77%。在劳动年龄人口供给乏力背景下，提高养老服务能力，不能仅从增加从事养老服务业的人口数量做文章，更应注重提升养老服务人员人力资本，培养社工专业和老年护理专业人才，提高养老服务人员素质，并在工作过程中进行在职培训和定期考核，有效提高养老服务人员劳动生产率。进一步加大人力资本投资力度，提高养老服务人员的相关待遇，努力造就一批高素质的养老服务队伍，为老年人提供优质服务。

建立健全经济社会相关政策是保持养老资源供需动态平衡的关键。养老资源供需平衡过程具有动态性和系统性，老年群体是一个动态变化和不断更新的群体，不同队列老年群体在变老过程中并非完全相同，而老年群体变化与社会结构变迁密切相关。因此，需要建立与养老资源供需动态平衡相适应的经济社会政策支持体系，比如，人口发展政策、社会保障政策、教育培训政策、证券监管政策等，为实现养老资源供需动态平衡营造良好的政策环境。

第四节　本章小结

养老资源需求具有一定刚性，提升养老资源供给能力是实现供需平衡的重要途径，这将取决于人口生育政策下的未来劳动力供应量、教育政策下的劳动者人力资本水平和金融政策下的资本投资收益率。受现阶段实体经济和就业结构制约，单独调整一项参量指标并不能从根本上解决养老资源供需失衡问题，这就需要在延迟退休年龄的同时，采取有效措施增强养老资源供给能力。

对于养老资源供需动态平衡实现路径，有以下六点结论性认识。一是提高制度缴费率对增加养老基金收入具有直接作用，但单独提高制度缴费率并不能从根本上解决养老基金缺口问题，需要与其他调整方式结合使用。二是加大财政支持力度是增加养老基金收入的有效途径，但是需要坚持一定的资金监管使用原则，财政投入资金只能用于养老基金积累，不得用于支付养老金支出。三是降低社会平均工资替代率是减少养老基金支出的重要方面，单独降低社会平均工资替代率也并不能解决养老基金收支缺口问题，而且还会损害退休一代人的经济利益。四是提高退休年龄对养老基金增收节支具有显著作用，但宜采取渐进式平缓提高的方式，切忌冒进求快。五是提高投资收益率是养老基金保值增值的关键环节，但仅仅依靠养老基金投资收益率的提高亦不能彻底解决养老基金缺口问题，还需夯实养老基金存量基础。六是无论是养老服务人员规模结构还是养老服务人员素质，与养老服务多样化需求相比还有很大差距，需要扩大养老服务人员规模，调整养老服务人员结构，提高养老服务人员素质。

"他山之石，可以攻玉"。OECD国家和南美洲国家在养老制度改革方面做了大量工作，积极推出了许多创新性政策措施，在政策实践中既有成

功经验也有失败教训。随着人口快速老龄化，我国养老资源供不应求状况
愈加严重，有必要借鉴这些国家的具体做法，学习经验，吸取教训。一是
我国养老金制度实际上是按照 DB + DC 模式运行，本着"实质重于形式"
原则，应向名义账户制转型。二是随着人均寿命不断延长，提高法定退休
年龄成为养老金改革的必选项，严格限制提前退休行为也是改善养老基金
收支状况的重要途径，扩大养老保险覆盖面不仅可以增加养老基金收入，
更能提升低收入弱势群体的保障水平。三是养老基金是促进资本市场发展
的重要力量，快速发展的资本市场也为养老基金组合投资和多元化投资创
造条件。四是我国急需构建长期照护服务体系基本框架，设立制度完善、
运行高效的管理机构，培育长期照护服务市场，建立社会保险为主和商业
保险为辅的长期照护保险制度。

养老资源供不应求是长期普遍性问题。养老资源需求具有刚性，提高
养老资源供给能力是从根本上解决问题的必由之路。在路径选择上，坚持
政府与市场结合、监管与自律并重、公平与效率兼顾三项基本原则，从增
加养老资源供给能力、减少养老资源需求总量和提高养老基金投资收益三
个方面着手，进一步扩大养老保险覆盖面，渐进式缓步提高退休年龄，优
化调整参量指标，提高领取养老金资格条件，积极实施国有资本划转社保
基金，提高养老基金投资收益。分析认为，在征缴收入和财政补贴难以挖
潜的情况下，提高养老基金投资收益将是增加养老基金收入的重要途径；
在劳动年龄人口供给乏力背景下，提高养老服务能力不能仅仅依靠增加养
老服务人员数量，更须注重提升养老服务人员素质。

第九章

养老资源供需动态平衡政策支持体系

人口老龄化本身并不是问题，而是经济社会发展的必然结果，从这个意义上讲，我们应该以积极心态张开双臂迎接人口老龄化时代的到来。不可否认，人口快速老龄化也直接导致了劳动力供给量减少、消费储蓄水平下降和社会抚养比上升，这需要以经济社会相关政策分析为核心，构建与养老资源供需平衡相适应的政策支持体系，解决养老基金收支缺口和养老服务人员短缺问题，实现养老资源供需动态平衡。

第一节　人口发展政策

人口政策是社会经济发展的基础。人口生育政策对未来家庭结构和劳动力供给具有较大影响，流动人口政策和人口城镇化政策对农村家庭养老功能以及城乡居民养老保险发挥着重要作用。

一　人口生育政策

未来 60 年内的老年人口已经存活在世，放松生育数量限制较长时期内不能有效降低人口老龄化率，但能在一定程度上改善家庭代际结构。中国人口老龄化是生育水平下降和人口出生预期寿命延长共同作用的结果，生育数量限制使得人口金字塔底部收缩，呈现少子化和空巢化，从而削弱家庭养老功能。《老年人权益保障法》明确了居家养老的基础性地位，探索从"社会为老人养老"向"帮助家庭实现顺利养老"转变，在不损害家庭发展能力的前提下实现居家养老，居家养老逐渐成为主要养老方式。党的十八届三中全会决定全面实施二孩生育政策，各省区市陆续修订出台了《人口计划生育条例》，这是继"单独二孩"之后再度放松生育数量限制，这将进一步优化家庭结构，使其由过去的"四二一"转变为"四二二"，未来生育政策仍存在调整空间，可能进一步朝着人口均衡方向协调发展。模拟结果显示，当前放开全面二孩政策，较长时期内将难以有效降低人口老龄化率，不能从根本上改变人口老龄化加重的趋势，未来全国人口老龄化水平上升以及老年人口规模增长将不可逆转。但是，放松生育数量限制能够在短期内改善家庭代际结构，增强家庭养老功能，减轻社会养老压力。基层现场访谈资料显示，生育二孩的性别偏好为女孩的家庭开始增多，尤其是一孩生育了男孩的家庭更是如此，偏好生育女孩现象是最近30年所未曾有的，这从一个侧面表明，放松生育数量限制能够在一定程度上遏制出生性别比升高势头，全面放开二孩生育政策不仅有利于优化家庭代际结构，还有助于调整出生人口性别结构。

二 流动人口政策

流动人口政策能够维护灵活就业参保者权益，实现养老保险关系自由转移。改革开放30年来，流动人口变动呈现出流动时间长期化、年龄结构成年化特征，其分布主要集中在沿海地区。目前，我国流动人口达到了2.5亿人左右，成为一个新兴的庞大的社会群体，大规模乡城迁移人口使得农村老龄化程度比城镇更为严重，人口流动削弱了家庭养老功能，使老年人生活照料受到影响，人口流动对家庭养老造成的负面影响不可忽视。就流动人口养老保险政策而言，本地户籍人口基本已经做到了应保尽保，外来流动人口已成为扩大保险覆盖面的主要对象，社保制度"碎片化"

现状尚未得到根本改变，对于流动人口的社会保障没有形成一个统一的政策安排，尤其是其社保关系异地转移是个问题。在现行政策下，流动人口社保关系异地转续时只能转移其个人账户资产，单位缴纳的统筹部分却留在流入地，这就势必对流动人口社保制度财务可持续性产生影响。可实行流动人口居住证管理，按照常住人口口径进行公共服务预算，鼓励有条件的农民工举家进城，分流农村家庭养老负担，让城市承担部分农村养老功能，使流动人口尤其是乡城迁移人口能够在流入地安居乐业。

三　人口城镇化政策

人口城镇化政策可为社会经济全面发展营造良好环境，并为从根本上解决农村家庭人口结构问题创造条件。老年群体是一个不断动态更新的群体，不同队列老年群体在变老过程中并非完全相同，而老年群体变化与社会结构变迁密切相关。城镇人口相对集中有利于养老事业发展，一是节约养老成本，老年人口相对集中，有利于降低单位成本，提高服务效率；二是提高养老服务质量，老年人集中地区的养老相关服务可得以深化，使老年人能够享受质量更好的服务；三是扩大养老服务内容，社会服务有一个基本服务阈值，达到这个基本量后才能得到某项特定服务内容。我国人口城镇化已经进入高速发展通道，大量农村人口向城镇迁移流动，解决农村人口老龄化问题是推动人口城镇化可持续发展的条件，城镇化发展也为解决农村老龄化问题提供新的路径取向。同时，城镇化飞速发展给农村人口老龄化形势下农村居民的养老保障带来前所未有的困境，这些问题的解决思路必须立足城乡统筹，加大城镇反哺乡村力度。农村养老保障体系和城镇养老保障体系之间不平等是城镇化背景下农村人口老龄化面临的重要问题之一，应推进养老保险制度改革，实现进城就业农民工养老保险与城镇养老保险对接，着重解决被征地农民养老保障问题，解决失地农民后顾之忧。同时，也需关注农民工市民化对城市公共资源、环境保护、财政支出形成的巨大压力，避免使原本承载力不高的城市基础设施面临严峻挑战。

第二节　社会保障政策

社会保障政策是养老保险事业顺利开展的指引性文件。养老保险政策可以推动养老保险基金全国统筹管理，确保养老保险费用按时足额征收，保持养老保险基金安全稳健投资。医疗保险政策能够有效降低老年人患病率尤其是慢性病及其并发症发病率，从而减少因残障而生活不能自理老人的数量，减少养老金中的医疗保健费用开支。失业保险政策能够有效扩大养老保险覆盖面，增强低收入弱势群体参与养老保险的能力。

一　养老保险政策

（一）养老保险全国统筹

目前，我国养老保险统筹层次还比较低，实行的是省级甚至是地市级统筹，直接造成区域间养老保险政策不一致和不平等，有必要建立养老保险基金征缴、管理、发放的全国统筹机制。可以分两步走：第一步，基本养老保险全国统筹，到 2020 年，实现养老保险基金全国归集并统筹管理；第二步，养老保险全面统筹，到 2030 年，实现城乡居民养老保险与城镇职工基本养老保险合并，由养老保险基金管理部门统一管理。目前，养老保险管理机构过于臃肿，在中央、省、市、县均有相应的管理机构，而且机构十分庞大，在养老保险实现全国统筹后，只需在中央层面设立养老保险监督管理机构，在省、市、县设立三级办事机构。

（二）养老保险费用征缴

养老保险费用征缴没有体现强制性特点，需要加大养老保险相关法律法规宣传力度，强化公民参与社保意识。有效扩大缴费覆盖面，提高就业人口尤其是年轻人口参保积极性。在征缴过程中，扩大缴费基数，缩小缴费工资基数与实际工资的差距，明确参保人员预期，减少其投机博弈行为，体现养老保险征缴强制性。目前规定的领取养老金资格的最低缴费年限是连续缴费满 15 年，这是制度赡养率恶化和退休人员养老金收入较低的重要原因，有必要提高领取养老金资格的最低缴费年限，并严格按照法定退休年龄安排退休，有效控制提前退休和病退行为。

（三）养老保险基金监管

划清养老保险基金存量与增量之间的界限，将目前已经存在的以及国有资本划拨后形成的国家养老保险储备资金作为"固定资产"，不得将其用于支付当期养老金支出或其他管理费用；每年的养老保险征缴收入和投资收益所得，作为增量资金单独设账登记核算，将其用于支付退休人员养老金。同时，不准将养老保险基金用于支付任何管理费用，养老保险管理机构运行经费和人员工资由国家财政预算支付，各级办事机构运行费用和人员工资由地方财政预算支付，避免可能存在的"跑、冒、滴、漏"问题。建立法律管理体系，确立稳健投资理念，遴选基金管理公司，采取指数化被动投资策略，以公司是否坚持指数投资策略及其管理费用高低为判断标准，杜绝委托投资中的寻租行为。

二　医疗保险政策

降低老年人尤其是高龄老人的医疗费用支出的有效途径是降低慢性病及其并发症发病率。有必要建立分级诊疗制度，加强基层卫生服务机构建设，以社区居民健康需求为导向，以服务人口和服务半径为依据，调整和优化现有社区健康服务机构布局，优化卫生资源配置，建设以一级医院、社区卫生服务机构为主体的基层医疗卫生服务网络，建成布局均衡、配置规范、功能适宜、运转协调的社区卫生服务体系，使社区卫生服务机构成为促进基本公共卫生服务均等化、落实国家基本药物制度和实施社区首诊的基础平台。完善"双向转诊"规范和"社区首诊"引导机制，加强全科医师队伍建设，提高社区卫生服务机构医护人员工作待遇，并为开展中医药适宜技术推广项目建设的社区卫生服务机构配置中医药专业技术人员，进一步提高社区卫生服务水平，更好地满足市民的健康保障需求。健全和完善慢性病非住院报销制度，提高在基层卫生服务机构就医诊疗报销比例，鼓励社区卫生服务机构开展中医药服务，在报销政策上适当向中医诊疗服务倾斜。

三　失业保险政策

失业保险待遇包括失业保险金、医疗补助金、丧葬补助金和抚恤金、接受职业培训和职业介绍补贴四个项目。这决定了失业保险待遇具有两个方面功能：一是保障基本生活功能，通过向失业人员提供相应的失业保险待遇，避免他们失业后因收入中断而无法维持生计；二是促进就业和再就业功能，通过失业保险提供生活补助或岗位补贴，以及组织开展职业介绍、职业培训等措施，帮助失业人员实现再就业。加强劳动力流出地政府和流入地政府之间的沟通与合作，做到信息共享，共同做好城镇劳动力转移就业过程中的人力资源开发和利用。失业人员受教育程度较低而且没有特殊工作技能，转岗到技术工种再就业难度很大，可以考虑为其提供相关职业培训，鼓励部分失业人员从事养老服务业，由失业保险基金支付培训费用，并按照国家相关规定给予养老服务就业成功者适当补贴，从政府设立的财政专项补贴资金中列支，这不仅减轻失业弱势群体再就业压力，也为养老服务业尤其是长期照护服务提供足够的养老服务人员。

第三节　教育培训政策

养老服务工作是一项专业性较强的工作，主要涉及社会工作、护理及相关专业，不仅需要较强的服务意识，还需要掌握医疗护理知识和相应专业技能，这些技能不能仅仅通过干中学得到，还必须在上岗前进行专业知识教育和职业技能鉴定，并在工作过程中进行继续教育与知识培训。

一　专业人才培养

社会工作专业是近年来设立的培养优秀社会工作人才的新兴专业，经过社会工作理论方法学习，能够综合运用专业知识、技能和方法，整合社会资源，协调沟通社会关系，在老年人长期照护服务中发挥重要作用。在全国范围内，鼓励和引导各类中等学校和高等院校开设社会工作专业和老年护理专业，加强养老服务师资队伍建设，多层次培养老年服务管理、护理、家政服务、社区康复等养老服务相关专业人才，建立高层次养老服务人才培养基地。鼓励大中专院校和医学专科学校毕业生立足基层，到养老服务机构或基层社区卫生服务机构从事养老服务工作。

二　服务人员培训

充分发挥开放大学的小学优势，开展老年服务相关专业的继续教育和远程学历教育，依托院校和养老机构建立养老服务实训基地，鼓励和吸纳农村转移劳动力、城镇失业者等就业困难人员接受转岗培训，加快推进养老服务尤其是长期照护服务人才培养。加大养老服务人员人力资本投入，加强养老护理人员专业培训，建立养老服务持证上岗和养老护理员资格认定制度，对从事养老服务的工作人员进行集中培训，并由职业技能鉴定机构组织鉴定，鉴定合格者按规定给予职业培训补贴。各级人力社保部门加强对养老护理人员培训、鉴定的指导和管理，对取得职业资格证书的人员实行持证上岗制度，其技能等级与薪金报酬挂钩。

三　老龄文化培育

充分利用平面媒体和网络平台，加强老龄社会文化宣传，使老龄文化深入人心。一是培育老龄社会价值文化，转变过去"养儿防老"的传统观念，通过社会保障网络建设，依靠养老金保障老年人经济独立。二是培育老龄社会道德文化，以"孝文化"为核心，让老年人成为社会财富，使尊老爱老成为社会风尚。三是培育老龄社会就业文化，将养老服务业列为战略新兴产业，提高养老服务人员的收入水平和社会地位。四是培育老龄社会法律文化，维护老年人合法权益，抵制"啃老"负面文化，使老年人居有定所，安度晚年。

第四节　证券监管政策

长期稳健投资是养老基金投资的固有属性。作为机构投资者和资本市场主导者，养老保险基金可以选择具有投资潜力的生产性企业或行业，引导市场其他资金理性稳健投资，实现养老基金存量资本优化配置。证券市场健康有序发展是养老基金保值增值的重要基础，而证券市场监管是证券市场存在和发展的基石，加强证券市场监管并增强法律执行力至关重要。

一　上市公司监管

（一）证券发行

严把证券市场"入口"关，将保荐业务纳入整个证券公司的风险控制体系，监管部门依法从严对 IPO 全程监管、全面监管，加大对拟上市企业及证券中介机构显性违法或法律已明确的故意隐性违法行为的打击力度，实行 IPO 全链条监管，强化中介机构自律与制衡，落实核心证券服务机构保荐人内核控制，按实质正义原则修订 IPO 上市规范化条件，对"脱实入虚"和"欺诈行为"一票否决。

（二）公司治理

完善上市公司治理结构，健全和完善上市公司治理架构，既要立足于中国现行法律、法规等制度安排，又要对接国际规则、原则与标准，通过行政监管、行业自律和公司自身努力来切实提升公司治理水准，推动市场主体归位尽责，形成市场化约束机制，不断提升公司治理有效性，促进上市公司质量提升，夯实资本市场健康发展的基石。强化市场激励和约束机制，推动纠纷解决机制完善和司法救济渠道畅通。

（三）信息披露

上市公司信息披露关系到广大投资者的切身利益，上市公司发布的信息对于投资者做出投资决策具有重要作用。这就需要加强上市公司信息披露，推动上市公司信息披露制度建设，规范上市公司信息披露行为，保证上市公司信息全面及时披露，并对上市公司董、监、高三个层面人员进行持续动态培训，依法惩治信息披露不实、利益输送等违法违规行为，防止虚假披露和内幕交易。

二　中介机构监管

（一）证券公司

按照审慎经营原则，建立健全风险管理与内部控制制度，防范和控制风险。加强发行公司承销管理，强化相关中介机构自律与制衡，落实核心证券服务机构保荐人内核制度。依法开展经纪业务，恪尽客户委托职责，实行客户保证金第三方存管制度，对擅自挪用客户保证金者，一经发现，吊销证券公司经纪业务从业资质证书，并严厉处罚证券公司法定代表人以及相关责任人。

（二）证券交易所

证券交易所是专门从事证券交易的场所，为证券公司从事经纪业务提供交易席位，保持交易系统顺畅，保障证券交易顺利进行，监督和发现操纵市场行为。保守交易机密，保障交易信息安全，严禁泄露交易信息，严厉处罚泄露信息相关责任人。对上市公司及市场参与主体具有监管责任，按照证券交易所的规定督促上市公司及时全面披露公司信息，做好上市停复牌安排。

（三）其他中介机构

会计师事务所、律师事务所和资产评估事务所等中介机构是市场交易活动得以顺利开展的重要媒介。在公司发行、上市、定期报告、再融资、对外投资、兼并、重组等信息披露中，这些中介机构应坚持风险可控原则来出具意见书，但其所出具意见书与经济事实往往存在一定出入，这是中介机构所担负法律成本与其所获得经济利益不对等造成的。因此，需要增加中介机构协助公司造假的违法成本，降低其与上市公司合谋的可能性，提高财务信息可靠性，增强投票表决透明度。

三　对监管者监管

"三公"原则是证券监督管理部门应该遵循的基本准则。在监管过程中违背"三公"原则，将导致监管部门在制定相关政策时"考虑不全面、措施不配套"，表现为政策缺乏前瞻性和严密性。如果监管理念与"三公原则"不符，必会受到市场惩罚，此种情况时有发生，比如实施不到一周即被叫停的交易熔断机制，直接导致国家政策朝令夕改，从而使得国家政府公信力下降，应依据国家相关法律法规惩处签发"伪"政策的领导及主要责任人。另外，上市公司发行审核环节被诟病已久，发审委负有不可推卸的核准责任，时常会发生根据临时问题采取临时补救措施的事件，对于这种责、权、利不对等的监督管理，需要加大对监管人员的惩戒力度，减少权力寻租行为。最基本也是最关键的，监管法律制度完善与政策制定实施是一个渐进过程，需要结合国家执法大环境和证券市场所处阶段，逐步完善证券法律法规体系，实现证券市场持续健康发展。

第五节　本章小结

人口快速老龄化直接导致劳动力供给量减少、消费储蓄水平下降和社会抚养比上升，这需要以经济社会相关政策分析为核心，构建与养老资源供需平衡相适应的政策支持体系，有效解决养老基金收支缺口和养老服务人员短缺问题。

一是人口发展政策。人口生育政策对未来家庭结构和劳动力供给具有较大影响，放松生育数量限制较长时期内不能有效降低人口老龄化率，但能在一定程度上改善家庭代际结构。流动人口政策直接影响养老保险覆盖面，流动人口社保关系异地转续时只能转移其个人账户资产，单位缴纳的统筹部分却留在流入地，这就势必对流动人口社保制度财务可持续性产生影响。可实行流动人口居住证管理，按照常住人口口径进行公共服务预算，鼓励有条件的农民工举家进城，分流农村家庭养老负担，让城市承担部分农村养老功能。人口城镇化政策对农村家庭养老功能以及城乡居民养老保险发挥着重要作用，我国人口城镇化已经进入高速发展通道，大量农村人口向城镇迁移流动，解决农村人口老龄化问题是推动人口城镇化可持续发展的条件，城镇化发展也为解决农村老龄化问题提供新的路径取向。

二是社会保障政策。养老保险政策可以推动养老保险基金全国统筹管理，有必要建立养老保险基金征缴、管理、发放的全国统筹机制，由养老保险基金管理部门统一管理，在中央层面设立养老保险监督管理机构，在省、市、县设立三级办事机构；加大养老保险相关法律法规宣传力度，强化公民参与社保意识，明确参保人员预期，减少其投机博弈行为，体现养老保险征缴强制性；划清养老保险基金存量与增量之间的界限，只有每年的养老保险征缴收入和投资收益所得才可用于支付退休人员养老金，养老保险基金不得列支任何管理费用，各级办事机构运行费用和人员工资由地方财政预算支付，避免可能存在的"跑、冒、滴、漏"问题。医疗保险政策能够有效降低老年人患病率尤其是慢性病及其并发症发病率，有必要建立分级诊疗制度，加强基层卫生服务机构建设，调整和优化现有社区健康服务机构布局，优化卫生资源配置，建设以一级医院、社区卫生服务机构为主体的基层医疗卫生服务网络，建成布局均衡、配置规范、功能适宜、运转协调的社区卫生服务体系；健全和完善慢性病非住院报销制度，鼓励社区卫生服务机构开展中医药服务，在报销政策上适当向中医诊疗服务倾斜，有效降低因残障而生活不能自理老人的数量，减少养老金中的医疗保健费用开支。失业保险政策能够有效扩大养老保险覆盖面，应加强失业人员职业培训，鼓励部分失业人员从事养老服务业，由失业保险基金支付培训费用，并按照国家相关规定给予养老服务就业成功者适当补贴，从政府设立的财政专项补贴资金中列支，减轻失业弱势群体再就业压力，为长期照护服务提供足够的养老服务人员。

三是教育培训政策。鼓励和引导各类中等学校和高等院校开设社会工作专业和老年护理专业，加强养老服务师资队伍建设，多层次培养老年服务管理、护理、家政服务、社区康复等养老服务相关专业人才，建立高层次养老服务人才培养基地。依托院校和养老机构建立养老服务实训基地，鼓励和吸纳农村转移劳动力、城镇失业者等就业困难人员接受转岗培训，加强养老护理人员专业培训，建立养老服务持证上岗和养老护理员资格认定制度，对从事养老服务的工作人员进行集中培训。培育老龄社会价值文化，转变过去"养儿防老"的传统观念；培育老龄社会道德文化，形成尊老爱老的社会风尚；培育老龄社会就业文化，提高养老服务人员的收入水平和社会地位；培育老龄社会法律文化，维护老年人合法权益，使老年人居有定所，安度晚年。

四是证券监管政策。证券市场健康有序发展是养老基金保值增值的重要基础，证券市场监管是证券市场存在和发展的基石，主要应从以下三个方面加强监管：第一，加强上市公司监管，重点对上市公司的证券发行、公司治理和信息披露进行监管，溯本清源，提高上市公司质量；第二，加强中介机构监管，主要对中介机构的发行承销行为以及出具的评估报告和法律意见书进行监督，防止串通舞弊；第三，加强对监管者监管，着重提高监管者业务素质和政策水准，杜绝不作为、乱作为，结合国家执法大环境和证券市场所处阶段，逐步完善证券法律法规体系，实现证券市场持续健康发展。

第十章

主要结论

本研究将定性分析和定量研究方法相结合，探索实现养老资源供需动态平衡所需的参数条件，并对养老资源供需状况进行了多维度分析，计算不同方案下的养老资源供给能力，揭示经济社会发展要素对养老资源供给的影响，寻求提高养老资源供给能力的有效途径，提出与之相适应的经济社会政策支持体系。

第一节 养老保险制度与参量指标选择

我国基本养老保险制度以原有企业职工退休金制度为基础，通过二十年来的实践和发展，基本形成了资金来源多元化、管理社会化、覆盖多种所有制、为参保人提供基本收入保障的退休金制度，但在具体执行过程中，养老保险制度安排和参量指标选择与社会实际并不完全契合，有必要按照精算平衡原则进行深入改革和调整。

一 实行名义账户制

目前，我国基本养老保险实行社会统筹和个人账户相结合的部分积累制，但其实质上采取的依然是现收现付制。由于政府没有完全承担相应的养老保险制度转制成本，养老金统筹账户难以支付当期离退休人员养老金，多年来一直挪用个人账户资金来支付退休人员养老金，致使个人账户空账规模越来越大,在这种情况下,指望由养老金制度本身来自然消化历史遗留问题是不现实的。2001 年中央决定由辽宁省来开展做实个人账户试点,并于 2008 年扩增到 13 个省份,但各地做实个人账户的积极性并不高,从而严重影响了做实个人账户工作进程。其实,即便是完全做实个人账户,个人账户资金如何保值增值仍是一个不得不面对的现实问题。这就需要坚持实质重于形式原则,对当前的统账结合制度进行改革,打破原有的缴费确定型完全积累制和待遇确定型现收现付制等常规模式,采用缴费确定型现收现付制,在融资方式上采取现收现付制,在给付方式上采取缴费确定型,可将其称之为名义账户制。综合分析认为,名义账户制具有以下三大优点:一是体现多缴多得原则,二是减轻政府财政压力,三是养老基金由专业机构负责投资运作。在做实个人账户长期无果的情况下,养老金隐性债务越来越大,财务不可持续性凸显,迫切需要转向名义账户制,把主要精力放在强化个人账户多缴多得的功能上来,任何拖延只会增加改革成本和工作难度。

二 提高领取退休金门槛

目前,我国法定退休年龄偏低,最低缴费年限偏短,领取养老金门槛偏低。2015 年,全国人口平均出生预期寿命达到了 76.34 岁,而现行养老保险制度规定的退休年龄为男性 60 岁,女性干部 55 岁,女性工人 50 岁,延迟退休年龄已是大势所趋。但是,现实中争相提前退休与理论上需要延迟退休相矛盾,社会上普遍存在着提前退休或病退现象,这与迫切需要提高法定退休年龄的养老保障形势很不协调,应加大宣传和执法力度,严格法定退休年龄规定(男性 60 岁、女性干部 55 岁、女性工人 50 岁),严控无故提前退休。有必要立即严格执行法定退休年龄规定,并以此为基础,有步骤地渐进式延迟退休年龄,到 2048 年左右将法定退休年龄全面提高到 65 岁。另外,现有制度规定取得养老金资格的最低缴费年限为 15 年,也就是说,参保人只要连续缴费满 15 年,就可获得按月领取养老金的资格,该规定缺乏理论和现实依据,仅仅是出于约定俗成。15 年缴费年限规定过于宽松，领取养老金资格的限定性不强，一部分人在满足 15 年缴费年限后会选择停止缴费，这不仅会降低养老基金缴费收入，还将影响这部分人口的退休收入。需要从制度设计上进行必要调整，建立一个法定约束机制，规定所有领取工资报酬人员强制缴费，严格控制推迟开始缴费时间和尚未到达退休年龄就停止缴费现象发生。

三　以社会平均工资为计算标准

参保者养老待遇的核算比较简单，主要将参保者个人养老资金积累按照社会平均退休余寿进行年金分配，但在其具体确定过程中涉及多个参量多项指标，并需考虑物价指数变动和货币工资实际购买力等因素。当前，我国经济保持中高速发展，工资增长速度较快，如果让养老金仍然盯住退休前收入，不仅不符合时代经济发展要求，而且还会降低养老金对老年人基本生活的保障水平。关于养老金计算基础，不同国家不同时期曾采用过退休前工资、终生平均工资、部分年份平均工资等参照基准，本研究引入社会平均工资作为基准指标，将其作为贯穿整个研究的主线。相比较而言，以社会平均工资为基础计算的养老金是动态变化的，可与通货膨胀率或货币购买力变化基本保持同步。运用社会平均工资将千差万别的个人缴费情况进行标准化，将个体缴费额与当年社会平均工资相除，所得系数可以反映个体对养老基金收入的相对贡献度。然后，依据就业期间缴费系数累加值计算其退休后的养老金，其工资基数不再是个人退休前工资，而是在全社会统一使用一个基数标准——社会平均工资。由此可见，社会平均工资将养老金收入端和支出端进行系数化变换，不仅是衡量缴费情况的参照标准，还是日后计算和发放养老金的主要依据，将基本养老金替代率转变为社会平均工资替代率，可使养老金收入变化与社会平均工资增长同步。

第二节　养老基金收支缺口及其解决路径

养老保险事关全体国民的切身利益，攸关社会和谐和国家安全。未来三十年，我国人口年龄结构将呈现快速老龄化趋势，养老基金收支缺口逐年扩大将不可避免，迫切需要找到一条从根本上解决养老基金收支失衡问题的有效路径。

一 养老基金缺口现状和未来变动趋势

根据《人力资源和社会保障事业发展统计公报》，2015 年末全国参加基本养老保险职工 2.62 亿人，保险缴费收入 23016 亿元，财政补贴 4716 亿元，投资收益 1609 亿元，退休人员养老金 25813 亿元，养老基金收支盈余 3528 亿元，如果不考虑政府补贴，养老基金缺口为 1188 亿元。受劳动年龄人口持续减少和老年人口快速增加的"双重"影响，养老基金收支状况将日趋恶化。如果保持现有制度缴费率、养老金替代率、法定退休年龄等参量指标不变，不考虑财政补贴因素，养老基金缺口将逐年扩大，2050 年时达到 45.56 万亿元；此外，全国养老基金将于 2025 年穿底，2050 年时的养老基金累计亏欠额达到将近 400 万亿元。由此可见，未来养老基金收支缺口问题异常突出。

二 弥补养老基金缺口的主要路径

为了弥补 2016～2050 年期间的养老基金缺口，保持养老基金收支差额为正值，从增收节支角度分析，有以下五条路径可供选择。一是提高制度缴费率，只有将制度缴费率从 28% 大幅增至 42.45%，才能补齐 2016～2050 年的养老基金缺口，但"工薪税"过重将抬高企业劳动力成本，削弱企业市场竞争力。二是增加财政专项补贴，为弥补养老基金缺口，需要的财政补贴额从 2020 年的 1054 亿元增至 2050 年的 45.56 万亿元，在经济增长速度放缓背景下，财政资金难以承受如此高的补贴负担。三是国有资本充实养老基金，即便一次性划转国有资本 50 万亿元，也只能把养老基金缺口出现时间延迟到 2024 年。四是降低社会平均工资替代率，如果自 2016 年开始替代率从 60% 降至 39.02%，有望补足 2016～2050 年的养老基金缺口，但社会平均工资的 39.02% 其至低于恩格尔系数，无法满足老年人基本生活所需。五是提高法定退休年龄，如果到 2038 年实现男、女法定退休年龄均为 65 岁的调整目标，则仅在 2018 年出现养老基金收支缺口，其余年份的收支差额均分正值，但这是以损害正在就业而尚未退休一代人的利益为前提的，不利于代际公平。上述五条均为"输血"方式，无法从根本上解决养老基金缺口问题，唯有采取"造血"方式才是治本之策。

三　提高投资收益的可行性分析

从增强养老基金"造血"功能出发，需充分挖掘养老基金存量资金的增值潜力。一是单纯提高养老基金投资收益率。假设以渐进缓步延迟退休年龄为基础设计参量指标组合，选择制度缴费率 27%、养老金替代率 60%、财政零补贴，只有当养老基金年均投资收益率达到 9.94% 时，才能填补 2016～2050 年的养老基金缺口，但养老基金长期保持超过市场平均收益率的高收益率难以实现。二是保持较高养老基金收益率与国有资本适量投入相结合。若使养老基金年均收益率降低且仍然获得等量投资收益，必须扩大养老基金存量。如维持上述假设条件不变，国有资本一次性划转社保基金 4 万亿元并计入养老基金，弥补养老基金缺口所需的年均收益率为 6.46%，此时，2016～2050 年的养老基金收支差额将先降后升并始终保持正值，2016 年为 5490 亿元，2029 年为 376 亿元，2050 年为 21.41 万亿元。若把如此大规模资金直接投资于实体经济，将会面临较大的产业风险和流动性风险，为确保基金安全稳健，可以通过证券市场间接投资中国经济，如果采取被动投资策略投资大盘蓝筹指标股，年均投资收益率 6.46% 是有望实现的。

四　养老保险基金增量存量关系

在养老保险基金增量和存量关系上，需要着重把握好以下三个方面。一是国有资本一次性划转养老保险基金 4 万亿元，在数量上等于目前全国个人养老基金账户空账额，相当于国家财政做实个人账户，但这之间又有本质区别，前者是国有资本划拨，后者是财政资金拨付，划拨的国有资本仅用于积累，拨付的财政资金可用于积累亦可支付费用。二是 2016~2035 年的养老基金支付能力较弱，如果缺乏有效政策或无资金驰援，出现养老基金缺口将是大概率事件，即最近二十年是我国养老基金发展最艰难时期。三是 2036~2050 年养老基金支付能力迅速增强，自 2044 年开始年度养老基金收支余额将达到 10 万亿元以上，我们无意追求养老基金过度盈余，盈余太多也并非好事，在为重度老龄化保持必要储备的同时可以适时适度调降制度缴费率，减轻单位和个人缴费负担，促进国民经济增长。

五 具体措施和政策建议

提高投资收益是可采取的社会成本最低的方式，通过合理配置资源，提高资金使用效率，有效促进实体经济发展，但这必须具备相应的制度环境和政策条件。主要包括以下三个方面。一是尽快落实国有资本划转社保基金政策，并将其中的四成资金归入养老基金账户，有效扩大养老基金存量规模，体现国有资本的公有属性，这也是国家所负养老保险转制成本的应有之责，具体划转额度参照当年全国个人养老金账户空账规模。二是归集养老保险资金全国统筹管理，改革现有养老保险管理体制，实行纵向垂直管理，中央设立养老保险管理机构，地方设立养老保险办事机构，行政经费和人员费用从所属本级政府财政预算列支。三是加强证券市场监督管理，重点对上市公司的证券发行、公司治理和信息披露进行监管，溯本清源，提高上市公司质量；对中介机构的发行承销行为以及出具的评估报告和法律意见书进行监督，防止串通舞弊；尤其是对监管者加强监管，提高监管者业务素质和政策水准，杜绝不作为、乱作为。

第三节　养老服务供需和资源优化配置

目前，我国老年人的日常生活照料基本上是由家庭成员承担，九成以上是配偶、子女和孙子女提供生活照料，寻求社会养老服务的家庭少之又少。但是，随着第一代独生子女的父母步入老龄化行列，少子化家庭结构明显，家庭无力承担养老服务责任，劳动年龄人口既要照顾未成年孩子又要上班工作，无法全天候陪护老人，由社会提供养老服务将是大势所趋。

一　制约养老服务供给主要因素

一是养老机构照护服务对象不够明确，按照国际惯例，养老机构照护服务的对象应该是生活半自理或完全不能自理的老年人，但我国养老机构尤其是公立养老机构已被高收入和身体健康者所占据，使得那些迫切需要照护的老人无法入住。二是老年服务市场发育不良，长期照护服务既包括生活上的照料又涉及医疗护理服务，具有一定的专业性且要承担较大责任或风险，供给方提供长期照护的意愿降低，同时大部分有长期照护需求的老年人收入水平偏低，养老服务有效需求不足。三是养老服务资源配置不合理，公办养老机构不能满足日益增长的老年人长期照护需求，而民办养老机构在业务发展上处于不平等竞争地位，另外，一些城区养老院床位缺口较大、排队等候时间较长，而郊区养老院却床位空置。四是养老专业服务人员缺乏，需要长期照护的老年人大部分存在身体机能弱化等问题，糖尿病、高血压等慢性病及其并发症患者数量呈上升趋势，对长期照护和康复护理等服务的需求也越来越多，对护理人员的专业化素质要求较高，而经过系统性专业培训的护理人员严重不足。

二　大规模扩充养老服务人员缺乏可行性

根据本研究测算，2016～2050年，长期照护服务人员需求量将呈现逐年上升趋势，从 2016 年的 62.93 万人增至 2050 年的 159.03 万人，年均增加 2.83 万人，年均增长率为 2.76%，该预测值是长期照护服务人员的最低配置量，未来从事长期照护服务工作的人员数量很可能是该预测值的数倍。根据我国养老服务和长期照护服务特征，这些老人所需的社会养老服务专业性较强，很多老人甚至还需要全天或日间陪伴，就目前养老服务供给情况看，基本是从保姆市场上招聘护工，并以家庭养老服务为主，社会化长期照护服务几近空白。在未来劳动年龄人口规模快速下降形势下，本已短缺的劳动力资源将难以满足日益增长的养老服务需求，可以通过就业政策吸引劳动力人口从事养老服务业，但大幅增加养老服务人员数量将对其他产业劳动力供给形成挤压，给未来劳动力供给带来严峻挑战，并将在一定程度上制约经济增长。在劳动年龄人口供给乏力背景下，不能仅从增加从事养老服务业的人口数量做文章，更应注重提升养老服务人员人力资本。

三　关键提高养老服务人员素质

当前，养老专业服务人员十分缺乏，需要长期照料的老人基本存在身体机能弱化等问题，糖尿病、高血压等慢性病及其并发症患者数量呈上升趋势，对长期照护和康复护理等服务的需求将越来越多，对护理人员的专业化素质要求较高，而经过系统性专业培训的护理人员严重不足。养老服务人员素质参差不齐也使得社会对养老服务行业的认同度偏低，这与当前养老服务标准不完善有很大关系。需要政府制定并实施养老服务规范标准，充分发挥标准化工作对养老服务业发展的支撑作用。尤其是在养老服务专业人才建设方面，加紧制定养老服务从业人员基本要求和养老服务从业人员职业培训规范，对所有从业人员进行标准化的岗前培训和职业道德教育，学习专业护理、老年人心理、老年人发展等方面知识。另外，还需要在大学普及设置社会工作专业和老年护理专业，为养老服务事业发展培养高素质的专业人才。通过培养社工专业和老年护理专业人才，提高养老服务人员素质，并在工作过程中进行在岗培训和定期考核，有效提升养老服务人员工作效率和服务质量。

四　低龄老人是有待开发的重要源泉

　　未来相当长一段时期内，从事长期照护服务的专业人员将十分缺乏，远远不能满足长期照护服务需求。养老服务人员缺乏问题不仅体现在数量上，更反映在结构上。目前，养老服务人员年龄集中在 40～50 岁，而 60～69 岁低龄老人身体相对健康，可将之作为养老服务人员重要来源。随着未来延迟退休政策实施，高年龄组的劳动者将会陷入不利竞争地位，劳动力供求中的结构性矛盾更加突出，与劳动者技能和适应能力相关的结构性失业及摩擦性失业问题更加突出，甚至很可能导致部分年龄偏大的劳动者陷于尴尬境地——失去工作却又一时拿不到退休金。鼓励准老年人和低龄老人参加专业培训并给予一定政府补贴，吸纳低龄老人从事养老服务业，将由其置换出来的劳动年龄人口充实到工业生产和现代服务业中去，有效促进社会经济可持续发展。

附　录

附表1　中国老年人口性别结构未来变动情况
（2016~2050年）

单位：万人

年份	60 岁及以上老年人口			65 岁及以上老年人口		
	男性	女性	合计	男性	女性	合计
2016	11008.91	11758.54	22767.45	7109.93	7883.54	14993.46
2017	11223.11	12050.85	23273.96	7408.73	8272.47	15681.20
2018	11426.78	12329.63	23756.41	7715.45	8673.12	16388.57
2019	11655.47	12634.54	24290.01	8000.45	9051.57	17052.01
2020	11933.78	12993.45	24927.23	8245.33	9386.06	17631.38
2021	12265.27	13411.18	25676.45	8442.78	9667.29	18110.07
2022	12640.78	13877.97	26518.76	8604.50	9907.82	18512.33
2023	13056.02	14388.56	27444.58	8754.56	10134.52	18889.08
2024	13502.95	14933.17	28436.12	8925.78	10384.90	19310.69
2025	13973.54	15502.50	29476.04	9140.80	10685.30	19826.10
2026	14465.73	16094.73	30560.46	9402.58	11040.11	20442.69
2027	14974.66	16705.69	31680.35	9702.38	11439.77	21142.15
2028	15485.48	17320.20	32805.68	10035.92	11878.92	21914.84
2029	15979.81	17919.39	33899.20	10395.46	12347.79	22743.25
2030	16442.73	18487.84	34930.58	10773.35	12837.02	23610.37
2031	16830.08	18953.54	35783.62	11137.22	13282.43	24419.65
2032	17214.92	19440.44	36655.37	11538.91	13794.96	25333.87
2033	17550.58	19878.42	37428.99	11939.12	14306.55	26245.67
2034	17824.13	20255.39	38079.53	12321.42	14799.48	27120.90

年份	60 岁及以上老年人口			65 岁及以上老年人口		
	男性	女性	合计	男性	女性	合计
2035	18028.06	20564.33	38592.39	12672.66	15259.48	27932.15
2036	18159.53	20801.85	38961.38	12990.29	15683.22	28673.52
2037	18225.33	20974.21	39199.54	13272.58	16068.79	29341.37
2038	18240.68	21097.27	39337.95	13509.25	16406.30	29915.55
2039	18226.94	21193.63	39420.57	13689.10	16685.62	30374.72
2040	18202.22	21282.74	39484.97	13806.15	16902.06	30708.21
2041	18166.24	21364.63	39530.87	13858.56	17054.40	30912.96
2042	18121.59	21441.98	39563.57	13853.21	17150.26	31003.47
2043	18091.87	21538.88	39630.75	13804.25	17205.26	31009.51
2044	18105.86	21684.06	39789.92	13731.01	17239.93	30970.94
2045	18180.82	21893.40	40074.22	13649.47	17270.33	30919.80
2046	18327.69	22177.04	40504.73	13558.83	17293.63	30852.46
2047	18533.29	22518.55	41051.84	13461.84	17310.36	30772.19
2048	18760.63	22873.76	41634.39	13381.74	17343.02	30724.76
2049	18958.12	23182.21	42140.34	13347.02	17419.80	30766.82
2050	19088.39	23400.06	42488.45	13375.53	17557.69	30933.22

附表 2　中国老年人口年龄结构未来变动情况（2016～2050 年）

单位：万人

年份	低龄老人		中龄老人		高龄老人	
	男性	女性	男性	女性	男性	女性
2016	6856.22	6848.16	3108.93	3352.51	1043.76	1557.87
2017	6962.61	6973.99	3200.25	3471.67	1060.24	1605.19
2018	7037.44	7062.49	3314.69	3616.33	1074.65	1650.81
2019	7111.39	7145.49	3458.20	3795.23	1085.88	1693.82
2020	7208.02	7247.79	3632.12	4011.76	1093.64	1733.90
2021	7327.04	7368.67	3839.23	4270.51	1099.00	1772.00
2022	7465.86	7505.53	4070.40	4561.61	1104.52	1810.84
2023	7640.83	7677.31	4301.13	4856.44	1114.05	1854.82
2024	7869.82	7905.62	4501.50	5118.50	1131.64	1909.05
2025	8160.45	8201.06	4653.61	5324.46	1159.48	1976.98
2026	8516.59	8570.06	4753.21	5467.62	1195.93	2057.04

年份	低龄老人		中龄老人		高龄老人	
	男性	女性	男性	女性	男性	女性
2027	8922.67	8996.66	4812.54	5560.72	1239.46	2148.30
2028	9342.47	9440.86	4851.41	5624.79	1291.60	2254.55
2029	9728.89	9849.46	4896.93	5689.82	1353.99	2380.11
2030	10047.46	10183.29	4969.04	5778.58	1426.23	2525.98
2031	10270.92	10420.47	5052.42	5868.57	1506.75	2664.50
2032	10444.56	10594.59	5174.32	6000.45	1596.04	2845.40
2033	10541.76	10687.03	5327.65	6165.57	1681.16	3025.82
2034	10556.15	10694.69	5518.69	6376.39	1749.30	3184.32
2035	10486.63	10619.00	5747.62	6637.41	1793.81	3307.91
2036	10331.85	10458.35	6013.96	6951.36	1813.72	3392.14
2037	10102.31	10222.66	6306.21	7305.01	1816.81	3446.55
2038	9824.84	9940.63	6599.77	7666.87	1816.07	3489.77
2039	9534.81	9650.13	6864.44	7996.33	1827.69	3547.17
2040	9261.22	9381.94	7078.89	8264.02	1862.11	3636.78
2041	9005.50	9137.33	7240.91	8465.22	1919.83	3762.09
2042	8771.50	8919.27	7354.53	8605.44	1995.56	3917.26
2043	8592.05	8760.66	7414.02	8679.67	2085.80	4098.54
2044	8506.32	8700.66	7414.26	8684.80	2185.29	4298.59
2045	8537.44	8761.85	7354.56	8621.83	2288.82	4509.72
2046	8698.00	8958.04	7235.45	8490.27	2394.24	4728.74
2047	8967.95	9267.43	7066.57	8299.54	2498.77	4951.58
2048	9296.05	9631.63	6868.42	8073.91	2596.17	5168.22
2049	9611.52	9970.18	6667.09	7844.81	2679.52	5367.23
2050	9860.59	10222.23	6483.54	7637.57	2744.26	5540.26

附表3 中国人口抚养比未来变动情况
（2016～2050年）

年份	第一口径（60岁及以上）			第二口径（65岁及以上）		
	少儿抚养比	老年抚养比	总抚养比	少儿抚养比	老年抚养比	总抚养比
2016	24.73	25.39	50.12	23.42	15.02	38.44
2017	25.38	26.84	52.22	24.78	15.79	40.578
2018	26.02	28.30	54.32	26.18	16.61	42.79

年份	第一口径（60岁及以上）			第二口径（65岁及以上）		
	少儿抚养比	老年抚养比	总抚养比	少儿抚养比	老年抚养比	总抚养比
2019	26.76	29.72	56.48	27.53	17.40	44.93
2020	27.65	31.02	58.67	28.70	18.09	46.79
2021	28.73	32.23	60.96	29.72	18.68	48.40
2022	29.96	33.08	63.04	30.33	19.18	49.51
2023	31.32	33.82	65.14	30.81	19.64	50.45
2024	32.80	34.40	67.20	31.12	20.15	51.27
2025	34.36	34.78	69.14	31.26	20.77	52.03
2026	35.97	34.86	70.83	31.15	21.50	52.65
2027	37.62	34.64	72.26	30.79	22.31	53.10
2028	39.23	34.07	73.30	30.15	23.19	53.34
2029	40.72	33.10	73.82	29.19	24.09	53.28
2030	42.02	31.68	73.70	27.88	25.00	52.88
2031	43.32	30.85	74.17	27.12	25.99	53.11
2032	44.36	29.19	73.55	25.68	26.96	52.64
2033	45.26	27.58	72.84	24.30	27.96	52.26
2034	46.01	26.11	72.12	23.05	28.94	51.99
2035	46.64	24.93	71.57	22.08	29.91	51.99
2036	47.11	23.96	71.07	21.31	30.83	52.14
2037	47.56	23.53	71.09	21.02	31.79	52.81
2038	47.89	23.28	71.17	20.88	32.67	53.55
2039	48.19	23.21	71.40	20.90	33.43	54.33
2040	48.51	23.35	71.86	21.07	34.06	55.13
2041	48.89	23.72	72.61	21.44	34.55	55.99
2042	49.29	24.26	73.55	21.92	34.90	56.82
2043	49.81	24.95	74.76	22.51	35.17	57.68
2044	50.56	25.80	76.36	23.20	35.39	58.59
2045	51.61	26.78	78.39	23.96	35.62	59.58
2046	53.04	27.95	80.99	24.82	35.87	60.69
2047	54.77	29.21	83.98	25.69	36.10	61.79
2048	56.66	30.48	87.14	26.54	36.41	62.95
2049	58.45	31.67	90.12	27.36	36.86	64.22
2050	59.94	32.70	92.64	28.12	37.52	65.64

附表4　中国历年养老保险基金收支情况
（2001～2015年）

单位：万人，亿元

年份	参保人数		基金收入			基金支出④	收支差额①＋③－④
	就业人口	退休人员	缴费收入①	财政补贴②	投资收益③		
2001	9198	3381	—	—	—	2321	—
2002	9090	3333	2551	408	212	2843	－80
2003	10325	3557	3044	530	106	3122	28
2004	12250	4103	3585	614	59	3502	142
2005	13120	4367	4312	651	130	4040	402
2006	14131	4635	5215	971	124	4897	442
2007	15183	4954	6494	1157	183	5965	712
2008	16587	5304	8016	1437	287	7390	913
2009	17743	5807	9534	1646	311	8894	951
2010	19402	6305	11110	1954	356	10555	911
2011	21565	6826	13956	2272	667	12765	1858
2012	22981	7446	16467	2648	886	15562	1791
2013	24177	8041	18634	3019	1027	18470	1191
2014	25531	8593	20434	3548	1328	21755	7
2015	26219	9142	23016	4716	1609	25813	－1188

参考文献

Alexander Kemnitz and Berthold U. Wigger, "Growth and Social Security: The Role of Human Capital," *European Journal of Political Economy* 16 (2000).

David E. Bloom, David Canning, Guenther Fink and Jocelyn Finlay, "Does Age Structure Forecast Economic Growth?" *NBER Working Papers* No. w13221, 2007.

David E. Bloom and Jeffrey G. Williamson, "Demographic Transitions and Economic Miracles in Emerging Asia," *The World Bank Economic Review* 12 (1998).

Eduardo E. Arriaga, "Measuring and Explaining the Change in Life Expectancies," *Demography* 21 (1984).

Edward Whitehouse and Monika Queisser, "Pensions at a Glance: Public Policies across OECD Countries," *MPRA Papers* No. 16349, 2007.

F. Colombo, A. Llena-Nozal, J. Mercier, F. Tjadens, F. Colombo and J. Mercier, *"Help Wanted? Providing and Paying for Long-Term Car,"* in *OECD Health Policy Studies* 2011, OECD: Paris.

Gary S. Becker, *A Treatise on the Family* (Cambridge: Harvard University Press, 1983).

Henry Aaron, "The Social Insurance Paradox," *Canadian Journal of Economics and Political Science* 32 (1996).

Jan Kune, "The Hidden Liabilities: Meaning and Consequences,"

Revised Version of a Paper Presented at the CBP Seminar Series, 1997.

Kenneth G. Manton and Kenneth C. Land, "Active Life Expectancy Estimates for the U. S. Elderly Population: A Multidimensional Continuous-Mixture Model of Functional Change Applied to Completed Cohorts, 1982 – 1996," *Demography* 37 (2000).

Kevin M. Murphy and Finis Welch, "Perspectives on the Social Security Crisis and Proposed Solutions," *American Economic Review* 88 (1988).

Laurence J. Kotlikoff, "Privatization of Social Security: How It Works and Why It Matters," *Tax Policy and the Economy* 10 (1996).

Louis Kuijs, "China Through 2020: A Macroeconomic Scenario," *World Bank China Office Research Working Papers* No. 9, 2009.

Marcos Chamon and Michael Kremer, "Economic Transformation, Population Growth and the Long-Run World Income Distribution," *Journal of International Economics* 79 (2009).

Martin Feldstein, "A New Era of Social Security," *The Public Interest* 130 (1998).

Martin Feldstein, "Social Security Pension Reform in China," *China Economic Review* 10 (1999).

Michael Bar and Oksana Leukhina, "Demographic Transition and Industrial Revolution: A Macroeconomic Investigation," *Review of Economic Dynamics* 13 (2010).

Misbah T. Choudhry and J. Paul Elhorst, "Demographic Transition and Economic Growth in China, India and Pakistan," *Economic Systems* 34 (2010).

OECD /European Commission, "A Good Life in Old Age? Monitoring and Improving Quality in Long-term Care," Paris: OECD Publishing, 2013.

Robert Holzmann, Richard Paul Hinz and Mark Dorfman, "Pension Systems and Reform Conceptual Framework," *SP Discussion Papers* No. 0824, 2008.

Robert J. Barro, "Are Government Bonds Net Wealth?" *Journal of Political Economy* 82 （1974）.

Robert Tamura, "From Decay to Growth：A Demographic Transition to Economic Growth," *Journal of Economic Dynamics and Control* 20 （1996）.

S. Jay Olshansky, Mark A. Rudberg, Bruce Carnes and Jacob A. Brody, "Trading Off Longer Life for Worsening HealthThe Expansion of Morbidity Hypothesis," *Journal of Aging and Health* 3 （1991）.

柏萍、牛国利：《城市社区居家养老服务的发展思路与对策》，《城市观察》2013 年第 4 期。

蔡昉：《未富先老与中国经济增长的可持续性》，《国际经济评论》2012 年第 1 期。

陈昌盛、何建武：《未来十年中国经济增长展望》，《经济日报》2015 年 6 月 18 日，第 13 版

陈友华：《居家养老及其相关的几个问题》，《人口学刊》2012 年第 4 期。

陈卓颐、黄岩松、罗志安：《关于提高养老照护从业人员素质的思考》，《中国老年学杂志》2006 年第 2 期。

程永宏：《现收现付制与人口老龄化关系定量分析》，《经济研究》2005 年第 3 期。

党俊武：《中国城镇长期照料服务体系研究》，博士学位论文，南开大学经济学院，2007。

丁建定、何家华：《关于推迟退休年龄问题的几点理论思考》，《社会保障研究》2014 年第 1 期。

杜鹏、李强：《1994～2004 年中国老年人的生活自理预期寿命及其变化》，《人口研究》2006 年第 5 期。

杜鹏、曲嘉瑶：《中国老年人对子女孝顺评价的变化及影响因素》，《人口研究》2013 年第 5 期。

范琦、冯经纶：《延迟退休对青年群体就业的挤出效应研究》，《上海经济研究》2015 年第 8 期。

房海燕：《对我国隐性公共养老金债务的测算》，《统计研究》1998年第4期。

关信平、赵婷婷：《当前城市民办养老服务机构发展中的问题及相关政策分析》，《西北大学学报》2012年第5期。

国家应对人口老龄化战略研究课题组：《养老保险制度改革与发展研究》，华龄出版社，2014。

郭树清：《建立完全积累型的基本养老保险制度是最佳选择》，《经济社会体制比较》2002年第1期。

郭未、安素霞：《社会性别视角下的中国老年人口不健康预期寿命及代际支持》，《南京农业大学学报》（社会科学版）2013年第6期。

郭震威、齐险峰：《人口老龄化另一种测量指标》，《人口研究》2013年第5期。

韩克庆：《名义账户制：养老保险制度改革的倒退》，《探索与争鸣》2015年第5期。

何平：《加入WTO对中国社会保障的影响与对策》，《宏观经济研究》2002年第3期。

何平：《关于个人账户功能实现问题》，《中国劳动保障》2005年第3期。

何文炯：《社会保障：更有效率才能更加可靠》，《中国社会保障》2013年第2期。

何文炯、洪蕾：《中国老年人失能状态转移规律研究》，《社会保障研究》2013年第6期。

何文炯、杨翠迎、刘晓婷：《优化配置加快发展——浙江省机构养老资源配置状况调查分析》，《当代社科视野》2008年第1期。

胡耀岭：《六问养老金缺口问题》，《探索与争鸣》2015年第12期。

胡耀岭：《解决养老金缺口问题应如何"对症下药"》，《党政视野》2016年第2期。

黄丽：《城乡居民基本养老保险保障水平评估与反思》，《人口与经济》2015年第5期。

黄贻芳：《论中国养老社会保险的公平与效率》，《经济评论》2002年第4期。

黄莹、林金忠：《现收现付制与经济增长关系的实证研究》，《人口与经济》2009年第6期。

李兵、张航空、陈谊：《基本养老服务制度建设的理论阐释和政策框架》，《人口研究》2015年第2期。

李丹、刘钻石、章娅玲：《中国养老金隐性债务规模估算》，《财经科学》2009年第5期。

李红岚、武玉宁、王泽英：《中国养老保险基金收支预警系统简介》，《中国社会保险》2003年第11期。

李建民：《关于我国退休制度改革的几点思考》，《人口与发展》2011年第4期。

李明、李士雪：《中国失能老年人口长期照护服务体系的发展策略》，《山东社会科学》2014年第5期。

黎明安、钱利：《动力学系统建模与仿真》，国防工业出版社，2015。

李绍光：《养老金：现收现付制和基金制的比较》，《经济研究》1998年第1期。

李绍光：《推动社会保障体系与市场经济体制和谐发展》，《中国金融》2005年第5期。

李时宇：《从现收现付制转轨为基金积累制的收益研究——隐性债务下世代交叠一般均衡模型的理论分析及模拟》，《财经研究》2010年第8期。

李唐宁：《养老金缺口放大加重财政负担》，《经济参考报》2012年6月14日，第2版

李晓鹤、殷俊：《延迟退休：个人理性与政府决策的冲突与平衡》，《南方经济》2016年第2期。

李珍：《关于退休年龄的经济学思考》，《经济评论》1997年第1期。

李珍：《基本养老保险制度分析与评估——基于养老金水平的视角》，人民出版社，2013。

林宝：《中国退休年龄改革的时机和方案选择》，《中国人口科学》2001 年第 1 期。

林宝：《提高退休年龄对中国养老金隐性债务的影响》，《中国人口科学》2003 年第 6 期。

林宝：《改革退休年龄需要解释清楚几个问题》，《中国党政干部论坛》2013 年第 12 期。

林山君、孙祁祥：《人口老龄化、现收现付制与中等收入陷阱》，《金融研究》2015 年第 6 期。

林义：《养老基金与资本市场互动发展的制度分析》，《财经科学》2005 年第 4 期。

刘昌平、孙静：《再分配效应、经济增长效应、风险性》，《财经理论与实践》2002 年第 4 期。

龙朝阳、申曙光：《中国城镇养老保险制度改革方向：基金积累制抑或名义账户制》，《学术月刊》2011 年第 6 期。

陆杰华：《中国式养老的国家挑战与战略选择》，《高科技与产业化》2014 年第 12 期。

陆杰华、王伟进、薛伟玲：《中国老龄产业发展的现状、前景与政策支持体系》，《城市观察》2013 年第 4 期。

陆杰华、王笑非：《我国城市居家养老照护体系的时代创新》，《上海城市管理》2013 年第 4 期。

吕惠娟、刘士宁：《我国养老保险制度的覆盖面问题研究》，《特区经济》2016 年第 6 期。

吕学静、丁一：《国外老年人长期照护制度研究述评》，《山西师大学报》（社会科学版）2014 年第 1 期。

马永华：《养老保险统筹层次提高要兼顾公平效率》，《河南师范大学学报》（哲学社会科学版）2010 年第 2 期。

〔美〕保罗·萨缪尔森、〔美〕威廉·诺德豪斯：《经济学》（第 18 版），萧琛译，人民邮电出版社，2008。

倪东生、张艳芳：《养老服务供求失衡背景下中国政府购买养老服务政策研究》，《中央财经大学学报》2015 年第 11 期。

彭浩然、申曙光：《现收现付制养老保险与经济增长：理论模型与中国经验》，《世界经济》2007 年第 10 期。

彭希哲：《中国未来发展的四个关键性人口问题》，《探索与争鸣》2012 年第 5 期。

秦中春：《新养老金经济学》，清华大学出版社，2014。

屈燕、郑秉文：《养老金三支柱全面深化改革》，《当代金融家》2015 年第 7 期。

邵挺：《养老保险体系从现收现付制向基金制转变的时机到了吗》，《财贸经济》2010 年第 11 期。

沈洁颖：《中国养老保险制度现状及未来发展路径——基于公平与效率的视角》，《金融与经济》2012 年第 6 期。

施巍巍：《发达国家医疗照护与长期照护资源分割的原因分析及其启示》，《北京科技大学学报》（社会科学版）2012 年第 1 期。

石宏伟、孟庆超：《我国社会养老保险基金增值的投资分析》，《江西社会科学》2008 年第 10 期。

史佳颖、胡耀岭、袁新：《缓解老龄化：适度放宽生育政策有效吗》，《人口学刊》2013 年第 3 期。

宋长青：《关于我国社会保障覆盖面的探讨》，《统计研究》2004 年第 3 期。

宋晓梧：《我国社会保障制度面临的严峻形势》，《经济与管理研究》2001 年第 3 期。

宋言奇：《城镇化进程中集中居家养老的发展》，《苏州大学学报》2012 年第 5 期。

苏春红、张钰、李松：《延迟退休年龄对中国失业率的影响：理论与验证》，《山东大学学报》（哲学社会科学版）2015 年第 1 期。

苏蓉：《论我国证券市场监管的完善》，《云南大学学报》（法学版）2008 年第 6 期。

孙东琪、陈明星、陈玉福、叶尔肯·吾扎提：《2015～2030 年中国新型城镇化发展及其资金需求预测》,《地理学报》2016 年第 6 期。

孙建娥、张志雄:《以社区为基础的老年人长期护理服务模式》,《湖南师范大学社会科学学报》2016 年第 2 期。

孙祁祥:《空账与转轨成本——中国养老保险体制改革的效应分析》,《经济研究》2001 年第 5 期。

陶裕春:《失能老年人长期照护研究》,江西人民出版社,2013。

田北海、王彩云:《城乡老年人社会养老服务需求特征及其影响因素》,《中国农村观察》2014 年第 4 期。

田丰:《养老金隐性债务的构成、预测与影响因素分析》,硕士学位论文,中南大学数学与统计学院,2013。

田雪原:《人口老龄化给社保养老金带来支付压力》,《农村工作通讯》2012 年第 20 期。

万春:《养老基金平衡相关理论及模型》,中国财政经济出版社,2009。

万树、蔡霞:《基本养老保险基金:做实账户制还是名义账户制》,《南京审计学院学报》2014 年第 4 期。

汪朝霞:《我国养老金隐性债务显性化部分的测算与分析》,《财贸研究》2009 年第 1 期。

汪朝霞、陈晓红:《我国养老金隐性债务显性化部分的化解方案设计》,《人口与经济》2010 年第 4 期。

王成武:《遏制养老金过快增长》,《劳动保险世界》2003 年第 5 期。

王海东:《基本养老保险制度研究——以保障水平为视角》,中国人事出版社,2014。

王金营、杨磊:《中国人口转变、人口红利与经济增长的实证》,《人口学刊》2010 年第 5 期。

王黎、郭红艳、雷洋、谢红:《国内外长期护理机构护理人力配置现状研究》,《中华护理杂志》2014 年第 8 期。

王立勇、韩金华、赵铮:《中外经济周期动态关联性研究与我国经济增长预测》,《经济学动态》2009 年第 9 期。

王琼：《城市社区居家养老服务需求及其影响因素》，《人口研究》2016 年第 1 期。

王燕、徐滇庆、王直、翟凡：《中国养老金隐性债务、转轨成本、改革方式及其影响——可计算一般均衡分析》，《经济研究》2001 年第 5 期。

王延中：《中国社会保障发展报告（2015）》，社会科学文献出版社，2015。

王振军：《名义账户制下我国社会养老保险设计研究》，《西北人口》2015 年第 5 期。

魏文斌、李永根、高伟江：《社会养老服务体系的模式构建及其实现路径》，《苏州大学学报》2013 年第 2 期。

邬沧萍：《积极应对人口老龄化理论诠释》，《老龄科学研究》2013 年第 1 期。

武萍、穆怀中、王一婷：《养老保险基金投资收益率对社会保障水平的影响》，《统计与决策》2012 年第 2 期。

吴永求：《中国养老保险扩面问题及对策研究》，博士学位论文，重庆大学经济与工商管理学院，2012。

肖云、陈涛：《老龄背景下民营养老机构护理人员队伍的优化》，《四川理工学院学报》2013 年第 2 期。

杨燕绥：《大力发展养老服务业》，《中国就业》2014 年第 10 期。

杨燕绥：《中国老龄社会与养老保障发展报告（2014）》，清华大学出版社，2015。

杨燕绥、刘懿：《中国养老金改革的时间节点与政策路径》，《探索与争鸣》2013 年第 1 期。

杨燕绥、张芳芳：《不同的老龄化、不同的发展模式》，《国际经济评论》2012 年第 1 期。

袁志刚：《中国养老保险体系选择的经济学分析》，《经济研究》2001 年第 5 期。

袁志刚、葛劲峰：《由现收现付制向基金制转轨的经济学分析》，《复旦学报》（社会科学版）2003 年第 4 期。

袁志刚、宋铮:《人口年龄结构、养老保险制度与最优储蓄率》,《经济研究》2000年第11期。

〔英〕克瑞斯迪斯:《动态系统最优估计》(第2版),左斌、吴亮、李静译,国防工业出版社,2016。

〔英〕尼古拉斯·巴尔、〔美〕彼得·戴蒙德:《养老金改革:理论精要》,郑秉文译,中国劳动社会保障出版社,2013。

约翰·B.威廉姆森、孙策、张松、林义:《中国养老保险制度改革:从FDC层次向NDC层次转换》,《经济社会体制比较》2004年第3期。

曾毅、张震、顾大男、郑真真:《人口分析方法与应用》(第二版),北京大学出版社,2011。

翟邵果、郭锦龙:《老年人长期照护服务的需求意愿分析及对策建议》,《老龄科学研究》2013年第5期。

翟振武:《提高退休年龄是大势所趋》,《中国党政干部论坛》2013年第9期。

张俊良、曾祥旭:《市场化与协同化目标约束下的养老模式创新》,《人口学刊》2010年第3期。

张士斌:《退休年龄政策调整:日本经验与中国借鉴》,《现代日本经济》2014年第1期。

张孝廷、张旭升:《居家养老服务的结构困境及破解之道》,《浙江社会科学》2012年第8期。

张宗光、孙梦露、高上雅、杜秀芳:《对医疗卫生和养老服务实行一体化模式的思考》,《中国卫生经济》2014年第9期。

赵耀辉、徐建国:《我国城镇养老保险体制改革中的激励机制问题》,《经济学》(季刊)2001年第1期。

赵莹:《延迟退休支持环境分析与构建——基于中国与OECD国家比较视角》,《江汉论坛》2014年第12期。

郑秉文:《欧盟国家社会养老的制度选择及其前景》,《欧洲研究》2003年第2期。

郑秉文:《名义账户制:我国养老保障制度的一个理性选择》,《管理世界》2003 年第 8 期。

郑秉文：《DC 型积累制社保基金的优势与投资策略——美国 "TSP 模式"的启示与我国社保基金入市路径选择》，《中国社会科学院研究生院学报》2004 年第 1 期。

郑秉文：《建立社会保障 "长效机制"的 12 点思考——国际比较的角度》，《管理世界》2005 年第 10 期。

郑秉文：《中国社会保障制度 60 年：成就与教训》，《中国人口科学》2009 年第 5 期。

郑秉文：《提高养老保险统筹层次化解多重风险》，《经济参考报》2013 年 7 月 5 日。

郑秉文：《中国养老金发展报告 2014——向名义账户制转型》，经济管理出版社，2014。

郑秉文：《养老保险名义账户制顶层设计系列研究》，《开发研究》2015 年第 3 期。

郑秉文：《养老金制度改革应重点关注八个方面》，《经济研究参考》2015 年第 12 期。

郑秉文、房连泉：《社保改革 "智利模式" 25 年的发展历程回眸》，《拉丁美洲研究》2006 年第 10 期。

郑功成：《中国社会保障改革与发展战略》，人民出版社，2011。

郑红梅、杜雪平：《社区规范化管理对高血压患者血压及并发症的影响分析》，《中国全科医学》2014 年第 10 期。

郑征：《我国养老模式的转换与劳动供给问题》，《中国投资》2012 年第 6 期。

中国人口与发展研究中心课题组：《中国人口城镇化战略研究》，《人口研究》2012 年第 3 期。

邹继征：《我国养老体系完善与养老产业发展研究》，新星出版社，2015。

后　记

本书是国家社会科学基金项目最终研究成果。值此专著出版之际，首先，对国家哲学社会科学基金的大力资助表示衷心感谢。其次，研究过程中遇到了很多困难和问题，我们得到了多位知名专家学者的精神鼓励和智力支持。在此，特别感谢河北大学王金营教授、南开大学原新教授、中国社会科学院王广州研究员、北京大学陆杰华教授、中国人民大学段成荣教授和陈卫教授。幸得贵人相助，指点迷津，本研究才得以顺利开展和如期结项。最后，感谢社会科学文献出版社皮书分社邓泳红社长、郑博士和柯博士提出的很多宝贵意见和建议，为本书润色添彩。本书写作分工为：第一章，胡耀岭；第二章，胡耀岭、王媛；第三章，王媛；第四章，刘娜娜；第五章，胡耀岭；第六章，王媛、胡耀岭、刘娜娜；第七章，胡耀岭、王媛；第八章，王媛、胡耀岭、刘娜娜；第九章，刘娜娜、胡耀岭、王媛；第十章，胡耀岭。从课题立项到结项的三年时间里，研究团队付出了宝贵时间和大量心血，圆满完成了课题任务，但研究尚未终结，甚或仅仅是开了个头。我们深知，社会实践在发展，科学研究无止境。本书以我国当前养老基金缺口问题和未来老年长期照护问题为导向，通过对养老资源供需动态平衡进行理论分析和实证研究，提出了相应观点和政策建议，这还有待于实践进行检验，并有必要在实践中进一步深化、调整和完善。

鉴于作者水平有限，文中错误难免，敬请不吝赐教。

胡耀岭

2018 年 9 月

图书在版编目（CIP）数据

　　中国养老资源供需动态平衡：以快速老龄化为背景 /
胡耀岭，王媛，刘娜娜著. -- 北京：社会科学文献出版
社，2019.3
　　ISBN 978 - 7 - 5201 - 4116 - 1

　　Ⅰ.①中… 　Ⅱ.①胡… ②王… ③刘… 　Ⅲ.①养老 -
经济资源 - 研究 - 中国 　Ⅳ.①D669.6

　　中国版本图书馆 CIP 数据核字（2018）第 293212 号

中国养老资源供需动态平衡
——以快速老龄化为背景

著　　者 / 胡耀岭　王　媛　刘娜娜

出 版 人 / 谢寿光
项目统筹 / 邓泳红　郑庆寰
责任编辑 / 郑庆寰　柯　宓

出　　版 / 社会科学文献出版社·皮书出版分社（010）59367127
　　　　　　地址：北京市北三环中路甲 29 号院华龙大厦　邮编：100029
　　　　　　网址：www. ssap. com. cn
发　　行 / 市场营销中心（010）59367081　59367083
印　　装 / 三河市尚艺印装有限公司

规　　格 / 开　本：787mm × 1092mm　1/16
　　　　　　印　张：15.25　字　数：233 千字
版　　次 / 2019 年 3 月第 1 版　2019 年 3 月第 1 次印刷
书　　号 / ISBN 978 - 7 - 5201 - 4116 - 1
定　　价 / 89.00 元